*The Intelligent
Asset Allocator*

- 달러로 표시된 금액의 경우 이해를 돕기 위해 원화 환산 금액을 일부 같이 표기했으며, 이때의 환율은 1달러당 1,000원으로 계산했습니다.
- 페이지 하단에 표시한 각주는 독자의 이해를 돕기 위해 옮긴이가 추가한 내용입니다.

The Intelligent Asset Allocator

현명한
자산배분
투자자

윌리엄 번스타인 지음 | 김성일 옮김

에이지21

Contents

Part 1 | 일반 고려사항

Part 2 | 위험과 수익

Part 3 | 멀티에셋 포트폴리오의 움직임

Part 7 | 다양한 투자 이야기들

Part 8 | 자산배분 전략 실천하기

Part 9 투자에 도움되는 책과 사이트

25년 전 처음으로 진지하게 금융에 관심을 가졌을 때 나는 이것이 내 인생에서 그렇게 큰 부분을 차지할 것이라고는 꿈에도 생각지 못했다. 신경과 전문의였던 내가 하고 싶었던 것은 자산배분의 기본을 알아내는 일이었다. 서로 다른 움직임을 보이는 주식과 채권 데이터를 수집해 어떻게 하면 가장 효율적인 방법으로 조합할 수 있는지가 궁금했다. 이것을 연구한 궁극적인 목적은 가능한 덜 위험한 방법으로 충분한 자산을 만들어 은퇴를 준비하는 것이었다.

　연구 결과 금융은 깊고 미로 같은 토끼굴 같다는 것을 알았다. 일단 무너지면 다시 기어오를 수 없다. 당신이 들고 있는 이 책은 2000년에 첫 출간되었는데 토끼굴처럼 주가가 폭락할 가능성이 있다고 주장했었다. 불행하게도 주장이 옳았음이 증명됐다. 대부분이 그렇듯이 나 또한 성공과 실패를 경험했다. 성공한 것은 이 책이 출판사의 마음에 들 정도로 잘 팔렸다는 점이고, 실패한 것은 내가 목표했던 독자를 놓쳤다는 점이다. 나는 나와 같은 금융 목표를 성취하려고 노력하는 평범한 급여 생활자를 위해 책을 쓴다고 생각했다. 그런데 오히려 수학 괴짜들을 위한 책을 써버렸다. 엔지

니어, 물리학자, 수학자, 무엇보다도 내가 여러 장에서 비난한 바로 그 금융 전문가 같은 괴짜들 말이다.

그렇다면 출간된 지 10년도 더 지난, 괴짜들이나 볼 것 같은 이 책이 무슨 소용이 있을까? 무엇보다도 이 책은 금융의 기초를 합리적이고 분석적으로 소개한다.

첫째로 이 책은 계량적인 면뿐만 아니라 역사적, 심리적, 제도적인 면까지 다양하게 다룬다. 또한 관련 주제를 깊이 파고들려는 사람에게는 입문서가 될 수 있다.

둘째로 이 책은 2000년 9월에 출판되었다. 당시는 미국 역사상 가장 큰 시장 거품이 최고조에 달했을 때였다. 나는 그해 초에 책의 최종 내용을 완성했다. 책을 쓰기 10년 전쯤 나는 찰스 맥케이 Charles Mackay의 〈대중의 미망과 광기〉를 읽은 적이 있다. 그 책에는 1630년대의 네덜란드 튤립 광기와 1720년의 미시시피 회사와 남해 회사의 거품이 묘사되어 있었다. 실제로 그런 일을 겪으면 어떤 기분일지 궁금했다. 책을 읽은 지 10년 뒤 내 주위에서 벌어지는 일들이 맥케이가 책에 써놓은 것과 너무도 비슷해서 나는 놀라지 않을 수 없었다. 당시의 거품 논란을 이 책의 전반에 걸쳐 설명한 것이 정말 자랑스럽다.

예를 들어 1920년대와 1990년대의 '새로운 시대'를 비교하기도 했고, 아주 낙관적이었던 '다우인덱스 36,000' 개념의 구체적인 문제점을 제기하기도 했다. 소형 가치주, 리츠, 귀금속주, 물가연동국채 등의 자산군이 거대한 광기에서 탈출해 연쇄 폭락으로 이어졌다는 것을 강조하기도 했다. 거품인지 아닌지는 지나간 뒤에나 알 수 있다. 거품이 커지고 있는 동안은 눈치채기 어렵다. 사람들이 붐비는 나스닥에서 "버블이요!"라고 자신 있게 외치기는 어렵다. 금융의 세계에서는 시장의 역사를 확실히 알고 있어야 성공할 수 있다는 말이 오래전부터 전해 내려온다. 이 책은 불확실한 시장에서 진정한 투자자의 모습과 그들이 무엇을 느끼는지 보여준다.

셋째로 이 책에서 권장하는 포트폴리오는 시간이 지나 쓸모없을 것 같지만 예전처럼 오늘날에도 잘 작동한다. 내가 몇몇 해외 소형주 펀드를 추천했는데 당시에는 일반인이 사용 가능한 인덱스펀드가 없었기 때문이다. 이제는 다양한 인덱스펀드가 있다. 거의 20년이 지났지만 이 책의 기본 메시지는 그대로 남아 있다.

- 주식은 채권보다 위험하므로 고수익의 매력을 제공해야 투자자를 끌어들일 수 있다. 하지만 불확실성이 크다.
- 앞으로 주식 수익률은 과거보다 낮을 것이다.
- 가능한 인덱스 상품을 이용해 모든 곳에 투자하라. 오늘날은 ETF의 폭발적 성장으로 2000년 당시보다 훨씬 인덱스 투자가 쉬워졌다.
- 장기적 관점에서 성공의 열쇠는 해외 및 국내의 주식과 채권 등 폭넓은 자산군을 일관성 있게 자산배분하는 전략에 있다.

- 장기적으로 '시장 타이밍market timing'[1]과 '주식 고르기stock picking'[2]에 성공하기란 거의 불가능하며, 오히려 이것이 집중력을 떨어뜨린다는 점을 이해해야 한다. 다시 말해 해외 주식, 국내(미국) 주식, 채권을 인덱스화한 저비용 인덱스펀드의 신중한 조합이 '최고의' 주식이나 펀드 고르기보다 훨씬 중요하다. 반복하지만 누구도 지속적으로 '시장 타이밍'과 '주식 고르기'에 성공하지 못한다.

하지만 어떤 것은 변했다. 이 책이 출판되었을 즈음은 시장 거품이 최고조에 달했을 뿐만 아니라 곧이어 거품이 붕괴됐다. 또한 그로부터 6년이 지나서 훨씬 더 심각한 금융위기[3]가 발생했고, 금융시스템 전반에 걸쳐 투자자의 신뢰는 깨졌다. 요즘 이 책을 썼더라면 금융 토끼굴을 더 많이 조사했을 뿐 아니라 최근의 사건까지 포함시켰을 것이다.

이 책은 우리가 갖고 있는 모든 투자 계좌를 자산배분 관점의 포트폴리오로 운용하도록 방향성을 제시한다. 이는 처음 책을 냈던 시점이나 지금이나 매우 중요한 개념이다. 하지만 내가 최근에 추가로 깨달은 것이 있다. 사람들이 실제로는 두 개의 포트폴리오를 운용하고 있다는 것이다. 하나는 우리가 은퇴 이후에 생활비로 써야 할 자금이다. 물론 중간에 일자리에서 쫓겨나지 않는다면 말

---

1 시장 타이밍: 시장의 고점과 저점 등 매매 타이밍(시점 찾기)을 이용하는 투자법.
2 주식 고르기: 좋은 주식을 골라내는 능력을 이용한 투자법.
3 2007~2008년 미국발 금융위기를 말한다.

이다. 그리고 다른 하나의 포트폴리오는 상속인, 자선단체, 혹은 정부에 남겨주게 될 자금이다.

첫 번째 포트폴리오는 은퇴 후 생활비에 맞춰야 한다. 이것을 부채 매칭 포트폴리오Liability Matching Portfolio, LMP라고 하는데 두 가지 방법으로 해결할 수 있다. 하나는 물가상승분이 반영되는 연금이고, 다른 하나는 생활비에 맞춰 설계하는 물가연동국채Treasury Inflation-Protected Securities TIPS 사다리 투자법이다. 부채 매칭 포트폴리오로 두 가지 모두 완벽하지는 않다. 첫 번째 보험사에서 판매하는 연금은 수익률이 낮고 신용 위험이 있다. 즉 연금을 지급해야 할 보험사가 파산할 가능성이 있다. 두 번째 물가연동국채 사다리 투자법은 당신이나 배우자의 기대수명보다 먼저 끝날 수 있다.

당신의 부채 매칭 포트폴리오는 얼마나 많은 자금이 있어야 할까? 약 25년간의 은퇴 후 생활비는 얼마가 되어야 할까? 예를 들어 수입과 은퇴 자금에 세금을 포함해 당신의 생활비는 매년 7만 달러(7천만 원)가 필요하다. 그리고 개인연금과 사회보장연금에서 3만 달러(3천만 원)씩을 받는다고 가정하면 당신의 은퇴 후 생활비는 연 4만 달러(4천만 원)이다. 그러므로 부채 매칭 포트폴리오는 1백만 달러(10억 원)가 있어야 한다.(4만 달러×25년=1백만 달러)

그 이상의 재산은 모두 당신 것이 아니라 당신의 상속인, 자선단체, 샘 아저씨(미국 정부)에게 남겨진다. 이것을 위험 포트폴리오Risk Portfolio, RP라고 부른다. 만약 위험 포트폴리오가 잘되면 당신은 비행기 일등석을 타고 여행하거나 갖고 싶던 고급차에 돈을 펑펑

쓸 수 있다. 설사 위험 포트폴리오가 잘되지 않더라도 적어도 구걸을 하거나 굶지는 않을 것이다. 물론 부채 매칭 포트폴리오를 너무 공격적으로 투자하면 이런 일이 벌어질 수도 있다.

그렇다고 해서 젊을 때부터 포트폴리오를 안전하게만 투자해야 한다는 것은 아니다. 자세히 말하면 일단 부채 매칭 포트폴리오의 자금이 충분해질 때까지는 안전에 신경을 써야 한다. 부채 매칭 포트폴리오가 목표를 달성하면 이후의 투자금은 위험 포트폴리오에 넣어서 운용하면 된다.

한편 이런 전략은 최선이 아니라고 생각할 수도 있다. 하지만 난 그렇게 생각하지 않는다. 왜냐하면 투자는 심리 게임이라는 것이 중요하기 때문이다. 당신이 생활하면서 실행할 수 없는 최선의 전략보다 잘 실천할 수 있는 차선의 전략이 더 낫다. 은퇴 기간 동안 불가피하게 일어나는 시장 하락에 대비하는 최고의 방법은 크고 든든한 부채 매칭 포트폴리오이다.

이 책에서 자세히 언급하지 않았던 한 가지는 주식의 위험성이다. 금융학자는 시간이 지남에 따라 주식의 위험성이 증가하는지, 감소하는지를 물어보는 오락 게임을 즐긴다. 이것에 대한 '올바른' 대답은 다음과 같다. 연 단위로 측정하는 수익률은 매년 다르지만 장기적으로 투자하게 될 경우의 연환산 수익률은 비슷하다.

위의 논리는 매수 후 보유buy-and-hold 방식의 투자자에게만 적용된다. 책에서 지적했듯이 젊은 투자자는 낮은 가격에 주식을 모을 수 있기 때문에 길고 잔혹한 약세장을 무릎을 꿇고 기도해야 하지만, 최근의 은퇴자의 경우는 그 반대다. 또 다른 방법으로 말하자면 저수익이 먼저 오고 나중에 고수익이 발생하는 순서가 은퇴자에게는 잔혹하고 젊은 투자자에게는 이익을 가져다준다. 물론 그 반대의 경우도 있다.

그렇다면 주식의 위험성은 얼마나 클까? 젊은 투자자에게는 그리 크지 않지만, 나이 든 투자자에게는 스리마일 섬[4]에서 노출된 방사능처럼 해롭다. 따라서 부채 매칭 포트폴리오가 반드시 필요하다.

위험이라는 게 정확히 뭘까? 책에서 나는 표준편차를 많이 사용했다. 현학적인 학자들은 주식 수익률이 정규분포가 아니라고 지적할 것이다. 유진 파마Eugene Fama가 "인생은 팻 테일fat tail[5]이야"라고 말했던 것처럼 말이다. 그러나 이것은 훨씬 더 중요한 점을 놓치고 있다. 표준편차는 일반적으로 사용되는 것처럼 단기 위험만 측정하므로 투자자가 직면하는 실제 위험을 제대로 측정하지 못한다. 실제 위험은 장기적인 인플레이션 조정 수익률이 낮다는 것이다. 이런 현상을 만들어내는 구체적인 역사적 사건들이 있다. 가장 나쁘고 가능성이 높은 위험은 인플레이션이다. 마치 시간이 흐르면서 전 세계적으로 퍼지는 풍토병 같다.

무엇이 인플레이션 위험에서 우리를 보호하는가? 부채 매칭 포

---

4   스리마일 섬 원자력발전 사고. 1986년 체르노빌, 2011년 일본 후쿠시마 원전 사고와 함께 세계 3대 원자력발전 사고 중 하나로 1979년 미국에서 발생했다.

5   팻 테일: 통계 용어로 정규분포에 비해 평균값을 벗어나는 양쪽 꼬리 부분이 더 두터운 형태를 보이는 것을 말한다.

트폴리오에서는 물가연동국채와 인플레이션이 반영되는 연금이다. 위험 포트폴리오에서 주식은 단기 성과가 나쁘게 나올 때도 있지만 장기적으로 인플레이션 이상의 수익률을 보여준다.

지난 10년간 가장 인기 있는 자산군 중 하나인 상품선물펀드 commodities futures funds는 어떨까? 유행은 피하라, 역사가 오래된 금융 중계회사에서 미는 상품은 특히 피하라. 이름을 말할 필요 없이 우리는 모두 그들[6]이 누군지 안다. 요점은 2000년경부터 이 회사들이 상품선물펀드를 추천하기 시작했다는 것이다. 그들은 선물 가격을 상승시켜 현물 가격을 초과하게 했다. 이런 현상을 콘탱고contango라고 한다. 부에노스아이레스에서 추는 춤 이름이 아니다. 이는 상품선물(파생상품의 일종-옮긴이) 전략을 심각하게 방해하며 투자자에게 큰 피해를 줬다. 이 일은 우리에게 두 가지 교훈을 준다. 첫 번째 교훈은 장기적으로 상품선물보다 상품 생산 기업의 주식 수익률이 인플레이션보다 높을 것이라는 의견에 힘이 더 실린다는 것이다. 두 번째 교훈은 금융 중계회사가 입을 모아 동시에 추천하는 것이 있다면 가능한 한 멀리 해야 한다는 것이다. 존 케네스 갤브레이스John Kenneth Galbraith의 표현대로 월스트리트는 계속 바퀴를 재창조하고 있으며, 새롭고 보다 불안정한 형태로 만들고 있다.

장기 위험을 헤지하기 위해 주식을 소유하고 단기 위험을 헤지

---

6 Big 4 금융 소매 중개회사인 메릴린치(Merrill Lynch Wealth Management), 모건스탠리(Morgan Stanley), UBS, 웰스파고(Wells Fargo & Co.)를 가리킨다.

하기 위해 채권을 보유한다고 말하는 것은 요즘엔 어울리지 않는 표현이다. 오히려 2008~2009년 글로벌 금융위기가 주는 교훈은 생활비용 포트폴리오와 주식투자용 포트폴리오를 엄격히 분리해야 한다는 것이다. 주식은 당신이 생각하는 것보다 더 위험할 수 있다. 채권 비중은 심각한 위기 때도 가격이 폭락하지 않는 국채 위주로 구성해야 한다. 회사채는 국채보다 수익률이 높은데 그 이유는 회사채가 주식의 위험을 포함하고 있기 때문이다. 만약 회사채에서 나오는 추가 수익을 얻고 싶다면 회사채 대신 소량의 주식을 소유하는 것이 낫다. 왜냐하면 당신이 위험하지 않다고 생각한 회사채가 결국 위험하다는 것이 밝혀졌기 때문이다. 회사채 손실은 유동성 부족이 주된 원인이다. 지방채 역시 같은 이유로 손실이 난다. 지방채는 비과세라서 절세 방안이 없는 일반 계좌에서 유리한 점이 있다. 하지만 모든 채권을 지방채로 채워서는 안 된다.(지방채에 존재하는 부도, 지불유예 등의 위험 때문에 일부만 보유할 것을 권함-옮긴이).

이 책은 또한 투자 심리를 이야기한다. 책이 나온 후 몇 년 동안 신경경제학이 화제가 되었다. 신경경제학은 뇌 기능이 금융 선택에 어떤 영향을 미치는가를 연구한다. 투자자에게 신경경제학의 중요성은 아무리 강조해도 지나치지 않는다. 당신이 주의깊은 사람이라면 투자자는 '과신'에 빠져 있고, 대체로 '시장 타이밍'을 맞추지 못한다는 사실을 이미 알고 있을 것이다.

투자자에게 훨씬 쉬운 사례는 심리학자 필립 테틀록Philip Tetlock

이 개척한 정확도를 예측하는 경험 연구다. 그는 투자자가 명심해야 할 몇 가지 사항을 발견했다. 첫째, 인간은 형편없는 예측자여서 '시장 타이밍'과 '주식 고르기'가 무의미하다. 둘째, 몇몇 예측자는 정말 나쁘다. 그는 그런 예측자들을 몽상가의 또 다른 표현인 '고슴도치'라고 강조해서 부른다. 여기서 교훈은 자신의 정치 견해와 투자 전략을 혼합한 사람을 특히 의심하라는 것이다.

언론과 금융 전문가는 서로 영향을 주고받는데 정말 나쁜 결과로 이어진다. 누군가가 미래의 시장 방향을 묻는다면 딱 한 가지 정답이 있을 뿐이다. "내가 어떻게 알아?" 이 응답은 CNBC(미국의 대표적인 금융, 증권 방송-옮긴이)에 출연하거나 USA 투데이USA Today에서 인용되는 사람들이 자격이 없다는 말이다. 저들이 찾는 것은 상승이든 하락이든 상관없이 시청자의 주의를 끌 만한 자극적이고 극단적인 예측이다.

테틀록의 마지막 교훈은 다음과 같다. 낙관론이든 비관론이든 극단적으로 예측하는 사람은 점점 실력이 없어질 수밖에 없다. 가장 나쁘게는 잦은 미디어 출연이 전문가를 과신에 빠지게 만들어 정확성을 더욱 좀먹게 한다. 극단적인 예측, 잦은 언론 출연, 악화되는 정확성이 서로 영향을 미치며 하향곡선을 그린다.

결론: CNBC를 꼭 봐야 할 경우에는 소리를 꺼놓고 시청하라.

마침내 진정 우울한 역동성이 더욱 풍요로운 세상을 장악하고 있다. 거시경제의 잡초 속으로 너무 깊이 들어가지 않아도 알 수 있는 것이 있다. 사회가 부유해짐에 따라 이용 가능한 투자 자본의 양은 투자 기회보다 더 빨리 증가한다. 따라서 기대수익률이 떨어진다. 인류 금융 역사의 초기에 존재했던 고대 사회는 생존에 급급했다. 여유 자금이 거의 없었다. 이로 인해 금리가 30%까지 치솟았다.

사회가 점점 부유해지면서 자본의 수익률은 수천 년에 걸쳐 떨어졌다. 지난 20년 동안 주식의 가치는 '일반적으로 가치 있는' 수준에 잠깐 있었지만 대부분의 기간 동안 역사적인 최고치에 머물러 있었다. 채권 수익률은 역사적으로 낮은 수준에 머물러 있다. 주식의 실질기대수익률은 3.5%(배당금 2% + 실질배당금 증가 1.5%)이고, 단기채권은 0%의 실질수익률을 갖는다고 가정하면, 전통적으로 균형 잡힌 주식 대 채권 포트폴리오의 장기 실질수익률이 2%보다 낮을 것으로 예상할 수 있다.

또한 기대수명이 늘어나고 있다. 전형적인 은퇴 커플 중 한 명의 배우자는 90대 중반까지 살아남을 가능성이 높다. 따라서 낮은 수익률과 자금에 비해 더욱 길어진 은퇴 기간 사이의 '큰 압박'이 있다. 돈에 맞게 사는 것 외에 당신이 할 수 있는 일은 많지 않다. 하지만 당신의 재력 안에서 이 책의 원칙을 준수하기 바란다. 비용을 절감하고 투자 정책이 어떻게 돌아가는지 주시하고 항로를 계속 유지하라.

지난 몇 년 동안 나에게 충고와 지지를 해준 많은 이들에게 감사한다. 조나단 클레멘츠, 로버트 바커, 프랭크 암스트롱, 존 레켄탈러, 데이비드 윌킨슨, 스티브 던, 스콧 번스에게 특별히 더 감사하다. 돈 관리 기술과 금융 지식의 독특한 조합이 매우 가치 있음을 입증해준 수잔 샤런에게 감사한다. 마지막으로 아내 제인에게 감사를 전한다. 그녀의 격려와 편집 지원이 없었다면 이 책은 나오지 못했을 것이다.

2017년 8월
미국 오리건 주 포틀랜드에서 윌리엄 J. 번스타인

한국 주식시장은 2019년 여름, 2011년 이후 가장 어려운 시기를 보내고 있습니다. 주식시장에 투자했던, 특히 바이오 등 특정 업종의 주식에 투자했다면 그 고통은 이루 말할 수 없을 것입니다. 물론 이들 투자자들은 2018년 봄에는 반대로 높은 수익을 자랑했을지도 모릅니다.

물론 일각에서는 정부를 비판하기도 합니다. 정부의 잘못된 정책, 특히 공매도를 무차별적으로 허용한 것이 주식시장의 침체를 가져온 결정적인 이유라는 거죠. 일부 동의합니다. 그러나 다음 그래프에 나타난 것처럼 한국 주식시장이 신흥시장Emerging Market(이하 EM)에서 특별히 부진하다고 보기는 어렵습니다.

2000년 말을 기준으로 2019년 6월까지의 수익률을 살펴보면, 한국 종합주가지수(KOSPI, 한국 유가증권시장에 상장된 주식의 가격을 시가총액 기준으로 가중 평균한 지수)가 신흥시장 지수에 비해 오히려 우월한 성과를 기록한 것을 발견할 수 있습니다. 또한 이 그래프는 한국 주식시장의 흐름이 신흥시장과 매우 밀접한 연관을 맺고 있다는 것을 의미하죠.

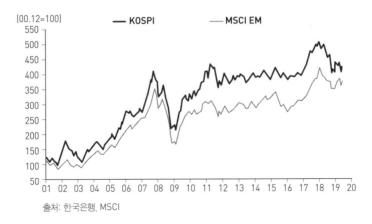

(00.12=100)

— KOSPI   — MSCI EM

출처: 한국은행, MSCI

이런 상황에서 마냥 정부만 탓할 수도 없습니다. 그럼 어떻게 투자해야 할까요?

일단 신흥시장 주식이 어떨 때 강세를 보이는지 살펴볼 필요가 있습니다. 다음의 그래프는 미국 달러화의 가치와 신흥시장 주식의 선진시장Developed Market(이하 DM) 주식 대비 상대 강도를 나타냅니다. 즉 가는 선이 상승한다는 것은 신흥시장이 선진시장보다 강세를 보이는 것으로 해석할 수 있고, 반대로 가는 선이 떨어지는 것은 신흥시장이 선진시장에 비해 부진하다고 볼 수 있습니다.

한눈에 달러 가치가 큰 영향을 미친다는 것을 알 수 있죠. 달러 가치가 상승할 때, 즉 달러 강세 국면일 때 선진시장이 신흥시장에 비해 뛰어난 성과를 기록합니다. 반대로 지난 2000년대처럼 달러가 장기간 약세 흐름을 지속할 때는 신흥시장이 선진시장의 성과를 뛰어넘습니다.

이런 현상이 벌어지는 이유는 직관적으로 설명됩니다. 달러 강세 국면에는 해외에 투자되었던 자금의 '달러 환산 수익'이 악화될 가능성이 높고, 반대로 달러 약세 국면에는 '달러 환산 수익'의 상승 가능성이 높아지기 때문입니다.

출처: 미연준, MSCI

이제 문제가 해결된 것처럼 보입니다. 미국 달러가 강세를 보일 때는 선진시장에 투자하고 달러 약세 국면에는 신흥시장에 투자하면 되니까요.

그러나 문제가 그렇게 쉽지 않습니다. 왜냐하면 환율의 방향을 예측하기가 쉽지 않기 때문입니다. 가장 대표적인 예가 2018년입니다. 당시 트럼프 대통령은 노골적으로 '달러 약세' 흐름을 유도했지만 1년 내내 달러는 강세를 보였습니다. 초강대국의 정치 지도자조차 환율의 방향에 영향을 미치지 못하는데 한국의 투자자가 이를 정확하게 예측하는 것은 불가능에 가깝죠.

다시 원점으로 돌아왔네요. 2019년 여름같이 주식시장이 급격한 약세를 보이는 위험을 어떻게 회피할 수 있을까요?

이 고민을 하는 분들에게 이 책 〈현명한 자산배분 투자자〉는 큰 도움이 되리라 생각합니다. 어떤 자산에 투자함으로써 위험은 낮추고 수익을 개선시킬 수 있는지, 나아가 투자자의 투자 기간에 따른 적절한 포트폴리오는 어떤 것이 있는지 아주 흥미로운 사례를 통해서 이해할 수 있습니다.

끝으로 좋은 책을 쓰고 번역하느라 수고한 김성일 작가에게 감사하다는 말을 전합니다.

2019년 8월 홍춘욱

최근 들어 개인의 자산관리는 심각한 도전에 직면해 있습니다. 기업의 수익성 지표인 ROE가 하향하면서 경제성장률도 둔화되고 있습니다. 투자 자금의 수요가 위축되면서 금리는 마이너스 영역까지 하락하고 있습니다. 평균 수명의 증가로 은퇴 후에 써야 하는 노후 자금은 더 많이 필요합니다. 돈을 벌기도 힘들지만 돈을 불리기는 더 힘든 세상이 되었습니다. 무조건 열심히 한다고 좋은 결과를 기대할 수도 없습니다.

투자자는 대박이 예상되는 종목을 귀신 같이 찾아내서, 상승하기 직전에 매수했다가 하락하기 직전에 매도하는 매매 신공을 발휘하고 싶어 합니다. 그래서 팔랑귀처럼 온갖 종목 정보를 찾아다니고 차트 분석과 세력 동향에 집착합니다. 하지만 저자는 이렇게 일침을 가합니다.

> "매매 타이밍market timing을 잡는 것이나 대박 종목을 발굴하는 것stock picking은 장기적으로 거의 불가능하다. 누구도 지속적으로 성공하지 못한다."

이에 대해 게리 브린슨이 발표한 연구 결과는 다음과 같았습니다.

"펀드의 투자 수익에 대한 기여도를 조사한 결과, '매매 타이밍'과 '종목 발굴'은 10% 미만인 반면, 자산배분이 90% 이상을 차지했다. 즉 자산배분 전략이 10배나 중요했다."

결론적으로 저자는 이렇게 단언합니다.

"장기적 관점에서 성공적인 투자의 핵심은 다양한 자산군의 일관된 자산배분 전략에 있다."

벤저민 그레이엄은 그의 책 〈현명한 투자자〉에서 자산배분 전략의 여러 형태를 제시한 적이 있습니다. 이 책에서 등장하는 존 라스코브의 인터뷰는 〈현명한 투자자〉에서도 소개된 내용입니다. 그레이엄은 평범한 일반 투자자가 안전하게 주식 투자를 시작할 수 있도록 〈현명한 투자자〉를 저술했는데요. 일반 투자자가 마음만 먹으면 쉽게 실천할 수 있는 자산배분 전략을 제시했습니다.

채권과 주식에 50%씩 균등 배분하는 정률투자법, 상황에 따라 25~75%로 변화를 주는 변율투자법, 일정 금액으로 꾸준하게 주식을 분할 매수하는 정액매수(또는 정액분할) 적립식 등을 제시했습니다. 〈현명한 투자자〉의 제목을 본받아 〈현명한 자산배분 투자자〉라고 작명했다고 고백한 것을 보면, 그레이엄의 영향을 깊이 받은 것으로 보입니다.

자산배분 전략의 이론적인 근거는 해리 마코위츠가 제시한 '현대 포트폴리오 이론'에서 비롯됩니다. 상관관계가 낮은 종목으로 포트폴리오를 구성하면 위험이 감소한다는 이론입니다. 물론 주식 포트폴리오를 구성하는 방법론인데, 주식 종목을 대신하여 자산에 적용한 것이 자산배분 전략입니다. 상관관계가 낮은 다양한 자산으로 포트폴리오를 구성하면 두 가지 이점이 발생합니다.

첫째는 포트폴리오 이론에 따라 위험이 감소합니다. 자산 간 공분산을 측정하여 2차함수의 꼭지점에 해당하는 최소분산을 찾는 방식으로 가능합니다. 둘째는 사전에 정해진 각 자산의 목표 비중을 맞추기 위해 늘어난 자산을 줄이고 줄어든 자산을 늘리는 리밸런싱을 진행하게 됩니다. 이를 통해 자연스럽게 저가 매수와 고가 매도가 반복되면서 운용이익이 쌓이게 됩니다. 종합적으로 위험은 감소하고 투자 수익은 증가합니다.

쇼트닝, 밀가루, 버터, 설탕을 섞었더니 맛있는 케이크가 된 것처럼 상관관계가 적은 자산으로 포트폴리오를 구성할수록 재미가 더한 법입니다. 가치우량주를 선별해서 포트폴리오에 편입하는 것도 좋겠지만, 일상에 바쁜 일반 투자자라면 자신의 취향에 맞는 ETF를 활용하는 것도 좋습니다. 국내 ETF는 물론 해외 ETF도 활용하기가 어렵지 않습니다. 또 일반계좌는 물론 연금계좌에도 편입할 수 있습니다. 이에 관해서는 이 책의 역자인 김성일의 〈마법의 연금 굴리기〉를 참고하면 도움이 될 겁니다.

2천여 년 전부터 전해진 탈무드의 지혜에 따르면, 유대인은 모든 자산을 3등분하여 부동산, 사업, 현금으로 배분하라고 권하고 있습니다. 요즘 용어로 바꾸면 부동산, 주식, 채권에 3분의 1씩 배분된 포트폴리오를 구성하라는 것입니다. 여기서는 부동산은 논외로 하고 금융자산에 초점을 맞추어 살펴보겠습니다.

호황기에는 실적 호조에 힘입어 주가가 상승세를 보이고 늘어나는 자금 수요로 채권 수익률이 높아지면서 채권 가격은 약세를 보입니다. 반대로 불황기에는 실적 부진에 따라 주가가 하락세를 보이고 채권 수익률이 낮아지면서 채권 가격은 강세를 보입니다. 이렇게 주식과 채권은 상관관계가 매우 낮은 편이라서 자산배분의 훌륭한 조합입니다. 다만 불황이 심해져서 기업이 자금난에 처하면 회사채의 가격도 급락할 가능성이 있습니다. 저자는 이렇게 말합니다.

"채권 자산은 위기 때 정부가 책임지는 국채여야 한다. 국채에 비해 추가 수익을 얻으려고 회사채에 투자하고 스트레스를 받을 거면 차라리 주식에 투자하는 편이 낫다."

경제 위기가 발생하면 '안전자산으로 도피하는 현상Flight to Heaven'이 발생합니다. 즉 기축통화국인 미국의 국채로 대피합니다. 한국의 주식시장이 크게 하락할수록 반사적으로 미국의 국채 가격은 강세를 보이는 경향이 있습니다. 금리와 환율의 영향을 동시에 받기 때문입니다. 이런 특성 덕분에 한국의 투자자에게는 기가막힌 자산배분의 조합이 될 수 있습니다. 결론적으로 한국 주식과 미국 국채로 자산배분하는 전략을 기본적으로 추천합니다.

어중간한 자산에 100% 투자하는 것보다 변동성은 크지만 우리에게 익숙한 한국 주식과 가장 안전한 미국 국채로 나누어 투자하는 편이 훨씬 낫다는 겁니다. 이렇게 양극단으로 나누어 투자하는 것을 '바벨전략'이라고 합니다. 여기에 조금 더 다양성을 가미하여 한국보다 성장률이 높은 이머징 국가의 주식을 약간 추가하는 것도 괜찮습니다. 마치 고춧가루나 소금을 약간 집어넣어 음식 맛을 내는 것과 같은 이치입니다.

자산배분 전략이 어차피 효과가 있다면 최적화를 추구하는 것은 어떨까요? 그레이엄이 제시한 변율투자법처럼 상황에 따라 보다 역동적인 리밸런싱을 진행하면 도움이 될까요? 이에 대해 저자가 '오버밸런싱'이라는 말로 표현한 것을 보면 다소 회의적인 시각을 가지고 있다는 느낌을 받습니다.

> "최고의 자산배분을 찾아 헤매는 것보다 자산배분 전략을 준수하는 편이 훨씬 중요하다. 보다 활기찬 형태로 리밸런싱하는 동적 자산배분을 오버밸런싱Over-Balancing이라고 한다. 오버밸런싱은 극소수만이 해낼 수 있다."

헤지펀드 브리지워터의 창립 회장인 레이 달리오는 각 자산의 위험에 상응하는 리스크 패리티Risk Parity 방식으로 각 자산의 비중을 정한 '전천후 포트폴리오All Weather Portfolio'를 제시했습니다. 이 포트폴리오는 '주식 30%, 중기국채 15%, 장기국채 40%, 원자재 및 금 각각 7.5%'로 구성되어 있습니다. 이를 응용해 한국형 전천후 포트폴리오를 구성한다면 '한국 주식 30%, 한국 중기국채 15%, 미국 장기국채 40%, 실물 ETF 15%'로 변형할 수 있겠습니다.

〈현명한 자산배분 투자자〉는 저의 졸저 〈전략적 가치투자〉에 소개하면서 일독을 권했던 추천 도서였습니다. 남달리 애착이 있었던 책인 만큼 여러 출판사에 번역서 출간을 권하기도 했지만 아쉽게도 진행되지 않았습니다. 사석에서 이 책의 역자에게 그런 속내를 토로한 적이 있었는데요. 그 말을 흘려듣지 않고 좋은 결과를 만들어준 역자와 출판사 관계자에게 감사드립니다.

미래를 대비하여 탄탄한 노후 자금을 확보하고 싶은 분, 바쁜 일상을 쪼개 효과적으로 투자 자산을 운용하고 싶은 분, 자신의 인생 전체를 조망하며 재무 상태를 체계적으로 설계하고 싶은 분에게 반드시 권하고 싶은 책입니다. 이 책을 읽고 자산배분의 큰 그림을 그린 다음, 급변하는 시장에 흔들리지 않는 강건한 투자자가 되길 바랍니다.

2019. 8월
밸류리더스 회장 신진오

들어가며

당신이 한 번도 가본 적이 없는 낯선 지역에 있다고 하자. 집으로 가는 길을 막 찾고 있는데 누군가 당신에게 말을 건넨다. 근처에 아주 안락하고 믿을 수 있는 고급차가 주차되어 있다고 말이다. 그는 당신에게 자동차 열쇠를 건네며 수백 킬로미터 떨어진 공항으로 운전해가면 그곳에 집으로 데려다줄 비행기가 기다리고 있다고 한다.

당신은 아무런 고민 없이 차에 타기만 하면 원하는 목적지에 도착할 수 있겠는가? 당신은 주저하고 있다. 주위 사람은 당신이 우쭐대며 고급차를 운전하는 시골뜨기라는 것을 눈치챈다. 몇몇 추잡한 인물은 당신을 에워싸고 전문적으로 도와주겠다고 한다. 그들 중 한 명을 믿을 수 있겠는가?

바라건대 당신은 둘 다 하지 마라. 대신 당신은 가장 가까운 서점을 찾아 상세한 지도를 구입하고, 공항으로 가는 가장 효율적인 경로를 찾아봐야 한다. 그래야 길을 떠날 수 있다.

대부분의 투자자는 이와 비슷한 상황에 처해 있다. 많은 사람이 첫 번째 코스를 선택하고 과감하게 투자 여행을 시작한다. 보통 최근 수익이 좋았던 매우 위험한 분야에 재산의 대부분을 투자

한다. 그들은 자신이 어디로 향하고 있는지, 어떻게 그곳에 도착해야 하는지 정확히 아는 경우가 없다. 대부분의 사람은 자신이 길을 잃었다고 생각하면 친절하고 믿음이 가는 낯선 사람에게 의지한다. 이런 사람들을 '영업사원' 혹은 '금융 상담사'라고 한다. 대부분의 경우 이 '전문가'들의 관심사는 그들의 고객과 완전히 다르다.

성공적인 투자법을 배우는 일은 우리의 가상의 여행자처럼 한 도시에서 다른 도시로 이동하는 것과 같다. 로드맵(안내문)은 간단하다. 그 경로는 특정 명소를 정밀한 순서로 통과시킬 것이다. 각각의 명소는 해당 장에서 설명할 텐데 그 여정은 때때로 느리고 힘들다. 지름길은 없다. 이 책은 빨리 읽을 수 없다. 한 번에 한 페이지씩 체계적으로 읽어야 한다.

로드맵

1. 심호흡을 해라. 다음 단계를 마칠 때까지 몇 주나 몇 달이 걸려도 아무것도 하지 마라. 급격하게 당신의 금융 상태를 바꾸려고 서두르지 마라. 당신은 제대로 일을 정리할 시간이 있다. 제대로 배우고 계획할 시간은 충분하다.
2. 금융시장에서 위험과 수익의 성격과 근본 관계를 파악해라.
3. 다양한 투자 자산의 위험과 수익의 특성을 배워라.
4. 분산 포트폴리오와 그 안에 있는 개별 자산이 다르게 움직인다

는 것에 감사해라. 케이크가 쇼트닝, 밀가루, 버터, 설탕과 맛이 다른 것과 같은 방식이다. 이것을 '포트폴리오 이론'이라 부르는데 미래의 성공에 중요하다.

5. 당신이 견딜 수 있는 위험의 크기를 추정해라. 포트폴리오 이론을 사용해 해당 위험 범위에서 최대 수익을 낼 수 있게끔 포트폴리오를 구축하는 방법을 배워라.

6. 이 시점에서 당신은 마침내 개별 주식, 채권, 펀드를 매수할 준비가 되었다. 위의 과정에 성공했다면 이 단계는 가장 쉽다.

이 책은 일관적이고 효과적인 평생 투자 전략으로 가는 여행에서 위의 단계를 각 장마다 안내할 것이다.

자본시장과 포트폴리오 이론의 확실한 이해 없이 성공적인 투자를 할 수 있을까? 물론 많은 사람이 그렇게 해오기도 했다. 어떤 레슨 없이 수영을 하거나 비행기를 조종하는 것도 가능하다. 하지만 나는 당신이 그렇게 하는 것을 추천하지 않는다.

<h2 style="text-align:center">이 책을 읽는 방법</h2>

이 책은 존 그리샴의 소설이 아니다. 숙달하기 위해서는 약간의 노력이 필요하다. 각 장은 다음 장의 토대를 형성하므로 페이지별로, 장별로 읽어야 한다. 이리저리 건너뛰면 안 된다. 이상적으로는 휴

가 때 이 책을 가지고 가서 당신이 생기 넘치는 아침에 읽어야 한다. 한 시간쯤 지난 뒤에 내려놓고 몇 날 며칠을 건너뛰면 안 된다.

숫자를 다루는 재능이 도움은 되겠지만 꼭 필요하지는 않다. 주요 수학 개념과 기법의 일부는 몇 개의 별도 '수학 세부 정보' 부분에서 자세히 설명한다. 만약 수학에 관심이 많지 않다면 건너뛰면 된다.

이 책의 가장 중요한 부분은 9장 '투자에 도움이 되는 책과 사이트들'이다. 투자는 평생 공부해야 할 주제다. 나의 가장 큰 희망은 이 책이 투자에 대해 더 많이 공부할 수 있는 열정을 당신에게 심어주는 것이다.

The Intelligent
Asset Allocator

Part 1

일반
고려사항

당신은 부자지만 괴팍한 프레드 삼촌 회사에서 일하고 있다. 그는 양심적이고 친절한 고용주다. 그 회사에서 몇 년째 성실하게 일하자 그는 당신을 회사 연금 제도에 가입시키기로 결정한다. 당신은 지금 30세고, 35년 후인 65세까지 삼촌 회사에서 일할 예정이다. 그는 매년 당신의 퇴직 계좌에 5천 달러(500만 원)를 납입할 것이다. 당신은 일하는 동안 퇴직연금이 운용되는 두 가지 방법 중하나를 선택해야 한다.

- 첫 번째 방법: 연수익률 3%인 예금으로 운용하는 것이다.
- 두 번째 방법: 아주 독특한 방법이다. 매년 말 프레드 삼촌이 동전을 던진다. 앞면이 나오면 그해의 수익률이 플러스 30%가 되고, 뒷면이 나오면 마이너스 10%가 된다. 이 방법을 '프레드 삼촌의 동전 던지기' 또는 '동전 던지기'라고 부를 것이다.

첫 번째 방법은 일정한 수익률을 제공한다. 즉 35년 후에 확실한 금액을 받는다. 당신이 금융 계산기를 능숙하게 사용할 수 있다면 몇 초 안에 계산할 수 있다. 이 방법은 당신의 은퇴 생활비로 총 302,310달러(3억 231만 원)를 제공한다. 당신은 물가상승이 이 금액의 미래 가치를 감소시킬 것이라는 것을 알고 있다. 실제로 물가상승률이 3%라면 현재 구매력 기준으로 107,436달러(1억 743만 원)만 남는다.

두 번째 방법을 선택하면 처음에는 당신을 혼란스럽게 할 것이다. 어렵게 번 퇴직금의 10%를 동전 던지기로 날려버린다는 생각은 받아들이기 어렵다. 더구나 몇 년씩이나 손해를 볼 수도 있다는 데 말이다. 35년 내내 뒷면이 나오면 퇴직금으로 남는 돈이 거의 없을 것이다. 반면에 만약 당신이 35년 내내 앞면이 나오면 당신의 수익금을 지불하기 위해 불쌍한 프레드 삼촌은 파산하게 될 것이다. 삼촌이 당신에게 162,000,000달러를 빚지게 될 것이니까 말이다!

두 번째 방법을 좀 더 자세히 살펴보자. 충분히 긴 기간이라면 동전은 정확히 앞면과 뒷면이 반반 나올 것이다. 만약 당신이 이것을 앞면과 뒷면이 교차하는 순서로 바꾼다면, 매 2년마다 수익은 다음과 같이 계산된다.

$$1.3 \times 0.9 = 1.17$$

첫해 수익 30%는 당신의 계좌에 1.3을 곱하는 결과를 가져오고, 손실 10%는 총액에 0.9를 곱하면 된다. 처음 당신이 갖고 있던 1달러는 2년 후에 1.17달러가 되는 것이다.

2년 후에 17%의 수익은 8.17%의 연환산 수익률과 같다. 이는 첫 번째 방법의 3% 수익률보다 확실히 더 높다. 물론 당신이 운이 나빠서 뒷면이 반 이상 나올 수도 있다. 첫 번째 방법의 수익률보다 더 나빠지려면 앞면이 12번, 뒷면이 23번 나와야 한다. 이런 확률은 꽤 낮다는 걸 알 수 있다.

당신이 예전에 다녔던 대학의 통계학 교수를 방문했다고 치자. 교수는 흔히 '이항분포 함수'라고 불리는 계산법을 잊어버린 당신을 꾸짖는다. 이 방법을 이용하면 동전 던지기의 어떤 조합의 확률도 쉽게 계산할 수 있다. 당신의 멍한 모습을 보고 그는 한숨을 쉬며 자기 컴퓨터에서 스프레드시트 프로그램을 켜고, 키를 몇 번 입력한 다음 [그림 1-1]의 그래프를 건네준다. 앞면이 13개 이하로 나올 확률은 얼마일 것 같은가?

답은 5% 미만이다.

사실 이건 좀 지나치게 단순화된 것이다. 동전 던지기의 순서는 매우 중요하다. 만약 16번 연속으로 앞면이 나오면 19번 연속으로 뒷면이 나올 것이다. 반대로 27번 연속 뒷면이 나오면 그 다음엔 8번 연속 앞면이 나올 것이다. 그러나 이것은 아주 가능성이 낮은 사건이며, 앞의 공식과 [그림 1-1]의 그래프는 당신에게 필요한 확률을 정확히 나타낸 것이다.

동전 던지기는 또한 자산의 평균 수익과 연환산 수익의 차이를 보여준다. +30%와 -10%의 평균이 +10%(10=(30-10)/2)이기 때문에 왜 동전 던지기 수익률이 10%가 아니고 8.17%가 되는지 궁금해하는 사람도 있을 것이다. 평균 수익률은 단순히 개별 연도의 수익률의 평균을 계산한 것이다.

연환산 수익률은 좀 더 미묘한 개념이다. 그것은 각각의 개별 연도 수익률의 시리즈의 결과와 같게 하기 위해 매년 벌어야 하는 수익이다. 만약 당신이 갖고 있는 주식이 첫해에 두 배(100% 수익) 오르고 다음 해에 50%를 잃는다면, 연환산 수익률은 0%가 될 것이다. 연초에 주가가 주당 10달러일 때 투자를 시작했다면 첫해 말에 20달러, 다음 해 말에 다시 10달러가 된 것이다.

당신은 돈을 벌지 못했다. 그럼에도 불구하고 평균 수익률은 25%라고 말할 수 있다.(+100%와 -50%의 평균) 당신의 연환산 수익률은 0%이다. 연환산 수익률과 평균 수익률은 확실히 다르다.

[그림 1-1] 프레드 삼촌의 동전 던지기 확률

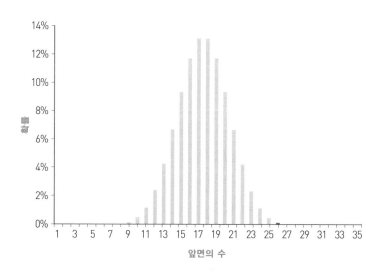

동전 던지기의 평균 수익률은 10%이고 연환산 수익률은 8.17%이다. 연환산 수익률은 항상 평균 수익률보다 낮다. 동전 던지기에서 -10%와 +30%가 절반씩 나온다면 이것은 8.17% 수익률이 매년 나오는 것과 같다. 당신은 평균 수익이 아닌 연환산 수익률로 보상받는다. 연환산 수익률이 중요한 이유다.

프레드 삼촌의 동전 던지기는 매우 특이한 경우로 보일지 모른다. 하지만 그것은 대부분의 투자자가 예금 계좌나 단기국채의 '안전'과 주식의 '모험' 사이에서 직면하고 있는 선택과 같다. 두 번째를 선택하면 우수한 결과가 확실히 나올 것이다. 그러나 대가가 필요하다. 가능성은 낮지만 손해 볼 위험이 있다. 더 중요한 것은 매년 프레드 삼촌과 속이 뒤틀리는 동전 던지기 시간을 보내야 한다는 것이다. 그러나 가장 무서운 것은 3%의 예금 옵션이다. 이 방법을 선택한다면 틀림없이 당신의 은퇴 후의 삶은 가난해질 것이다.

나는 프레드 삼촌의 동전 던지기를 좀 더 신중하게 구성했다. 이번에는 쉽게 파악할 수 있는 보통주의 수익률과 위험을 이용했다. 동전 던지기와 같은 리그를 한 결과 지난 73년간(1926~1998년)의 보통주의 수익률은 11.22%를 기록했다. 중요한 점은 동전 던지기와 보통주의 '위험성'이 거의 동일하다는 것이다. 나는 이 위험성을 정확히 측정하는 방법을 설명할 것이다. 보통주의 위험과 수익을 편리하게 나타내기 위해 동전 던지기 개념을 사용한 것이다. 또한 동전 던지기는 여러 유형의 자산을 포함한 포트폴리오의 움직임을 이해하는 강력한 방법을 제공한다. 당신은 방금 투자의 기본 법칙 중 하나를 소개받았다. 장기적으로 위험을 견디면 보상받는다는 것이다. 반대로 안전만을 추구하면 수익률이 낮아진다. 경험 많은 투자자는 수익과 위험이 불가분의 관계에 있다는 것을 이해한다. 투자 사기를 알아채는 가장 확실한 방법 중 하나는 위험은 낮고 수익이 높다고 약속하는지 확인하는 것이다.

동전 던지기보다 조금 더 복잡한 투자 수익률의 예를 생각해보자. 자산 A에 투자했다고 치자. 그게 무엇인지는 중요하지 않다. 8년 연속 수익률은 다음과 같다.

1년차	20%
2년차	0%
3년차	10%
4년차	-10%
5년차	30%
6년차	15%
7년차	10%
8년차	5%

자산 A의 수익률은 얼마일까? 1년차 수익은 20%였으므로 자산 가치를 1.2배로 곱한다. 2년차에는 1.0을 곱한다. 3년차에는 1.1을 곱하고, 4년차에는 10%를 잃으니 0.9를 곱한다. 따라서 전체 8년 동안 최종 값은 다음과 같이 계산된다.

$$1.2 \times 1.0 \times 1.1 \times 0.9 \times 1.3 \times 1.15 \times 1.1 \times 1.05 = 2.051$$

이 사례에서 자산 A가 연초에 10달러의 가치가 있었다면 현재 가치는 원래의 2.051배인 20.51달러이다. 8년 동안의 총 수익률은 105.1%이다.(이것을 혼동하지 마라. 50%의 수익은 당신의 초기 금액에 1.5를 곱하는 것을 의미하고, 100%의 수익은 2를 곱하는 것을 의미한다는 것을 기억하라) 평균 수익률은 단순히 8개의 개별 수익률의 평균, 즉 10%이다. 그러나 우리는 정말로 중요한 것이 연환산 수익률(매년 동일한 결과를 얻기 위해 필요한 수익률)이라는 것을 알고 있다.

어떻게 계산하는 걸까? 스프레드시트에 익숙하다면 매우 간단하다. 모든 스프레드시트 프로그램은 다양한 금융 계산 기능이 있다. 만약 당신이 스프레드시트에 익숙하지 않다면 다른 방법은 금융 계산기를 사용하는 것이다. 만약 금융 계산기가 없다면 사야 한다. 텍사스 인스트루먼트Texas Instrument사의 BA-35나 그와 비슷한 것은 대부분 매장에서 찾을 수 있다.(20달러쯤 한다) 이런 기기를 이용해 연금 기능 사용법을 배워라. 퇴직 계획이나 대출금 계산 등에 없어서는 안 된다는 것을 알게 될 것이다.

표준편차

우리는 이제 자산 A의 위험을 계산할 준비가 되었다. 이는 표준편차, 즉 숫자 집합의 '분산'의 척도인 표준편차를 계산함으로써 이루어진다. 계산은 손으로 할 수 있지만 꽤나 지루하다. 일반적으로 스프레드시트나 금융 계산기로 하면 된다. 위의 경우 8개의 수익률의 표준편차는 11.46%로 계산된다.

표준편차를 가지고 무엇을 하는가? 무엇보다도 당신은 위험을 측정하는 도구로 이것에 익숙해져야 한다. 일반적으로 다양한 자산군의 연단위 수익률의 표준편차는 다음과 같다.

현금성 자산: 2~3%

단기채권: 3~5%

장기채권: 6~8%

국내 주식(보수적): 10~14%

국내 주식(공격적): 15~25%

해외 주식: 15~25%

신흥국 주식: 25~35%

펀드에 등급을 매기는 대부분의 서비스는 그들의 보고서에 표준편차를 표기한다. 펀드 정보를 수집하고 분석하는 회사인 모닝스타Morningstar는 이전 3, 5, 10년 동안의 연단위 수익률의 표준편차를 표기한다. 단 1~2년의 수익률만 있는 경우도 있다. 여기서 연단위 수익률의 표준편차는 분기별 수익률 표준편차에 2를 곱하거나 월별 수익률 표준편차에 3.46을 곱해 추산할 수 있다.

상품 판매인이나 중개인이 당신에게 금융 상품을 팔거나 제안하려고 하면 그 상품이 어떤 종류든지 간에 연단위 수익률의 표준편차가 얼마인지 물어보라. 그가 대답을 못한다면 그 상품에 가입하면 안 된다. 만약 당신을 상담해주는 금융회사 직원이 수익률의 표준편차 개념을 잘 모르면 새로운 상담원을 찾아라.

표준편차의 수치는 실제로 무엇을 뜻하는가? 이는 자산의 연 단위 수익률의 3분의 2가 평균값보다 1 표준편차 큰 값과 1 표준편차 작은 값 사이에 있게 됨을 뜻한다. 자산 A의 경우 수익률의 3분의 2가 -1.46%(10-11.46)에서 21.46%(10+11.46) 사이라는 것을 뜻한다.

[그림 1-2]에서 자산 A의 '평균 이하 부분'을 그래프로 그려보았다. 이것은 -1.46%보다 더 나쁜 손실이 날 확률이 6분의 1이라는 것을 보여준다. 평균보다 2 표준편차 작은 값인 -12.92%보다 더 나쁜 손실이 발생할 확률은 44분의 1이고, 평균보다 3 표준편차 작은 값인 -24.38%보다 더 나쁜 손실이 발생할 확률은 740분의 1이다.

간단한 예를 들자면 15%의 기대수익률과 35%라는 매우 높은 표준편차를 보이는 중남미 주식펀드를 고려하고 있다고 하자. 이 펀드는 6년마다 -20%, 44년마다 -55%, 740년마다 -90%의 손실을 당신에게 선물할 것이라고 예상할 수 있다. 나는 최근 몇 년 동안 이런 펀드를 광고하는 많은 펀드 판매자나 중개인이 고객에게 그런 정보를 전달했을지 매우 의심스럽다. 사실 위험할 정도로 과도하게 돈이 몰리는 시장의 한 가지 징후는 그 시장에 내재된 위험 대비 일반화된 과소평가다.

위험을 측정하는 또 다른 방법들

수준 높은 수학 지식을 가진 사람이 볼 때 표준편차는 위험의 척도로 사용하기에 한계가 많다고 생각할 것이다. 예를 들어 실제 투자 세계에서 수익률은 전형적인 '정규분포'를 따르는 것이 아니라 오히려 '로그 정규분포'에 가깝다. 또한 평균에 대한 좌우값이 비대칭적인 현상인 왜도skew가 나타나며, 극단적인 범위에서 사건 발생의 빈도가 큰 첨도kurtosis 현상도 다소 크다.

위험의 척도로써 표준편차의 가장 중요한 비판은 평균보다 높은 쪽과 낮은 쪽 모두를 중요시한다는 것이다. 하지만 투자 위험 측정에는 평균보다 낮은 쪽의 사건만이 중요하다. 이로 인해 일부 학계와 실무자는 위험의 보다 현실적인 측정 방법으로 '반분산semivariance' 또는 평균 이하로 발생하는 값들의 평균-분산을 제안하기도 했다. 그러나 실무상 분산과 반분산 모두 유사한 결과를 산출하며, 분산과 표준편차는 여전히 탁월한 위험 측정값이다. 사실 단순한 분산과 표준편차는 과도한 변동성을 잡을 수 있는 두 가지 기회를 주는 이점을 가지고 있다. 최근 악명 높은 '롱텀 캐피털 매니지먼트LTCM 7'사 사례에서 보듯 그 회사는 파산 직전까지 심각한 손실 가능성(반분산)을 검토하지 않았다. 월별 수익률의 단순한 표준편차(분산)만 계산했어도 문제가 발생하기

---

7 두 명의 노벨 경제학상 수상자를 포함한 유명 대학의 석박사 출신의 학자로 구성되었으나 1998년 러시아의 모라토리엄 선언으로 붕괴되었다.

전에 눈치챘을 것이다. 부끄러운 사건으로 세상에 알려지기 전에 말이다.

위험을 정의하는 방법은 금융학자의 수만큼이나 많다. 기타 가능성 있는 위험 측정 방법은 다음과 같다. 명목 손실, 인플레이션 조정 손실, 손실 표준편차, S&P 500(미국 대형주)이나 단기국채 수익률 같은 특정 인덱스 대비 수익률이 낮을 확률 등이다. 많은 사람이 선호하는 방법은 단기국채 같은 무위험 자산보다 투자 결과가 낮을 확률을 사용하는 것이다. 이는 앞에 나왔던 가상의 통계학 교수가 사용하는 이항분포 함수와 유사한 '표준 정규 누적 분포 함수'를 사용하는 공식으로 쉽게 계산할 수 있다. 당신은 쉽게 위험 측정 방법을 만들 수도 있다. 이런 위험과 수익의 개별적인 측정법을 '효용함수utility functions'라고 한다.

[그림 1–2] A 자산의 수익률 분포

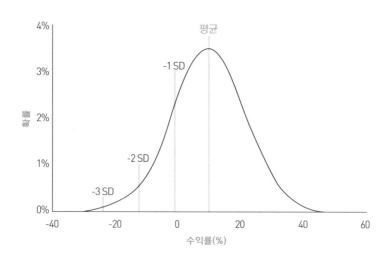

지금까지 이 장의 모든 자료를 소화했다면 당신은 아주 열심히 공부했거나 숫자에 능숙한 사람이다. 또는 통계를 이미 배웠을 것이다. 이제 하루 종일 쉬며 수영장 옆에 앉아서 마가리타나 한잔 해라. 이 장을 공부한 상이다. 당신이 돌아오면 우리는 실제 자산에 대해 공부할 것이다.

The Intelligent
Asset Allocator

Part 2

위험과
수익

개별 자산군: 1926-1998

당신은 이제 수익과 위험의 통계적 의미를 이해했다. 다양한 자산의 장기적인 역사 기록을 다룰 준비가 되어 있다는 것이다. 짐작컨대 당신은 소비자 리포트 같은 제대로 된 팸플릿에 나온 '성능'과 '수리 기록' 등을 보지 않고 자동차나 냉장고를 사지는 않을 것이다. 투자도 이와 마찬가지다. 기대수익(성능)과 위험(수리 기록)을 잘 알지 못한 상태로 당신 수입의 상당 부분을 투자 상품에 맡기지 말아야 한다. 다행히도 많은 유용한 자료가 있다. 게다가 쉽게 접근할 수 있고 비싸지도 않다.

자산군의 장기 수익과 위험성을 제대로 파악하려면 얼마나 오래된 자료가 필요할까? 다양한 의견이 있지만 기대수익의 좋은 아이디어를 얻기 위해서는 적어도 20년이나 30년의 자료가 필요하다. 5년, 10년 이내의 월별 데이터를 이용하면 자산별 위험을 파악하는 좋은 정보를 얻을 수 있다.

미국 주식에 관한 한 우리는 운이 좋다. 보통주와 국채라면 미국 정부가 탄생하던 시절부터의 데이터를 사용할 수 있다. 1926년으로 거슬러 올라가는 매우 상세한 자료까지 있다. 투자 세계에서 가장 크고 저렴한 데이터 중 하나는 이봇슨ʲᵇᵇᵒᵗˢᵒⁿ의 자료다. 여기에는 주식, 채권, 단기채, 인플레이션이 담겨 있는데 투자 세계에서는 'SBBI'⁸라고 불린다.

여기에는 한 달에서 수십 년 동안의 다양한 미국 자산의 수익률, 위험 및 상관관계에 관한 모든 분석이 나온다. 우리는 미국의 대형주와 소형주, 그리고 30일, 5년, 20년 만기 국채 등 5개 자산을 알아볼 것이다. [표 2-1]에 미국 주식과 채권에 대해 알아야 할 것이 요약되어 있다. 이 다섯 가지 자산의 대략적인 수익률과 표준편차 값을 기억해두는 것도 나쁘지 않다.

[표 2-1] 자산군 통계(1926-1998)

자산	연환산 수익률 1926-1998(%)	표준편차 1926-1998(%)	연단위 최악수익률 1926-1998(%)	수익률 1929-1932(%)
단기국채(30일 만기)	3.77	3.22	0.00	+9.49
중기국채(5년 만기)	5.31	5.71	−5.13	+20.27
장기국채(20년 만기)	5.34	9.21	−9.19	+19.73
대형주	11.22	20.26	−43.35	-64.23
소형주	12.18	38.09	−59.12	-87.98

---

8   Stocks, Bonds, Bills, Inflation의 머릿글자를 축약.

각 자산을 개별적으로 검토하고, 각 자산별 시리즈 그래프를 참조할 것이다. 미국의 국채 용어는 좀 헷갈린다. 1년 미만의 경우는 재무부 단기 증권(Treasury bill 혹은 T-bill)이라고 부른다. 1년에서 10년의 경우는 재무부 증권Treasury note이라고 하며, 10년 이상일 경우는 재무부 장기 채권Treasury bond이라고 한다.[9]

• 단기국채

단기국채(그림 2-1)는 지구상에서 가장 안전한 투자다. 국가가 망하지만 않는다면 말이다. 비록 샘 아저씨(미국 정부)가 가끔 돈을 벌기 위해 인쇄하지만 채무불이행 가능성은 없다. 이런 안전성에도 불구하고 지불되는 가격은 터무니없다. 1926~1998년의 수익률이 3.77%에 불과하다. 물가상승률 3.08%를 겨우 넘는다.

또한 많은 학자가 단기국채를 '무위험'하다고 생각하지만, 단기국채 그래프를 꼼꼼하게 보면 상당한 수익률 변동이 있다는 것을 알 수 있다. 즉 일정하게 소득이 나올 것이라고 기대할 수 없다는 말이다. 이 위험은 표준편차에 반영되며 그 값은 3.22%이다.

단기국채 성과를 보고 말할 수 있는 가장 적절한 것은 장기적으로 인플레이션과 보조를 맞춘다는 점이다, 특히 1970년대에는 말이다.(비록 이것조차도 사실이 아닌 기간이 길었지만 말이다)

---

9 이해의 편의를 위해 각각을 (미국) 단기국채, 중기국채, 장기국채로 번역.

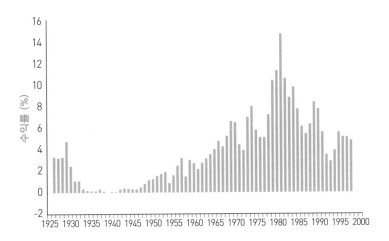

[그림 2-1] 단기국채(1926-1998)

• 중기국채(5년 만기)

단기국채와 마찬가지로 중기국채(그림 2-2)는 원리금 채무불이행으로부터 절대적인 보호를 받지만 한 가지 위험이 있다. 금리 상승이다. 고정 이자를 발행하는 채권은 금리가 오르면 시장 가치가 하락하고 만기가 길수록 손해가 심해진다. 5년 만기일 때 원금에 대한 시장 가치가 하락하면 채권의 이자를 초과할 수 있어 해당 연도의 총수익이 마이너스일 수 있다. 이런 경우가 지난 73년간 7차례 나왔는데 최악의 손실은 1994년에 발생한 -2.65%이다. 이런 위험을 감수한다면 추가적인 1.5%의 장기 수익을 얻는다. 장기적으로 물가상승분을 감안한 실질수익률은 2% 안팎이었다.

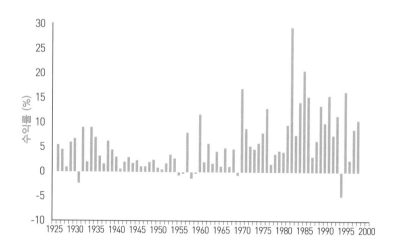

[그림 2-2] 중기국채(1926-1998)

• 장기국채(20년 만기)

장기국채는 중기국채와 유사한 방식으로 움직인다. 단 이자율 위험은 훨씬 크다. 지난 73년간 20번 손실이 났다. 한 번은 -10%의 큰 손실이었고, 대부분 -5% 이상의 손실을 보였다.(그림 2-3) 놀랍게도 이런 위험을 감수하는 대신 보상은 거의 없다. 수익은 중기국채와 비슷하다.

왜 많은 똑똑한 투자자는 중기국채로 동일한 수익률을 얻을 수 있는데 더 위험이 큰 장기국채에 투자하는가? 그 해답은 장기국채의 '초과 위험'의 대부분이 적절하게 구성된 포트폴리오에서는 사라진다는 것이다. 이는 나중에 자주 살펴보게 될 것이다.

분산과 함께 사라지는 위험을 비체계적 위험nonsystematic risk, 분산으로 사라지지 않는 위험을 체계적 위험systematic risk이라고 한다. 장기국채의 수익률이 중기국채에 비해 그리 높지 않은 또 다른 이유가 있다. 장기국채로 정확하게 상쇄할 수 있는 장기 고정부채 약정을 갖고 있는 보험사들이 선호하기 때문이다.

사실 위험은 명백하게 높은데 수익률이 너무 낮아 양쪽의 균형이 맞지 않는 자산도 많다. 가장 좋은 예는 귀금속 주식군이다. 실질 장기 수익률은 몇 퍼센트인데 연간 표준편차는 30%나 된다.

[그림 2-3] 장기국채(1926-1998)

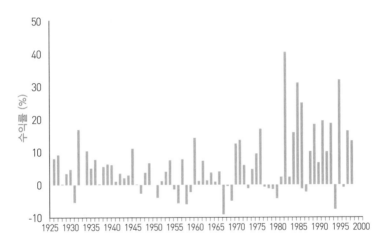

• 대형주

지난 73년간 이 자산군은 대기업의 다양한 그룹인 '인덱스'로 이루어져 왔다. 최근의 사례는 친숙한 S&P 500이다. 독자는 이 그룹의 용어가 혼란스럽다는 것을 알 것이다. 이것은 '대형주', 'S&P' 혹은 'S&P 500' 등으로 다양하게 불린다. 이 책에서는 이들 용어가 같은 뜻이라고 보면 된다. 이 자산의 수익률은 매우 높은데 8% 이상의 실질수익률을 보인다.(그림 2-4) 대형주는 아주 매력적이다. 당신의 자산을 9년마다 두 배로 만들어준다.(물가상승분을 감안한 것이다) 당신의 갓 태어난 아기를 위해 10,000달러(1천만 원)를 투자하면 50년 안에 당신은 손자의 대학 교육을 위해 470,000달러(4억 7천만 원)를 지불할 수 있는 능력이 생긴다.

물론 이 수익은 공짜가 아니다. 그 위험은 무진장 애를 태울 것이다. 대형주의 표준편차는 20.26%이다. 이는 프레드 삼촌의 동전 던지기에 나오는 숫자다. 그 표준편차도 20%이다. 나쁜 해에 40% 이상을 잃을 수 있는데, 1929~1932년의 4년 동안 이 투자 자산군의 (인플레이션 조정) 실질가치는 거의 3분의 2가 감소했다!

• 소형주

규모로 보면 뉴욕증권거래소의 하위 20%에 해당하는 시가총액 기업을 소형주라고 한다. 현대에 와서는 이러한 주식의 대부분이 실제로 거래되고 있다. 여기서 수익과 위험은 산업 등급이다.(그림 2-5) 당신의 실질수익률은 이제 9%보다 더 커졌고, 이는 8년 만에 당신의 돈이 두 배로 늘어난다는 것을 뜻한다.(인플레이션 조정 기준) 손자를 위해 10,000달러(1천만 원)를 투자했다면 당신은 50년 안에 현재 기준으로 785,000달러(7억 8,500만 원)를 줄 것이다.

하지만 위험도 알아야 한다. 1929~1932년의 4년 동안 이 자산 군은 85% 이상 하락했다!

[그림 2-4] 보통주 수익률(1926-1998)

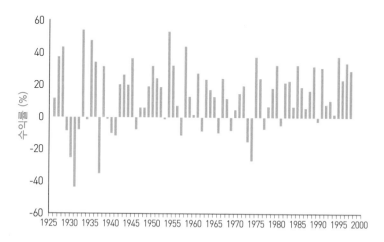

[그림 2-5] 소형주 수익률(1926-1998)

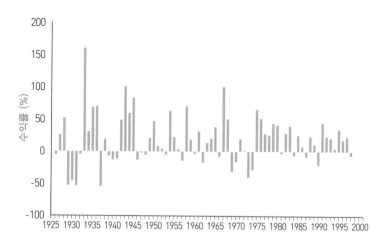

[그림 2-6]과 [그림 2-7]은 미국 대형주의 장기 보유 효과를 나타내는데, [그림 2-6]은 대형주를 5년간 보유했을 때의 수익률을 보여준다. 대공황 기간을 제외한다면 수익률이 그리 나빠 보이지는 않는다. 단지 몇 번의 손실 기간이 있을 뿐이다.

[그림 2-7]에 표시된 30년 보유의 경우는 완전히 평온하다. 30년 단위로 투자했다면 수익률이 8% 미만인 경우는 단 한 번도 없다. 메시지는 분명하다. 주식은 장기 보유해야 한다. 시장의 단기 변동성을 너무 걱정하지 마라. 장기적으로 주식은 항상 채권보다 수익률이 높을 것이다.

[그림 2-6] 보통주 5년 단위 수익률(1926-1998)

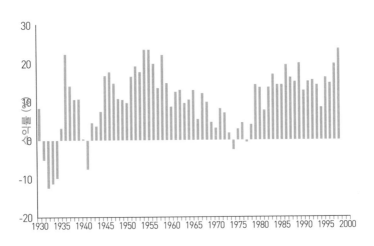

이론적인 관점으로 분석하면 비교적 간단한 통계 방법을 사용하여 '무위험 자산'인 단기국채 투자보다 낮은 수익이 발생할 위험

을 계산할 수 있다. 이 방법은 보통주 수익률 10%, 표준편차 20%, 단기국채 수익률 3%를 가정한다. 1년 단위로 보면 단기국채보다 주식의 수익이 낮을 가능성은 36%이다. 5년 단위라면 이 가능성은 22%, 10년 단위라면 13%, 20년 단위라면 6%, 30년 단위라면 3%, 40년 단위라면 1%로 낮아진다. 메시지는 같다. 장기로 투자할수록 손실 위험은 감소한다.

여기서 주의할 것이 하나 있다. 어떤 사람은 위의 자료가 시간이 지날수록 주식의 위험성이 줄어든다는 것을 보여준다고 해석한다. 하지만 이것은 전혀 사실이 아니다. [그림 2-7]을 보길 바란다. 30년 단위 투자의 최고 수익률과 최저 수익률의 차이는 거의 5%에 달한다. 30년 동안 5%의 수익률 차이를 계산하면 최종 재산에서 4배의 차이가 발생한다.

[그림 2-7] 보통주 30년 단위 투자 수익률(1926-1998)

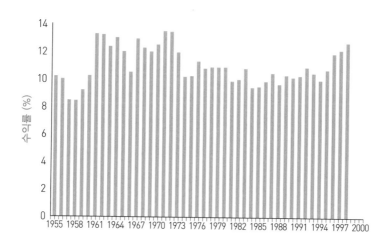

[그림 2-8]은 1926년 이후 다양한 기간에 시작된 30년 단위 투자의 매우 다른 결과다. 이 그래프는 최종 자산의 표준편차로 위험을 측정할 때 실제로 주식은 시간이 지날수록 위험해진다는 것을 보여준다. 사소하거나 이론적인 차이가 아니다. 아마도 위험의 가장 적절한 정의는 돈이 바닥 날 가능성일 것이다. 중요한 점은 어떤 위험의 척도가 자신의 개인적 필요와 인식을 가장 잘 표현하는지 생각해보는 것이다.

▌ 모든 사람의 손자는 반드시 부자가 되어야 한다 ▌

1929년 초여름 제너럴 모터스의 수석 재무 담당인 존 라스코브John Raskob는 한 잡지사와 인터뷰를 했다. 1920년대 후반의 금융에 대한 사람들의 일반적인 인식이 이 기사의 인용문에 매력적으로 반영되어 있다.

"한 남자가 23세에 결혼해서 한 달에 15달러(15,000원)를 매달 저축한다고 가정하자. 사실 월급쟁이 대부분이 신경만 쓴다면 그렇게 할 수 있다. 만약 그가 좋은 보통주에 투자하여 배당금과 의결권을 누적했다면 20년 후에 그는 적어도 80,000달러(8천만 원)를 보유하게 되고, 배당 등의 수익으로 매달 약 400달러(40만 원)의 수입을 얻는다. 그는 부자가 될 것이다. 그리고 누구든지 할 수 있기 때문에 누구나 부자가 될 수 있을 뿐만 아니라 부자가 되어야 한

[그림 2-8] 보통주 30년 단위 투자 시의 1달러의 증가

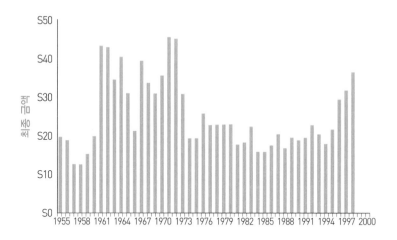

다고 나는 확신한다."

라스코브가 말한 가상의 젊은이는 정말 투자 천재였어야 한다. 매달 15달러(15,000원)를 20년 만에 80,000달러(8천만 원)로 불리려면 연환산 수익률이 25% 이상이어야 한다. 이 인터뷰와 그가 홍보하던 투자 계획은 1929년 이전 주식 거품에 깔려 있던 전염성 기류를 보여주는 터무니없는 사례로 오늘날까지 기억되고 있다.

그럼에도 불구하고 장기적으로 라스코브의 말은 그리 벗어난 것이 아니다. 라스코브의 가상의 젊은이가 1926년 1월 1일부터 보통주에 월 15달러(15,000원)를 투자하기 시작하여 1994년 12월 31일 91세의 나이로 사망할 때까지 계속 그렇게 했다고 상상해보자. 그날까지 그는 2,462,295달러(약 24억 원)를 모았을 것이다. 그

가 소형주에 투자했다면 11,730,165달러(약 117억 원)를 갖게 되었을 것이다.

분명히 이 계산에는 다음과 같은 비현실적인 가정이 포함되어 있다. 원금과 배당금은 절대 쓰지 않았고, 세금도 내지 않았으며, 주식 매매수수료도 없었다. 아마도 우리의 추정치는 2~3배 차이로 틀렸을 것이다. 하지만 여전히 장기간의 결과는 인상적이다.

낙관론자는 이것을 '복리의 마법'의 예로 들 수도 있다. 이 현상으로 너무 많은 것이 만들어진다. 비관론자는 근면한 저축자가 재산을 누려 보지도 못하고 늙어 죽었다고 지적할 것이다. 그가 매년 저축한 돈의 아주 일부라도 소비했더라면 그의 재산은 크게 줄어들었을 것이다. 개인적으로 나는 돈 많은 노인보다 몇 유로를 호주머니에 넣은 채 파리의 거리를 배회하는 26세 청년이 되는 것이 더 좋다. 모든 사람이 부자가 될 수 없지만 아마도 그들의 손자는 부자가 될 수 있을 것이다.

당신이 채권과 보통주 위험의 크기를 잘 이해하기 위해서는 [그림 2-1]에서 [그림 2-8]까지 몇 분 정도 시간을 할애해 다시 보라. 앞으로의 73년도 과거와 마찬가지로 험난할 것 같다.

개인투자자는 강세장이 진행되면 주식으로 유입될 수밖에 없다. 빠르고 힘들이지 않게 수익을 얻는 친구와 이웃의 모습은 인간 본성의 강력한 힘을 일깨운다. 그런 상승장에 처음 투자를 시작한 사람은 항상 높은 수익률에 관련된 위험을 제대로 이해하지 못한다. 시장을 탈출할 시간이 되면 곰[10]이 으르렁거리는 순간 주식을 팔 수 있다는 전문가의 감언이설에 위안을 얻는다.

그들은 필연적인 손실로 고통을 받은 뒤에야 돈에 관련된 강력한 인간의 본성에 의해 정복당한다. 실패를 싫어하는 심리 욕구 때문에 보통 가격이 가장 낮을 때 큰 손실을 보고 판다. 여기서 분명한 사실은 아무리 숙련된 투자자라도 가장 신중하게 시장의 위험을 감당해야 하는 순간에 때때로 손실을 피하지 못한다는 것이다. 초보든 경험자든 모든 투자자는 존 메이너드 케인즈의 말을 잘 새겨들어야 한다.

"나는 아주 낮은 가격에 파는 것이 높은 가격에 팔지 못한 것의 처리 방안이라고 생각하지 않는다. 시장이 바닥일 때 주식을 보유하는 것이 발각된다고 해도 나는 부끄럽지 않다. 주가가 하락하는 시장에서 황급히 도망가야 하는지, 아니면 상황을 자책해야 하는지 끊임없이 고민하는 것이 기관이나 숙련된 투자자의 일이라고 생각하지 않는다. 의무는 더더욱 아니다. 나는 오히려 '때때로 주가의 하락을 침착하게 받아들이고, 자신을 비난하지 않는 것이 숙련된 투자자의 의무다'라고 생각한다. 투자자는 장기 결과를 목표로 해야 하며, 장기 결과에 의해서만 판단되어야 한다. 시장이 전반적으로 하락할 때 주식을 보유하는 일은 아무것도 증명하지 못하지만 비난의 대상이 되어서도 안 된다."

다행히도 단일 자산이 원래 갖고 있던 위험을 줄이는 방법이 있

---

10 곰은 하락장을, 황소는 상승장을 상징한다.

고, 심지어 아주 위험한 자산을 포트폴리오에 추가하는 것이 실제로 변동성을 줄일 수 있는 경우도 있다.

1970~1998년의 자산군

예전에 논의된 1926~1998년의 미국 자산 데이터베이스는 미국 주식과 채권에서 예상되는 장기 수익률과 위험에 대해 신뢰할 수 있는 추정치를 제공한다. 사실 상세하고 정확하지는 않지만 이들 자산의 장기 수익률과 위험 데이터는 200년 전부터 존재한다. 이 데이터의 인플레이션 조정 수익률과 표준편차는 1926~1998년의 데이터와 유사하다. 나는 200년 역사의 미국 주식 수익률을 탁월하게 다룬 책으로 제레미 시겔Jeremy Siegel의 〈주식에 장기투자하라 Stocks for the long Run〉를 추천한다.

　불행하게도 1926~1998년의 데이터베이스는 미국 주식과 우량 회사채에 한정되어 있다. 따라서 보다 다양한 자본시장을 선택할 수 있는 최근의 투자자에게는 너무 제한되어 있다. 가능한 한 투자 대상을 넓게 분산하는 데에 장점이 많다. 소형주든 대형주든 모든 투자자는 각각의 수익률과 위험을 정확히 추정하고 싶어 한다.

　나는 1970년을 이 확장된 데이터베이스의 출발점으로 선택했다. 왜냐하면 1970년은 투자 역사의 중요한 분수령이기 때문이다. 1970년 이후로 다양한 자산의 고품질 데이터를 이용할 수 있다.

1973~1974년은 대공황 이후 자본시장이 경험한 최악의 약세장이었다. 각 자산의 이 2년간의 성과를 위험 추정치에 포함하는 것이 바람직하다. 그런 맹렬한 곰 시장^{bear market}(하락장)을 포함하면 '실질적인 테스트'를 정상적으로 할 수 있다.

또한 이 데이터베이스는 한 가지 이점이 더 있다. 얼마 안 되는 요금으로 모닝스타와 같은 다양한 출처에서 대부분의 데이터를 받을 수 있다.(자세한 내용은 9장 참조) 이런 자산들의 수익률과 표준편차는 [표 2-2]에 요약되어 있다.

당신은 1926~1998년 데이터베이스에서 이미 단기국채, 중기국채(5년 만기), 장기국채(20년 만기), 대형주, 소형주를 접했다. 리츠^{REITs: Real Estate Investment Trusts}(부동산투자신탁)는 상업용 부동산 투자로 수익을 얻는 기업 혹은 펀드이다. 나는 주로 담보 대출 활동에서 수입을 얻는 리츠는 제외하고 소위 지분 리츠만 포함한다. 유럽, 환태평양 지역, 일본 주식 인덱스는 모건스탠리 캐피털^{Morgan Stanley Capital} 인덱스에서 가져왔다. 이들 시장의 대형주 움직임을 대표한다. 귀금속 주식은 금과 은, 채굴 회사를 대표한다. 마지막으로 국제 소형주는 미국의 소형주와 같은 수준의 해외 소형주를 말한다. 이 인덱스는 '디멘셔널 펀드 어드바이저^{Dimensional Fund Advisors}'사가 제공하는데, 1988년 이전에는 오직 영국과 일본 두 국가로 구성되었기 때문에 이 인덱스를 사용할 때 주의해야 한다.

[표 2-2] 자산별 성과(1970-1998)

자산	수익률	위험(표준편차)	최악의 해	1973-1974
단기국채	6.76	2.61	+3.00	+15.48
중기국채(5년)	9.03	6.62	-3.58	+10.56
장기국채(20년)	9.66	11.58	-7.78	+3.20
S&P 주식	13.47	15.94	-26.47	-37.25
리츠	13*	17*	-21.40	-33.58
미국 소형주	13.62	22.58	-38.90	-56.44
유럽 주식	13.63	20.30	-22.77	-28.74
환태평양 주식	9.69	31.23	-50.59	-54.80
일본 주식	12.61	33.49	-36.18	-27.65
귀금속 주식	10*	43*	-41.51	+112.83
국제 소형주	16.98	31.22	-28.61	-38.38

*작가의 추산 (본문 설명 참고)
출처ㅣ이봇슨 협회, 전국부동산투자신탁협회, 모건스탠리 캐피털 인덱스, 디멘셔널 펀드 어드바이저.

자산별 성과 표를 보면 1970~1998년의 수익률은 1926~1998년보다 높다는 것을 알 수 있다.(수익률 차이는 3대 채권이 4%, 소형주 1.5%, 대형주 2.5%이다) 그러나 최근의 인플레이션은 연 5.23%로 1926~1998년의 3.1%보다 2.13% 높았다. 따라서 실질수익률로 보면 대형주는 거의 같았고, 소형주는 조금 낮았고, 채권은 조금 높았다.

두 기간의 표를 비교하면 1929~1932년 약세 시장이 1973~1974년 시장보다 훨씬 나빴다는 것을 알 수 있다. 큰 오해가 생길 수 있다. 왜냐하면 1929~1932년 약세 시장은 심각한 디플레이션이라는 특징이 있었고, 1973~1974년 시장은 극심한 인플레이션 상황이었기 때문이다. 실질로 봤을 때 대형주는 1929~1932년 시장이 최근 시장보다 조금 더 나빴을 뿐이다.

1926~1998년 데이터베이스에서 볼 수 있듯이 위험과 수익률 사이에는 좋은 상관관계가 있다. 하지만 귀금속 주식과 환태평양 주식 두 가지는 예외다. 그들의 수익은 그들의 위험에 어울리지 않는다. 리츠와 귀금속 주식은 수익률 데이터를 쉽게 구할 수 없다는 점에 유의해야 한다. 귀금속 주식의 장기 수익률 추정에는 1976년으로 거슬러 올라가는 모닝스타의 펀드 데이터를 사용했다. 1970~1975년은 밴 에크 골드 펀드Van Eck Gold Fund의 수익률을 대안으로 사용했다. 리츠는 1971년부터 제공되는 전국부동산투자신탁협회NAREIT의 자료를 사용했다. 리츠 내부의 구성이 지난 5년간 극적으로 변했기 때문에 과거의 전국부동산투자신탁협회의 수익률 데이터는 더 이상 대표적이지 않을 수도 있다.

리츠와 귀금속 주식의 장기 수익률 데이터는 믿을 수 없기 때문에 투자 계획 목적으로 사용해서는 안 된다. 그러나 이 두 자산의 수익률이 매우 낮았음에도 여전히 포트폴리오에 편입을 원하는 투자자는 많다. 그 이유는 이 두 자산을 인플레이션 위험 회피 수단으로 생각한다는 것인데, 다른 주식과 채권이 힘을 못 쓰는 인플레이션 환경에서 포트폴리오에 도움이 될 가능성이 높기 때문이다. 이 말은 귀금속 주식과 리츠 위험의 상당 부분을 분산으로 사라지게 할 수 있다는 것이다.

자세한 내용은 3장과 4장을 참조하기 바란다. [그림 2-9]와 [그림 2-10]은 1926~1998년, 1970~1998년을 기준으로 한 자산 수익률과 위험을 나타낸 것이다. 표준편차로 정량화된 각 자산의 위험은 가로(x)축을 따라 표시된다. 안전 자산은 그래프 왼쪽에 모여 있으며, 오른쪽으로 이동하면 위험(표준편차)이 증가한다. 연환산 수익률은 세로(y)축을 따라 표시된다. 아래에서 위로 이동하면 수익률이 증가한다는 뜻이다. 거의 모든 자산은 수익률이 증가함에 따라 위험도 증가한다는 것을 기억하라.

만약 그 점들을 이어 상상의 선을 그리면 오른쪽으로 기울어져 올라갈 것이다. 대부분의 자산은 위험과 수익 사이의 직접적인 관계를 명확하게 보여주면서 일직선에 놓여 있다. 주요한 두 가지 예외는 위에서 말한 귀금속과 환태평양 지역 주식이다.

역사적 수익률의 문제점

금융 전문가조차 현실적인 문제를 일으키는 영역이 하나 있는데 미래의 자산 수익률을 추정하는 것이다. 한 가지 추정 방법은 단순히 역사적 수익률을 사용하는 것이다. 특히 이봇슨에서 제공되는 데이터의 품질과 세부 정보는 매력적이다. 그러나 과거 수익을 무턱대고 미래 수익으로 추정하는 것은 위험하다. 대부분의 분석가는 이 추정 과정을 힘들고 고통스러운 경험을 통해 배운다. 주식과 채권의 향후 수익률을 어떻게 추정할지 직관적으로 생각하는 것은 도움이 된다.

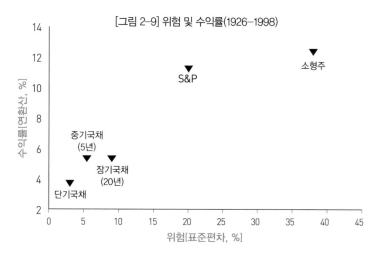

[그림 2-9] 위험 및 수익률(1926-1998)

장기채는 추정하기가 상대적으로 쉽다. 수익률의 근사치가 단순히 이자기 때문이다. 당신이 6% 이자를 주는 장기국채(30년 만기)를 가지고 있다고 하자. 금리가 변하지 않는다면 사실상 6%의 장기 수익을 얻을 것이다. 금리가 하락하면 장기국채에서 받은 이자가 더 낮은 금리로 재투자되기 때문에 수익률이 조금 낮아진다.(다른 말로 '재투자 위험'이라고 한다) 금리가 상승하면 반대가 된다. 장기채 시장의 변동성이 크더라도 장기 수익률은 이자 수익률(예를 들어 6%)에서 몇 퍼센트 이상 떨어지지 않을 것이다. 1926년 초 장기 AAA 신용등급 회사채의 이자율은 4.9%였는데, 이는 1926~1998년의 실제 수익률인 5.77%와 크게 다르지 않다.

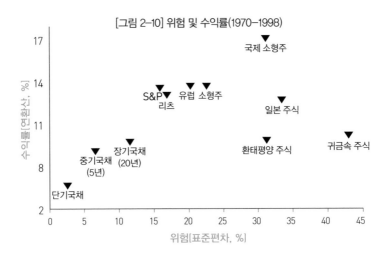

[그림 2-10] 위험 및 수익률(1970-1998)

또한 장기채는 역사적 수익률에 너무 의존하는 위험성을 보인다. 1958년부터 1983년까지 채권은 잔혹하고 끝없이 계속되는 하락장을 겪었다. 장기국채 수익률이 3% 미만에서 14% 이상으로 상승했고, 채권 가격은 반대로 하락했다.(채권 가격은 금리 변동과 반대로 움직인다) 이 때문에 1934년부터 1983년까지 50년간 장기국채(20년 만기)의 연환산 수익률은 3.5%에 그쳤다. 이 값은 물가상승률보다 조금 낮은 수치였다.

이런 역사적 수익률에 의존했다면 1984년에는 향후 채권 수익률의 추정치가 터무니없이 비관적이었을 것이다. 결과적으로 1984년의 장기국채(20년 만기) 이자율은 14%였고, 이후 15년간의 수익률인 12.85%를 정확하게 예측했다. 매년 받는 이자가 계속 하락하는 금리로 재투자되어야 했기 때문에 연환산 수익률이 낮아진 것이다. 이 책을 집필하고 있는 동안 장기채는 다시 합당한 6%의 수익률로 발행되고 있다. 따라서 기대수익률은 역사적 수준인 5%에 가까워질 것이다.

주식 수익률은 좀 더 어렵다. 미래의 주식 수익률을 추정하는 가장 오래된 방법은 소위 배당할인모델DDM, discounted dividend method이다. 이런 식이다. 충분히 긴 기간이 흘러 모든 회사가 파산한다고 가정하자. 만약 당신이 이 가정에 찬성하지 않는다면 대형 도서관에 가서 남북전쟁의 한 페이지를 살펴보라. 거의 모든 회사의 이름이 생소하다는 것을 알 것이다. 따라서 주식의 가치는 미래의 모든 배당금의 '할인된 가치'로 구성된다.(7장에서는 이런 계산을 어떻게 해야 하는지, 정확히 '할인된 가치'라는 것이 무엇을 뜻하는지 논의한다)

만약 당신이 립 밴 윙클Rip Van Winkle 11이라서 주식시장에 10,000

---

11 세상의 변화에 놀라는 사람이란 뜻이다. 미국 작가 워싱턴 어빙이 쓴 단편소설 속의 인물로, 20년 동안 잠을 자다 깨어난 그는 세상이 완전히 바뀐 것을 알게 된다.

달러를 투자하고 나서 200년 동안 잠들었다고 치자. 당신이 깨어났을 때 남아 있는 것은 대부분 사라진 회사의 긴 목록과 세대에 걸쳐 재투자된 배당금일 것이다.(이것은 엄청나게 큰돈이 되어 있을 것임을 기억하라) 이 방법으로 주식이나 주식시장의 가치를 추정하는 것은 매우 복잡한 계산이 되겠지만 다음과 같이 단순화할 수 있다.

> **수익률 = 배당수익률 + 배당성장률 + 배수 변화**

1926년 이후 주식의 실제 수익률은 평균 4.5%였다. 수익과 배당금이 5%의 비율로 증가했다. 배수multiple 변화라는 용어는 전체 배당률의 증가 또는 감소를 뜻한다. 이 경우 1926년 배당금의 22배(4.5% 수익률)에 팔린 주식이 현재 77배(1.3% 수익률)에 팔린다는 것을 뜻한다. 이는 이후의 연환산 배수 변화가 1.7%라는 것을 말한다. 이 세 숫자를 합하면 11.2%(=4.5%+5%+1.7%)가 나온다. 실제 역사적 수익률인 11.22%와 비교해도 차이가 없다.(그런 수익률을 얻는 동안에 당연히 몇 번의 출렁거림이 있었다)

불행하게도 우리가 새로운 천년을 시작하면서 상황이 약간 바뀐 것 같다. S&P 500의 현재 배당수익률은 1.3%이다. 배당성장률은 여전히 5%이다. 그리고 신중한 투자자라면 기업 이익이나 배수 변화가 확대되리라고 기대하지 않는 게 좋다. 이 두 수치를 더하면 보통주의 기대수익률이 6.3%(=1.3%+5%+0%)에 불과한 반면 장기채권의 이자율은 6.0%이다. 따라서 향후 수십 년간 주식 수익률은 채권 수익률보다 조금 더 높을 것이다.

간단히 말해서 주식 투자를 둘러싼 현재의 낙관론은 근거가 없다.(실제로 1998년에 이런 방식으로 계산된 회사채의 기대수익률이 주식의 기대수익률을 잠시 초과했다)

유명한 금융 분석가인 벤저민 그레이엄Benjamin Graham은 주식시장이 단기적으로 '인기 투표 기계'지만, 장기적으로 '무게를 재는 기계'라고 말한 적이 있다. 여기서 '무게'는 기업의 이익이다. 이 역동적인 시대에 보통주의 수익이 끔찍하고 때로 더디게 성장한다는 것은 아무리 강조해도 충분하지 않다. 그래서 1920년부터 다우존스 산업평균인덱스Dow Jones Industrial Average의 이익률을 그려보았다. [그림 2-11]은 물가상승분을 조정하지 않은 명목 금액의 이익을 나타낸다. 그래프는 매년 5%씩 위로 올라간다. [그림 2-12]는 1920년의 가치에서 물가상승분을 조정한 금액으로 동일한 데이터를 보여준다.(2000년 현재 달러로 환산하려면 9를 곱하라) 이것은 매년 2%만 상승한다. 미국 주식의 광범위한 인덱스 가치가 이 '정상적인' 실질성장률 2%를 크게 웃돌 것으로 기대하는 것은 비논리적이다. 물론 이 수익에 배당금을 더할 수는 있다. 하지만 더 많은 것을 기대하지는 마라.

다른 자산군에 이와 유사한 분석을 수행하기는 무척 어렵다. 유럽과 일본 주식의 기대수익률은 미국 주식과 비슷해야 할 것으로 보이는데, 미국의 소형주는 수익률이 다소 높아야 한다. 환태평양지역과 신흥시장 주식은 현재 3~4%의 수익률을 보이는데, 미국

보다 성장률이 높아서 더 높은 수익률을 보일 수도 있다. 하지만 훨씬 높은 위험 역시 존재한다. 무엇보다 이례적인 것은 리츠이다. 현재 배당률이 믿을 수 없는 8.8%이기 때문이다. 이익 성장이 없음에도 리츠의 수익률이 S&P 500보다 더 높아야 하는 것이다.

그리고 단기국채 수익률은 예측이 불가능하다. 왜냐하면 '이자'가 매달 변하기 때문이다.(엄밀히 말하면 단기국채는 이자가 없다. 단기국채는 할인된 가격에 판매되고 있고 만기에 액면가가 되기 때문이다)

[그림 2-11] 다우존스 명목 주당 순이익(EPS)

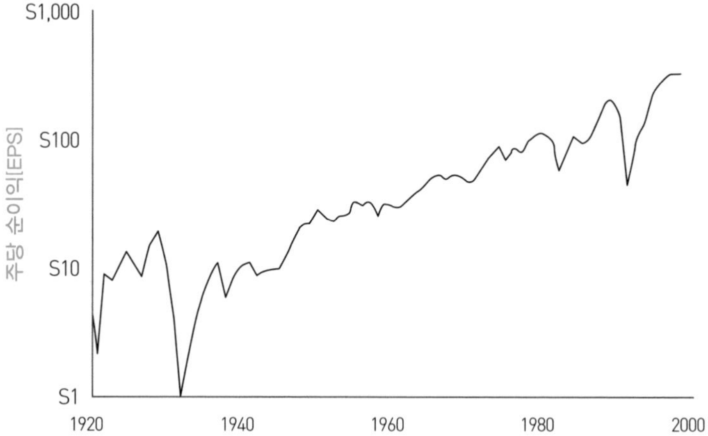

그런데 문제가 좀 있다. 배당할인모델로 추정한 미래의 주식 수익률은 역사적 수익률보다 상당히 낮다. 현명한 투자자는 무엇을 해야 하는가?

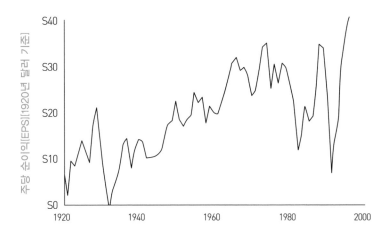

[그림 2-12] 다우존스 실질 주당 순이익(EPS)

이 딜레마의 정답은 없다. 하지만 나는 보수적인 쪽이 오류라 할지라도 배당할인모델을 택할 것이다. 이 방법을 이용해 당신의 투자 선택이나 '자산배분 정책'에 장기 투자의 기대수익률을 계산할 수 있다. 또한 당신은 이 수익을 달성하기 위해 당신이 갖고 있는 위험을 추정해야 한다.

이미 말한 것처럼 기대수익률을 추정하는 가장 유용한 방법은 인플레이션 조정값 혹은 '실질'수익률을 사용하는 것이다. 이것은 결국 당신의 은퇴 자금 계산을 단순하게 해준다. 인플레이션의 영향은 이미 할인되어 반영되었기 때문이다. 실질 가치로 4%의 주식 수익률을 계획하는 것이 7%의 명목 수익률을 계획하고 3%의 인플레이션을 조정하는 것보다 쉽다. 당신이 15년에서 30년 사이에 돈을 찾아야 할 경우 특히 더 필요하다. [표 2-3]은 금융 계획을 세우는 데 도움이 되도록 '간단히 계산한' 것이다. 25%의 하락 충격을 평생 단 한 번은 감수할 수 있다고 생각하는가? 좋다. [표 2-3]의 백분율을 사용하여 포트폴리오를 구성해보자. 주식은 50%로 대형주와 소형주로 나눌 수 있다. 나머지 50%는 채권으로 구성한다. 이 포트폴리오는 약세장에서 일생에 한 번 25%의 손실을 볼 가능성이 있다. 당신의 인플레이션 조정 포트폴리오의 기대 수익은 다음과 같이 계산할 수 있다.

[표 2-3] 자산군별 예상 지표

자산	인플레이션 조정 예상 수익률 (%)	최악의 하락장 손실 (%)
단기국채	0-3	없음
우량 회사채	3	없음 (단기) / 10 (장기)
대형주(미국과 외국)	4	40-50
리츠, 소형주(미국과 해외), 신흥시장 주식	6	50-60
귀금속 주식	0-4*	50-60

*작가 추산

1. 소형주 포트폴리오 25%: 0.25 × 6% = 1.5%

2. 대형주 포트폴리오 25%: 0.25 × 4% = 1.0%

3. 채권 포트폴리오 50%: 0.5 × 3% = 1.5%

이 포트폴리오의 실질 장기 기대수익률은 아래와 같다.

$$1.5\% + 1.0\% + 1.5\% = 4\%$$

이것은 18년마다 당신의 포트폴리오의 실제 가치가 두 배씩 증가한다는 것을 뜻한다.('72의 법칙'에서 쉽게 계산할 수 있다. 자산을 두 배로 늘리는 데 걸리는 시간과 수익률을 곱하면 72가 된다. 즉 6%의 수익률이라면 당신의 자금이 12년마다 2배로 증가한다는 말이다)

이제 쉬는 시간이 됐다. 이 책을 적어도 며칠은 더 보지 마라. 다음 장에서 우리는 포트폴리오의 이상하고 경이로운 움직임을 탐구할 것이다.

1. 위험과 수익은 불가분의 관계에 있다. 높은 위험 없이 높은 수익을 기대하지 마라. 안전은 그에 상응하는 낮은 수익을 보인다.

2. 위험 자산은 오래 보유할수록 좋은 결과가 나올 가능성이 높다.

3. 자산과 포트폴리오의 위험은 측정할 수 있다. 가장 쉬운 방법은 여러 기간의 수익률의 표준편차를 계산하는 것이다.

4. 투자의 역사를 모르는 사람은 실수를 되풀이할 수밖에 없다. 다양한 자산군의 역사적 투자 수익률과 위험을 공부해야 한다. 장기간(20년 이상)의 투자 결과는 자산의 미래 수익률과 위험의 좋은 길잡이다. 그런 자산으로 구성된 포트폴리오의 미래 장기 수익률과 위험을 일정 부분 추정할 수 있어야 한다.

Part 3

멀티에셋
포트폴리오의
움직임

프레드 삼촌의 또 다른 제안

시간이 흘렀다. 당신은 프레드 삼촌 회사에서 몇 년을 더 일했고, 정말로 매년 열리는 동전 던지기 행사가 점점 두려워졌다. 확률의 법칙은 동일한 수의 앞면과 뒷면이 나왔을 때 당신에게 도움이 된다. 불행하게도 당신의 자금이 커질수록 동전 던지기의 결과가 더 큰 영향을 미친다. 다시 떠올려보자. 매년 연말에 프레드 삼촌은 당신의 은퇴 계좌에 500만 원을 납입한다. 그리고 동전 던지기는 당신 계좌 전체의 수익률이 30%(앞면)인지 -10%(뒷면)인지 결정한다. 계속 늘어나는 자금의 크기가 동전 던지기에 달려 있다. 삼촌은 당신이 점점 불편해한다는 것을 느낀다.

삼촌은 당신에게 또 다른 제안을 한다. 매년 연말에 그는 당신의 연금 계좌를 두 개로 나눈 다음 각각에다 동전 던지기를 할 것이다.

삼촌은 무슨 일을 벌이고 있는 것일까?

당신의 첫 번째 본능은 공포에 질려 움찔하는 것이다. 만약 동전 던지기가 당신을 불안하게 했다면 확실히 두 번은 더 나쁘게

생각할 것이다. 하지만 분석적인 사고방식을 가지고 있는 당신은
그의 제안을 해부하기 시작한다. 두 번의 동전 던지기에 각각 동
일한 확률로 네 가지 가능한 결과가 나온다는 사실을 알게 된다.

결과	첫 번째 동전 던지기	두 번째 동전 던지기	총 수익률
1	앞면	앞면	+30%
2	앞면	뒷면	+10%
3	뒷면	앞면	+10%
4	뒷면	뒷면	-10%

결과 1과 4는 각각 +30%와 -10%로 동전 던지기를 한 번 할 때와
같다. 그러나 두 가지의 던지기 결과는 앞면+뒷면 혹은 뒷면+앞면
의 가능성이 더 생긴다. 이 경우 총 수익률은 10%(=(+30%×1/2)+(-
10%×1/2))이다.

네 가지 결과는 발생 가능성이 같다. 따라서 4년 동안 각각의 결
과는 골고루 발생한다. 당신의 계좌가 다음과 같은 비율로 증가한
다는 것을 알 수 있다.

$$1.3 \times 1.1 \times 1.1 \times 0.9 = 1.4157$$

숫자에 익숙하다면 이 동전 두 번 던지기의 연간 수익률은

9.08%라는 것을 알 수 있다.(1.4157^(1/4)-1=0.0908=9.08%) 이는 동전 한 번 던지기의 예상 수익률 8.17%보다 1%p[12] 높은 것이다. 더욱 놀라운 것은 당신의 위험이 줄어든 것이다. 10%짜리 수익률 이 두 개 추가되면서 표준편차가 14.14%로 동전 한 번 던지기 할 때의 20%보다 훨씬 낮아졌다. 현명한 프레드 삼촌이 포트폴리오 이론에서 가장 중요한 개념을 알려줬다.

결과에 상관관계가 없는 자산으로 포트폴리오를 나누면 위험 은 감소하고 수익은 증가한다.

너무 좋아서 사실이 아닌 것처럼 느껴진다. 여기서 핵심은 '상 관관계가 없다'는 것이다. 이 말은 첫 번째 동전 던지기 결과가 두 번째 동전 던지기 결과에 영향을 미치지 않는다는 것이다. 이런 경 우를 생각해보자. 만약 두 번의 동전 던지기가 완벽한 상관관계를 갖고 있다면 두 번째 던진 동전은 항상 첫 번째 던진 동전과 같은 면이 나올 것이다. 이럴 경우 동전 두 번 던지기의 결과는 한 번 던 질 때처럼 +30%, -10% 두 가지 경우뿐이게 된다.

---

12 퍼센트 포인트(%p)는 두 퍼센트 값의 차이를 말한다. 2%와 3%의 차이는 1%p이고, 변화율은 (3-2)/2=50%이다.

전문 투자 지식을 가진 독자 중의 누군가는 주식 풋옵션이나 숏 셀링한 선물 계약이 그 기초 자산의 수익률과 높은 음의 상관관계를 갖는다는 것을 알고 있을 것이다. 그런 경우 두 자산은 거의 정반대의 수익률을 가지는데 전체 포트폴리오의 수익은 0에 가깝다. 정확하게 말하면 양의 수익률을 갖는 두 자산은 지속적으로 매우 높은 음의 상관관계를 갖기 어렵다.

수익률이 낮고 위험이 높은 원래의 동전 한 번 던지기로 돌아가자. 두 번째 동전 던지기가 첫 번째 동전 던지기와 완벽하게 음의 상관관계를 갖고 항상 정반대의 결과를 낸다면 우리의 수익은 항상 10%일 것이다. 이 경우 위험 없이 연간 10%의 장기 수익률을 달성할 수 있다!

이런 내용은 아무리 강조해도 부족하다. 수익률의 상관관계가 낮은 자산을 섞으면 위험이 감소한다. 자산 중 하나가 하락하면 다른 자산이 상승할 것이고, 그 반대 역시 마찬가지로 서로 다르게 움직이기 때문이다. 실제 투자 세계에서는 때때로 상관관계가 없는 두 개의 주식이나 채권 자산이 발견된다. 이는 1%의 수익률 증가와 위험의 적정한 감소를 가져온다. 그러나 의미 있는 음의 상관관계가 장기적으로 지속되는 경우를 찾기는 어렵다.(이런 것은 너무 좋은 것이라 사실일 리가 없다)

동전 던지기 사례는 자산을 분산하는 것이 얼마나 가치 있는지 확인해준다. 실제 투자 세계에서 당신은 무한한 자산 선택의 문제에 직면한다. 말 그대로 무한한 종류의 포트폴리오를 구성할 수 있다. 하지만 당신이 감수하기로 선택한 위험 단계별로 최대 투자 수익률을 올릴 자산은 하나의 '올바른' 혼합만 가능하다. 더 안 좋은 건 자산 혼합이 올바른지 아닌지는 시간이 지나야 일 수 있다는 것이다. 향후 20년간의 최적 혼합이 지난 20년간 최적 혼합과 같지는 않을 것이다.

어떻게 하면 미래의 가장 좋은 자산 혼합을 찾을 수 있을까? 해답을 찾기 위해 복잡한 포트폴리오의 성능을 시뮬레이션할 '연구' 설정부터 한다. 보다 쉽게 이해하기 위해 우리는 몇 가지 아주 간단한 사례에서 시작할 것이다.

사례1. 이 모델은 두 개의 자산으로 구성되어 있다. 첫 번째 자산은 프레드 삼촌의 동전 던지기와 같이 +30%와 −10%의 수익률을 보이며 주식이라고 부를 것이다. 두 번째 자산은 위와 유사하며 0%와 +10%의 수익률을 보이며 채권이라고 부를 것이다. 주식은 보통주와 유사한 장기 수익률과 위험 지표를 가지고 있다. 그리고 채권은 중기국채(5년 만기)와 유사한 장기 수익률과 위험 지표를 가지고 있다. 여기에 네 가지 가능한 결과가 있다.

기간	1	2	3	4
주식 수익률	+30	+30	−10	−10
채권 수익률	+10	0	+10	0

당신은 100% 주식에서 100% 채권까지 이 두 자산의 어떤 조합으로도 장기 투자할 수 있고 그 사이에 어떤 조합도 허용된다. 당신은 매년 말 당신의 포트폴리오를 이 조합으로 리밸런싱(재분배)해야 한다. 주식과 채권의 50:50 혼합을 선택한다고 가정하자. 즉 매년 말 포트폴리오의 절반은 0% 또는 +10% 수익률이 발생하는 (채권용) 동전 던지기 대상이다. 나머지 반은 +30% 또는 −10% 수익률인 (주식용) 동전 던지기 대상이다. 만약 수익이 채권에서 +10%, 주식에서 −10% 발생하면 그해 말 당신은 주식보다 많은 채권을 갖게 된다. 이제 당신은 채권을 일부 팔아서 그 수익금으로 비중이 낮은 주식을 사야 한다. 주식 수익률이 30%인 해에는 혼합물을 50:50으로 리밸런싱할 수 있을 만큼 적당히 주식을 팔아 채권을 사야 한다.

이렇게 리밸런싱하는 이유는 여러 가지가 있다. 첫째, 무엇보다도 리밸런싱은 위험을 낮추면서 장기적으로 포트폴리오 수익을 높인다. 둘째, 주식과 채권의 포트폴리오를 리밸런싱하지 않으면 주식의 장기 수익률이 더 높기 때문에 결국 포트폴리오의 대부분이 주식으로 채워진다. 마지막으로 가장 중요한 점이다. 리밸런싱 습관은 투자자에게 싸게 사서 비싸게 파는 훈련을 자동으로 시켜준다.

이 사례에서 당신이 채권 1/4(25%)과 주식 3/4(75%)으로 포트폴리오를 구성했다고 가정하자. Rb^{Return of bond}(채권 수익률)와 Rs^{Return of stock}(주식 수익률)가 각각 채권과 주식의 수익률이라면 주어진 기간에 이 포트폴리오의 수익률은 다음과 같다.

$$(0.25 \times Rb) + (0.75 \times Rs)$$

따라서 어느 기간 주식 수익률이 +30%, 채권 수익률이 +10%라면 포트폴리오 수익률은 다음과 같다.

$$(0.25 \times 10\%) + (0.75 \times 30\%) = 25\%$$

가능한 네 가지 결과 각각의 수익률은 다음과 같다.

기간	1	2	3	4
주식 수익률	+30	+30	−10	−10
채권 수익률	+10	0	+10	0
주식75% : 채권25% 혼합물 수익률	+25	+22.5	−5	-7.5

이 포트폴리오의 연환산 수익률은 7.70%, 표준편차는 15.05%

이다. 먼저 이 포트폴리오의 수익률이 100% 주식보다 0.47% 낮다는 점을 알아야 한다. 그러나 위험은 5% 감소했다. 다른 말로 수익의 7분의 1을 놓쳤지만 위험은 4분의 1이나 줄었다. 이것은 단순히 분산의 장점의 또 다른 설명일 뿐이다.

이 전형적인 사례는 가장 일반적인 분산 도구인 주식과 채권 조합의 위험대비수익 특성을 공부할 수 있는 간단하지만 강력한 방법을 제공한다. 당신이 스프레드시트에 익숙하다면 위의 사례에서 위험과 수익을 분석하는 간단한 파일을 몇 분 안에 만들 수도 있다. [그림 3-1]에서 이런 값은 [그림 2-9] 및 [그림 2-10]과 동일한 방식으로 표시된다. 그래프에서 위로 갈수록 수익률이 증가하며, 왼쪽에서 오른쪽으로 움직일수록 위험이 커진다는 걸 기억하라.

[그림 3-1] 위험 대비 보상

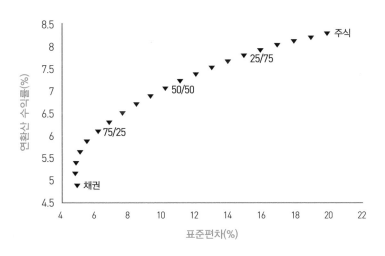

그래프의 오른쪽 사이드는 그리 놀랍지 않다. 주식에 소량의 채권을 더하면 상대적으로 수익에서 덜 손해 보면서 위험은 크게 감소한다. 그러나 왼쪽 사이드의 움직임은 정말 놀랍다. 채권으로만 이루어진 포트폴리오로 시작하면 소량의 주식만 더해도 수익률이 증가한다. 예상한 대로다. 그런데 소량의 주식을 추가하면 포트폴리오 위험이 조금 감소한다. 결국 '최소 위험' 포트폴리오는 7%의 주식을 포함하는 것이다. 주식을 12% 보유하면 채권 100%인 포트폴리오와 동일한 위험을 발생시킨다. 따라서 위험을 최소화하는 것이 목표라면 투자자는 반드시 주식을 소유하는 것이 좋다. 이 현상은 우리가 포트폴리오 움직임을 연구할 때 반복적으로 보게 될 것이다.

사례 2. 이번 장 시작 부분에 나온 프레드 삼촌의 동전 두 번 던지기 포트폴리오로 비슷한 실험을 해보자. 두 개의 서로 다른 자산이 +30% 또는 -10%의 수익률을 보이지만 서로의 수익률은 독립적[13]이다. 요약하면 이렇다.

자산	기간 1	기간 2	기간 3	기간 4
A	+30	+30	−10	−10
B	+30	−10	+30	-10

---

13 상관관계가 없다는 뜻. '상관계수가 0이다'라는 표현도 같은 뜻이다.

[그림 3-2]는 사례 1에서 수행한 것과 동일한 방식으로 A와 B를 다양하게 섞은 혼합 포트폴리오의 수익과 위험 그래프이다. 두 자산 모두 동일한 수익률과 표준편차를 가진다. A:B 비율을 75:25로 하든 25:75로 하든 동일하게 작동하므로 점의 절반만 표시하면 된다. 결과는 뻔하다. 위험은 감소하고(왼쪽으로 이동) 50:50 혼합으로 이동함에 따라 수익률이 증가한다.(위로 이동) 그래프의 각 점은 5%씩 구성 비중이 변하면서 생긴 결과다. 자산 비율이 100%에서 75:25로 변할 때 위험대비수익의 대부분이 발생한다는 것을 알 수 있다. 75:25에서 50:50까지의 이동은 위험대비수익의 추가 효과가 상대적으로 적어진다. 65:35 혼합물의 위험과 수익은 50:50 혼합물과 크게 다르지 않다. 그 차이는 수익 0.1% 미만, 표준편차 0.5% 미만이다. 이 사례는 다음의 핵심 사항을 알려준다.

1. 두 자산이 장기 수익률과 위험이 비슷하고 상관관계가 완벽하지 않을 때 이 둘을 조합해 리밸런싱을 해나간다면 위험을 줄일 뿐만 아니라 실제로 수익도 증가한다. 위험 감소는 두 자산 간의 불완전한 상관관계의 결과라는 것을 이미 알았을 것이다. 한 자산의 가격이 하락하면 다른 자산은 상승하게 되어 있기 때문에 포트폴리오 면에서 손실이 완화되는 것이다. 증가한 수익률은 동일한 현상의 또 다른 측면이다. 한 자산의 수익률이 좋고 다른 자산 수익률이 나빠 리밸런싱을 해야 할 상황에서 당신은 수익이 좋은 자산을 일부 팔아(고점 매도) 수익이 나쁜

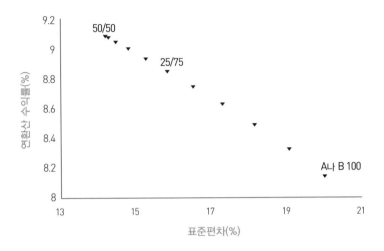

[그림 3–2] 위험 대비 보상

자산을 사면(저점 매수) 된다. 이 초과 수익은 리밸런싱 덕분에
발생하는 것이다.

2. 상관관계가 낮은 두 자산이 유사한 수익률과 위험을 가지고 있
   다면 두 자산의 최적 조합은 50:50에 가까울 것이다.
3. 자산배분 정책에서는 많은 오류가 날 수 있다. 오류가 나더라
   도 너무 걱정할 필요는 없다. 당신이 가장 좋은 배분으로 생각
   했던 비중보다 10~20% 차이가 나도 그렇게 많이 손해 보진 않
   는다. 꾸준히 자산배분 정책을 해나가는 것이 '최고의' 배분을
   찾아 헤메는 것보다 훨씬 중요하다.

앞의 모델은 두 개의 동일 자산(사례 2)과 두 개의 다른 자산(사례 1)을 이용해 분산했을 경우의 위험과 수익을 입증하는 데 유용했다. 아쉽게도 위의 예는 분산 포트폴리오의 이론적 이점을 보여주는 데 지나지 않는다. 실제 투자 세계에서는 수익률과 위험이 다른 수십 개의 자산 유형을 혼합하여 다뤄야 한다. 게다가 이런 자산 수익률이 완전히 무관한 경우는 거의 없다. 특히 자산들의 위험과 수익률 및 상관관계가 시간이 지남에 따라 많이 변한다는 점이 특히 어려운 부분이다. 실제 포트폴리오를 이해하기 위해서는 훨씬 복잡한 기술이 필요하다.

지금까지는 상관관계가 없는 두 개의 자산으로 포트폴리오를 다루었다. 프레드 삼촌의 동전 던지기처럼 상관관계가 없는 두 개의 자산은 네 가지 결과로 표현될 수 있다. 자산이 3개면 8가지, 자산이 4개면 16가지 결과로 표현될 수 있다. 그러나 실제 투자 세계에서는 상관관계가 없는 두 개의 자산을 찾기가 어렵다. 더군다나 3개를 찾는 건 사실상 불가능에 가깝다. 상관관계가 없는 자산을 3개 이상 찾는 것은 절대 불가능하다. 이유는 간단하다. 두 자산으로 구성된 포트폴리오는 오직 하나의 상관관계만을 가지고 있기 때문이다. 3개의 자산은 3개의 상관관계가 있고, 4개의 자산은 6개의 상관관계가 있다. (이것이 회사가 클수록 더 지저분한 사내 정치를 하는 이유와 같다. 3인 사무실은 3개의 대인 관계를, 10인 사무실은 45개

의 대인 관계를 갖는다)

실제로 각 자산은 항상 불완전하게 상관관계가 있다. 즉 한 자산에서 수익이 나면 다른 자산도 수익이 발생할 가능성이 어느 정도 높다. 상관관계의 정도는 상관계수로 표시한다. 이 값은 -1에서 +1까지다. 완벽하게 상관관계가 있는 자산은 상관계수가 +1이고, 상관관계가 없는 자산은 0이다. 완전히 반대로 움직이는 자산의 상관계수는 -1이다. 이를 이해하는 가장 쉬운 방법은 [그림 3-3, 3-4, 3-5]처럼 오랫동안 두 자산의 수익률을 서로 비교하는 것이다.

[그림 3-3] 미국 대형주와 미국 소형주 (상관계수=0.777)

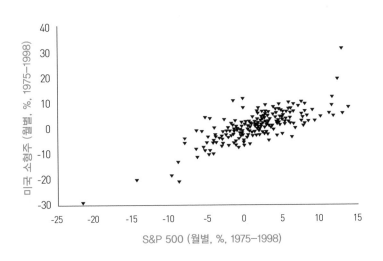

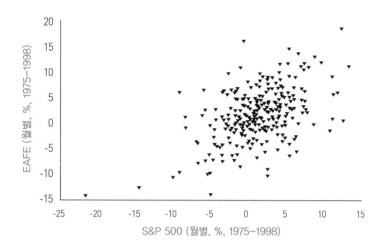

[그림 3-4] 미국 대형주(S&P 500)와 선진국 주가(EAFE[14]) (상관계수=0.483)

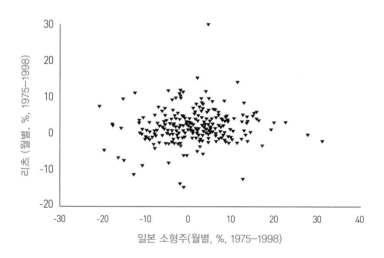

[그림 3-5] 일본 소형주와 리츠 (상관계수=0.068)

---

14 EAFE = Europe, Australasia, Far East, 미국과 캐나다를 제외한 선진국 인덱스.

멀티에셋 포트폴리오의 움직임

각 그림은 1975년 1월부터 1998년 12월까지 24년 동안 각 자산 쌍의 288개 월별 수익률이다. 그래프의 각 점은 해당 월별 수익률을 나타낸다. 첫 번째 자산의 수익률은 가로(x)축에, 두 번째 자산의 수익률은 세로(y)축에 있다. 자산이 완벽하게 상관관계가 있다면 일직선에 모든 점이 놓일 것이다.(상관관계가 양일 경우 선은 왼쪽 아래부터 오른쪽 위까지, 상관관계가 음일 경우 왼쪽 위부터 오른쪽 아래까지 점들이 찍힌다) 상관관계가 없으면 점들이 넓게 흩어진다.

[그림 3-3]은 1975~1998년 미국 대형주 대비 미국 소형주의 월별 수익률이다. 대부분의 점이 거의 일직선에 놓여 있다. 한 자산의 수익률이 나쁘면 항상 다른 자산의 수익률도 나빠지는 것을 알 수 있다. 이 두 자산의 상관계수는 0.777이다. 이 그래프는 미국 소형주에 미국 대형주를 추가하는 것이 포트폴리오의 위험 감소에 별 도움이 안 된다는 것을 보여준다. 한 자산의 수익률 하락이 다른 자산의 수익률 하락과 연관될 가능성이 매우 높기 때문이다.

[그림 3-4]는 느슨하게 상관관계가 있는 두 자산의 모습을 나타낸다. 두 자산은 미국 대형주(S&P 500)와 선진국 대형주(EAFE)다. 비록 둘 사이에 느슨한 관계가 있는 것처럼 보이지만 상관관계가 완벽하지는 않다. 이 자산의 상관계수는 0.483이다.

마지막으로 [그림 3-5]는 거의 상관관계가 없는 자산 두 가지를 나타낸다. 일본 소형주와 리츠로 상관계수는 0.068이다. 이 그래프는 식별할 수 있는 패턴이 없는 흩뿌려진 그림이다. 이 자산 중 하나의 수익이 좋든 나쁘든 다른 자산 수익에 아무런 영향을 미치지 않는다.

이것이 왜 이렇게 중요할까? 이미 논의한 바와 같이 분산의 가장 큰 효과는 상관관계가 없는 자산에서 나온다. 위의 분석은 미국의 소형주와 대형주를 혼합하면 별 효과가 없고, 리츠와 일본 소형주를 혼합하면 큰 효과가 있다는 것을 시사한다. 실제 투자 세계에서는 이것이 사실로 판명됐다.

> **수학 세부 정보**
> ### 상관계수 계산법
>
> 이 책의 이전 버전에는 상관계수를 손으로 계산하는 내용이 있었다. 개인용 컴퓨터 시대에 이것은 자기학대다. 가장 쉬운 방법은 스프레드시트를 사용하는 것이다. A와 B라는 두 자산의 36개 월별 수익률을 가지고 있다고 가정해보자. 열 A와 B에 각 자산의 수익률을 세로로 1행부터 36행까지 입력하라.
>
> 엑셀Excel에서는 빈 셀에 아래의 공식을 입력하면 된다.
>
> = CORREL(A1:A36, B1:B36)
>
> 콰트로 프로Quattro Pro에서의 공식은 @CORREL(A1).A36, B1..B36)이다.
>
> 또한 이 두 패키지는 두 개 이상의 자산 데이터 배열의 모든 상관관계에서 '상관관계 표'를 계산하는 도구를 가지고 있다. 상관계수 계산에 수학적 진행 단계의 설명이 필요하면 표준 통계 교재를 참조하기 바란다.

Part 4

실제 포트폴리오의
움직임

지금까지 우리는 투자 이론의 중요한 구성 요소 두 가지를 공부했다. 단일 자산으로써의 주식과 채권의 움직임과 매우 단순한 모델 포트폴리오의 움직임이다. 이제 실제로 주식과 채권으로 구성된 포트폴리오의 움직임을 점검할 때다. 그런 다음 포트폴리오 분석의 핵심 질문에 접근할 것이다. 그 질문은 바로 이것이다. 어떤 포트폴리오가 최소 위험으로 최대 수익을 내는가?

복잡한 포트폴리오의 움직임 점검

지금까지 우리는 상관관계가 없는(0인) 두 개의 자산으로 구성된 단순한 포트폴리오만 다루었다. '복잡한' 포트폴리오란 상관관계가 방대한 자산을 가진 모델이다. 그리고 불행히도 상관관계가 0이 되는 경우는 거의 없다. 보통 0~1의 값을 예상하겠지만 대부분의 값이 0.3~0.8에 모여 있을 가능성이 높다. 이것이 현실에서 마주치는 포트폴리오이다. 체계적으로 접근하면 복잡한 포트폴리오의 움직임을 연구하거나 '모델링'하는 것은 어렵지 않다. 가장 많이 사용되는 두 가지 위험 자산인 미국 대형주와 미국 장기국채(20년 만기)를 살펴보자. 이 자산의 연단위 수익률은 2장에서 논한 이봇슨 SBBI에서 구할 수 있다. 두 자산을 50:50으로 섞은 포트폴리오의 움직임을 연구한다고 가정하자. 특정 연도에 이 포트폴리오의 수익률은 구성 요소인 각 자산의 수익률을 비중만큼 곱한 것의 합이다. 이 경우는 0.5이다. 특정 연도의 주식 수익률이 24%, 채권 수익률이 2%인 경우 50:50 포트폴리오의 수익률은 다음과 같다.

$$(0.5 \times 24\%) + (0.5 \times 2\%) = 12\% + 1\% = 13\%$$

60:40 포트폴리오의 수익률은 다음과 같다.

$$(0.6 \times 24\%) + (0.4 \times 2\%) = 14.4\% + 0.8\% = 15.2\%$$

우리는 1926~1998년의 73년 동안 주어진 자산 혼합의 포트폴리오 수익률을 계산할 수 있다. 각 포트폴리오의 연환산 수익률과 표준편차는 이 73개 연도별 포트폴리오 수익률에서 계산할 수 있다. 지루하게 들리는가? 손으로 계산할 경우는 그럴 것이다. 컴퓨터와 스프레드시트에 익숙한 사람은 이 작업을 수행하는 파일을 몇 분 안에 만들 수 있다는 것을 알 것이다. 포트폴리오 구성만 입력하면 되도록 스프레드시트 파일을 쉽게 작성할 수 있는데, 그런 혼합의 수익률 및 표준편차 데이터가 즉시 나타난다.(샘플 스프레

드시트 파일은 http://www.efficientfrontier.com/files/sample.exe에서
제공하고 있다)

우리는 주식 100%부터 시작해서 주식:채권 혼합 비율을 95:5,
90:10, 85:15를 거쳐 채권 100%까지 해볼 수 있다. 포트폴리오 비
중을 입력하자마자 스프레드시트는 즉시 연환산 수익률과 표준편
차를 계산한다. 동일한 스프레드시트 소프트웨어를 사용하여 21
가지 비율이 다른 포트폴리오 각각을 x-y그래프에 표시할 수 있
다. 가로(x)축에는 표준편차가, 세로(y)축에는 연환산 수익률이 표
시된다. 그 결과는 [그림 4-1]이다.

이런 그래프는 투자 전략을 이해하는 데 필수적이다. 당신은
앞 장에서 비슷한 그래프를 본 적이 있다. 그래프를 따라 올라갈
수록 수익률이 증가하고, 오른쪽으로 이동할수록 위험은 증가한
다는 것을 기억하라.

삼각형 모양의 점들이 연결되어 있고, 그려진 경로를 따라 이동
할 수 있다. '100% 채권'이라고 적힌 지점인 왼쪽 아래부터 시작하
자. 여기서부터 그래프의 오른쪽 상단에 있는 '100% 주식' 지점을 향
해 이동한다. 처음에 그 길은 거의 곧게 뻗어 있다. 이는 처음 15%(
삼각형 3개) 주식을 추가할 동안 위험이 전혀 증가하지 않지만 수익
률은 증가한다는 것을 뜻한다. 주식을 10%(삼각형 2개) 추가하면 경
로가 오른쪽으로 약간 커지기 시작하는데, 이때 수익률 증가의 대
가로 위험 증가를 동반한다. 50:50 지점을 넘어가며 혼합물에 더 많
은 주식을 더하면 수익률이 조금 증가하지만 위험은 많이 증가한다.

다른 관점에서 보면 '100% 주식'에서 시작할 수 있다. 이 지점에서 시작하면 경로는 거의 곧장 왼쪽으로 향한다. 약간의 채권을 주식에 추가하면 별다른 대가도 없이 위험이 극적으로 줄어든다. [그림 4-1]은 주식과 채권을 다양한 비율로 섞은 혼합물의 위험대비수익 데이터인데 약간 위로 볼록한 곡선이다. 우리가 분산으로 추가 이익을 얻는다는 것을 이것이 말해준다. 또한 곡선의 가장 왼쪽에는 더 두드러진 돌출부가 있고, 이는 100% 채권 포트폴리오에 주식을 약간만 추가해도 위험을 상당히 감소시킬 수 있음을 말한다. 당신은 책의 나머지에서 이런 곡선을 더 많이 보게 될 것이다. 어떤 두 자산을 분산할 때의 장점을 곡선의 볼록한 부분의 양을 이용해 측정할 수 있다. 볼록할수록 좋다.

[그림 4-1] 주식/장기국채(20년 만기) 혼합물(1926-1998)

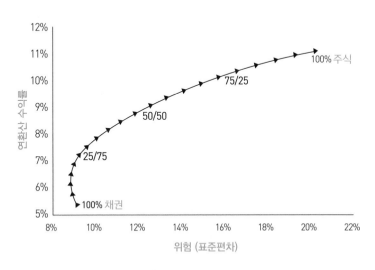

[그림 4-1]은 앞 장의 [그림 3-1]과 비슷하다는 것을 알 수 있다. 이것이 예제 1인 주식-채권 사례에서 파생된 것임을 상기하기 바란다. 이처럼 단순한 모델이 현실에서 주식과 채권의 행동을 그렇게 정확하게 묘사하고 있다는 것은 놀랄 만한 일이다.

1926~1998년 이봇슨 데이터베이스에는 다른 자산도 포함되어 있다. 만기가 짧은 미국 단기국채뿐 아니라 변동성이 큰 소형주도 있다. 우리의 스프레드시트에 이것들을 추가하여 위험대비수익 그래프를 만드는 것은 간단하다.

[그림 4-2]는 [그림 4-1]과 동일한 종류의 주식 및 장기국채(20년 만기) 그래프이다. 그런데 우리는 단기국채(30일 만기)와 중기국채(5년 만기) 두 가지 채권을 더 선택할 수 있다. 세 개의 다른 곡선은 주식과 장기국채(20년 만기), 주식과 중기국채(5년 만기), 주식과 단기국채(30일 만기)를 섞은 포트폴리오이다. 이것이 우리에게 말하는 게 뭘까? 먼저 그래프의 오른쪽 절반을 보기 바란다. 이 시점에서 세 곡선은 정말 꽤 가깝다. 표준편차가 15%로 높은 포트폴리오 위험을 견딜 수 있다고 가정해보자. 이 정도의 위험성을 가진 포트폴리오를 얻기 위해서는 소량의 채권만으로 주식의 위험을 희석할 수 있다. 세 가지 채권 중 어느 것을 사용하느냐는 정말 문제되지 않는다.

당신의 수익과 위험은 같을 것이다. 다음으로 10%의 표준편차(위험)만 허용할 수 있다고 가정한다. 분명히 이 수준에서 중기국채(5년 만기)의 사용은 다른 두 채권을 선택할 때보다 우월하다. 대부분의 기간에 다른 두 곡선 위에 있다. 각각의 위험 수준에서 중기국채(5년 만기)와 주식 혼합이 다른 혼합보다 더 많은 수익을 발생시킨다는 것을 보여준다. 당신이 감당할 수 있는 위험 수준이 낮을 때만 단기국채(30일 만기)를 사용하는 것이 바람직하다.

백테스팅과 평균-분산 분석이라는 기술을 사용한 다른 데이터베이스와의 포트폴리오 시뮬레이션도 단기국채의 우수성을 보여준다. 때로는 장기국채나 단기국채를 소량으로 사용하는 것이 유리할 수 있다. 그러나 일반적으로 당신의 포트폴리오의 위험을 낮추기 위해 단기국채(6개월 만기)나 중기국채(5년 만기)를 사용한다고 해서 크게 잘못되지는 않을 것이다.

[그림 4-2] 주식/채권 혼합물(1926-1998)

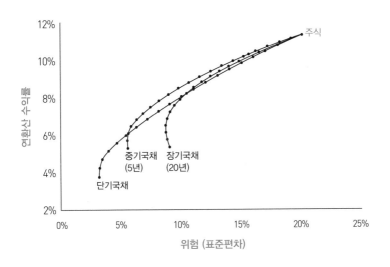

이봇슨 데이터베이스는 두 개의 다른 자산, 즉 소형주와 장기 회사채도 포함하고 있다. 소형주는 대형주와, 장기 회사채는 장기 국채(20년 만기)와 유사하게 움직인다.

• 위험 희석하기

만약 당신이 포트폴리오의 위험 수준에 만족하지 못한다면 위험을 줄이는 두 가지 방법이 있다. 첫 번째 방법은 덜 위험한 개별 자산을 사용하는 것이다. 소형주를 대형주로 대체하거나, 해외 주식을 국내 주식으로 대체하거나, 제조업 주식을 유틸리티[15] 주식으로 대체하는 것이다. 두 번째 방법은 주식 그룹 간에 기본 배분 비중을 고정시킨 채 단순히 당신의 전체 주식 배분의 일부를 단기국채 같은 것으로 대체하는 것이다. 그렇게 하면 위험과 수익이 동시에 낮아지면서 그래프의 오른쪽에서 왼쪽으로 이동한다. 위험 희석하기는 위험대비수익 곡선을 오른쪽에서 왼쪽으로 이동하는 과정을 말한다.

당신이 효과적인 주식 배분 방법을 발견했다고 믿는다면 위험 희석 방법을 이용하는 것이 좋을 것이다. 왜냐하면 이 방식은 당신이 선택한 주식 투자 전략을 방해하지 않기 때문이다. 당신의 전반적인 주식 전략을 다시 짜는 것은 덜 효과적인 포트폴리오로 귀결될 가능성이 있다. 우리가 이미 보았듯이 보수적이고 위험을 회피하는 투자 전략도 대부분 위험한 자산에 최소한의 양을 노출

---

15 공익사업을 하는 회사를 말한다. 제조업 대비 변동성이 작다.

(투자)해야 한다. 이는 [그림 4-1]과 [그림 4-2]의 왼쪽 부분에서 볼 수 있다.

100% 채권 포트폴리오에 소량의 주식(대형주나 소형주)을 추가하는 것은 실제로 위험을 약간 감소시킨다. 이 그래프는 100% 채권 포트폴리오로 표시되어 있는 왼쪽 첫 번째 데이터 포인트로 시작한다. 소량의 주식을 더하면 모든 곡선이 처음에는 상승하여 높은 수익률을 나타내며, 동시에 왼쪽으로 이동하여 위험이 약간 낮아진다. 이런 현상은 다음 몇 포인트까지 상승한다. 주식을 많이 추가할수록 곡선이 오른쪽으로 이동하며 위험이 높아진다. 고위험 포트폴리오의 주식 구성은 보통 저위험 포트폴리오의 주식 구성과 크게 다르지 않다. 주된 차이는 주식과 채권의 폭넓은 배분에 있다.

• 해외 자산

3장에서 논의한 동전 두 개 던지기 모델을 다시 생각해보자. 포트폴리오를 반반 나누고 각각 동전 던지기를 진행하는 이 모델에서는 추가 수익이 발생한다. 이 추가 수익은 동전 던지기의 결과가 서로 독립적이기 때문에 생긴 것이다. 다른 말로 상관관계가 없기 때문이다. 동전 두 개 던지기의 결과가 항상 같다면(상관관계가 매우 높다면) 동전 두 개 던지기 모델에는 아무런 이점이 없을 것이다. 효율적 포트폴리오 구축의 핵심은 상관관계가 낮은 자산을 여러 개 사용하는 것이다.

불행하게도 미국의 1926~1998년 데이터베이스에는 상관관계가 낮은 자산이 두 개밖에 없다. 주식과 채권이 그것이다. 대형주와 소형주의 상관관계가 상당히 높은 것처럼 중장기 채권의 상관관계도 높다. 상관관계가 낮은 자산을 여러 개 포함하는 포트폴리오를 구축하려면 해외 자산을 사용할 필요가 있다. 해외의 주식과 채권 수익률의 양질의 자료는 1969년 이후부터 사용할 수 있다. 데이터 길이가 짧아 보이지만 그나마 다행이다. 최악의 약세 시장 중 하나인 1973~1974년을 포함할 수 있기 때문이다. 이런 기간의 포트폴리오 움직임을 점검하면 하락장에서의 위험을 잘 측정할 수 있다.

10년 전에는 종종 해외에 투자하면 높은 수익을 올릴 수 있다는 얘기를 들었다. 1985년까지 〈월스트리트 저널〉의 '돈과 투자' 칼럼에는 대형 연기금, 기부금, 개인 투자 자금을 운용하는 펀드 매니저가 고수익을 위해 해외 투자를 늘리는 방법이 늘 기사로 올라왔다. 온갖 금융 전문가가 해외 자산에 얼마나 노출(배분)했는지를 현학적으로 얘기하곤 했다.

가장 널리 이용 가능한 해외 주식 인덱스는 모건스탠리에서 나오는 EAFE로 유럽, 호주, 극동 지역 인덱스이다. 1988년 이전 20년간의 EAFE 수익률은 미국 주식 수익률보다 2% 더 높았다. 대형주와 소형주 모두 그랬다.(당시 해외 채권도 미국 채권보다 2% 수익률이 높았다.) S&P 500 EAFE 혼합물의 1969~1988년까지 20년간의 위험 대비수익률은 [그림 4-3]에 있다. 이쯤에서 공짜 점심을 하나 제공하겠다! 곡선의 맨 아래부터 보자. EAFE 비중을 늘리면 수익률이 증가했고 처음 몇몇 구간에는 실제로 위험이 감소했다. 미국 주식에 30%의 EAFE를 더하면 추가 위험 없이 2%의 연환산 수익률을 올릴 수 있다.

[그림 4-3] S&P 500/EAFE 혼합물(1969-1988)

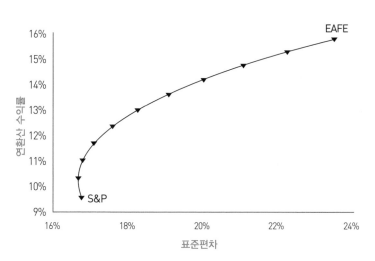

이게 너무 좋게 들리는가? [그림 4-4]에서 1979~1998년까지의 20년간의 모습을 보자. 공짜 점심과 작별 인사를 해야겠다. 맨 위의 점(S&P 500 100%)부터 시작하면 EAFE 비중을 10%씩 늘리는 두 번의 포인트 동안 위험이 하락하지만 수익 또한 하락한다. 그리고 이후에는 급격하게 오른쪽 아래로 내려가며 수익이 하락하고 위험은 상승한다. 이 책을 쓰는 시점인 2000년 현재 학자들이 우리에게 말하는 게 뭘까?

"고수익을 원한다면 국내에 투자하라. 당신이 잘 아는 회사를 사라. 위험에 처했을 때만 해외로 분산하라. 그리고 해외에 투자해야 한다면 물을 마실 수 있는 곳에만 투자하라."

잠깐 여담 하나. 이 책의 뒷부분에서 행동금융학 분야를 말하는데, 이것은 경험이 많은 투자자도 저지르기 쉬운 실수인 이른바 '최근성'의 완벽한 사례다. 최근성은 최근 추세가 미래에도 계속될 것이라고 추정하는 성향을 말한다. 보다 형식적인 용어로 말하자면 오래되었지만 정확한 데이터를 버리고, 최근의 불완전한 데이터를 지나치게 강조하는 것을 가리킨다. 가장 최근의 극적인 사건을 중요시하는 것은 인간의 본성이다.

특정 나이대의 독자는 1970년대와 1980년대 초의 엄청난 인플레이션 시기를 생생하게 기억할 것이다. 당시에는 이 경제 재앙이 끝나리라고는 상상하기 어려웠다. 소유할 만한 자산은 부동산과 금뿐이었다. 그리고 만약 운이 없어서 '종이 자산(주식과 채권)'이라고 조롱당하는 것을 들고 있었다면 당신은 완전히 피폐해졌을 것이다.

10년 전 일본의 경제력에 두려움과 경외감이 교차했던 것을 기억하는 독자가 많을 것이다. 미국의 상징적인 부동산이 마트의 세제 상자들처럼 '반짝 할인가'에 팔리고 있었고, 미국의 제조회사는 도쿄의 기업과 경쟁하는 것이 불가항력이라고 생각했었다.

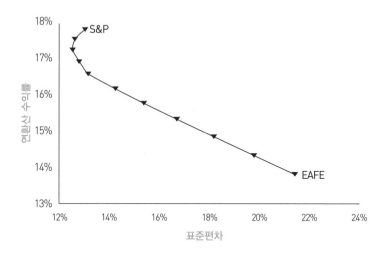

[그림 4-4] S&P 500/EAFE 혼합물(1979-1998)

두 경우 모두 이런 인식에 근거한 투자 결정은 참담했을 것이다. 일본 주식과 귀금속 모두 이후 끔찍한 투자였다. 이 책에서 반복되는 주제는 당신이 그런 것을 무시할 수 있도록 하는 것이다. 오늘날 금융 지혜의 다양한 변종을 식별할 수 있어야 한다.

최근 해외 주식의 수익률 악화가 국가별 분산 투자를 대하는 일반인의 인식에 나쁜 영향을 끼쳤다는 것을 확인했다. '완전한' 데이터는 무엇을 보여줄까? [그림 4-5]는 1969년부터 1998년까지 30년간의 위험-수익 그래프이다. 이 기간에 미국 대형주 수익률은 12.67%로 EAFE 수익률 12.39%와 거의 같았다. 또한 세로(y)축의 수익률 값이 12.3~13.0%로 모든 포트폴리오 수익률 차이가 1% 미만으로 크지 않다는 것에 주의해야 한다. 이 그래프가 얼마나 '볼록'한지를 기억하라. EAFE에 80%를 배분한 포트폴리오의 수익률이 개별 자산보다 높다. EAFE를 40% 포함한 포트폴리오도 개별 자산보다 위험이 적다. 지난 30년 동안 국가별 분산이 훌륭하게 작용했다는 것은 의심의 여지가 없다.

30년치 데이터가 얼마나 완전한 것이냐고? 좋은 질문이다. 1914~1945년의 기간 동안 여러 나라의 주식시장은 끔찍한 시기를 보냈다. 일본과 독일의 증권거래소는 전쟁으로 아예 사라졌다. 라틴 아메리카와 동유럽에 있는 많은 나라의 민간 소유물은 경제학개론 같은 것에 관심 없는 군인과 정치 관료가 가져갔다.

예일대학의 윌 고츠만Will Goetzmann과 어바인 캘리포니아대학의 필립 조리온Phillipe Jorion은 1920년 이후 미국을 제외한 국가의 수익률을 조사했다. 그리고 이러한 '시장 멸종'에 따른 비용을 측정해 글로벌 투자 전략에 반영하려고 노력했다. 그들의 조사에 따르면 미국이 물가상승보다 8% 높은 세계 최고 수준의 주식 수익률을 보였고 캐나다, 영국, 스위스, 스웨덴, 호주가 유사하게 뒤를 이었다. 그러나 많은 다른 나라들, 특히 우리가 현재 '신흥시장'이라고 부르는 나라는 훨씬 낮은 수익률을 보였다. 물가상승분을 감안하면 마이너스 수익률이었다. 만약 당신이 참고문헌에 표시된 이 논문을 읽는다면 수익률 표시가 매우 혼란스럽다는 것을 알 것이다. 수익률은 배당을 포함하지 않았고 인플레이션은 반영되어 있다. 따라서 미국의 수익률은 4%로 보고되고 있다. 여기에 평균 4%의 배당금을 추가(총 실질수익률 8%)하고, 물가상승률 3%를 더하면 총 명목 수익률은 11%가 된다.

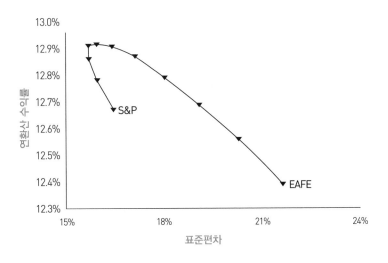

[그림 4-5] S&P 500/EAFE 혼합물(1969-1998)

조리온-게츠만 연구의 요점은 신중한 투자자라면 소위 말하는 생존자 편향을 알고 있어야 한다는 것이다. 미국의 수익률만 보고 장기 실질수익률이 계속 높을 것이라고 결론 내리기가 쉽다. 그러나 미국은 세계 주식 대회에서 승자였고, 대부분의 다른 국가의 주식 수익률은 별로 높지 않다. 물론 미국이 계속 승리할 것이라는 보장은 없다. 더욱이 S&P와 EAFE를 보고 높은 수익률에 고무되기 쉽다. 그러나 이 두 지표는 '생존자'들로 구성된다. 만약 당신이 1920년에 존재했던 모든 시장을 살펴보았다면 많은 시장이 사라졌음을 발견할 것이다. 그리고 전 세계 수익률이 훨씬 낮았을 것이다. 지금도 마찬가지다. 오늘날 가장 큰 시장일지라도 지금부터 30년 뒤에 살아남을 것이라고는 결코 확신할 수 없다. 1930년에는 세계에서 가장 큰 증권거래소의 일부가 베를린, 카이로, 부에노스 아이레스에 있었다는 것을 기억하라.

그러나 글로벌 투자에 대한 조리온과 괴츠만의 결론은 매우 낙관적이다. 그들은 국내총생산에 따라 가중치가 부여된 글로벌 포트폴리오가 국내(미국) 포트폴리오보다 수익률이 1% 낮지만 표준편차도 훨씬 낮다는 것을 발견했다. 그들은 국가 간 분산의 주요 이점은 수익률 증가가 아니라 위험 감소라고 결론지었다. 이것은 1930년대와 1970년대가 미국의 잔혹한 하락장이었던 것을 보면 알 수 있다. 두 기간은 전 세계에 분산한 투자자에게 유익했다.

10년 전 투자자가 해외 주식에 분산하는 것에 지나치게 낙관적이었던 것처럼 오늘날의 투자자는 지나치게 비관적이다. 해외 주식은 모든 사람의 포트폴리오에 들어가야 한다.

▌　　　　　프레드 삼촌과의 또 다른 대화　　　　　▌

당신의 자애로운 삼촌은 당신의 포트폴리오 이론 공부에 관심을 가져왔다. 삼촌은 당신이 해외 주식 투자를 불편해한다는 것을 알았다. 두 사람은 [그림 4-3]부터 [그림 4-5]까지를 논의하고 그래프의 의미를 고민한다. 지금쯤이면 당신은 프레드 삼촌이 당신 문제에 직접적으로 대답하지 않고 있다는 것을 알 것이다.

어떻게 이렇게 이질적인 데이터가 만들어질까? [그림 4-3]은 미국 주식보다 해외 주식에 비중을 많이 두는 것이 확실히 유리하다는 것을 보여준다. [그림 4-4]는 정반대의 모습을 보여준다. 그리고 [그림 4-5]는 둘 다 적당한 비중이 필요하다는 것을 나타낸다.

현명한 삼촌이 말한다.

"너는 주식 수익률을 예측할 수 없기 때문에 절반씩 절충해서 합의를 보면 어떨까? 그리고 저축한 돈을 전부 주식에 투자해서는 안 된다는 것을 명심해라."

당신의 스프레드시트로 돌아가서 [그림 4-6]을 생각해보자. 이것은 문제뿐 아니라 해결책도 제시한다. 중복되는 두 개의 20년 기간의 위험-수익 그래프이다. 선이 얇은 '돛 모양'은 이전 기간, 두꺼운 '돛 모양'은 이후 기간이다. 각 기간의 그래프는 세 가지 기본 혼합물을 포함하고 있다. S&P 전용, EAFE 전용, 50:50 혼합이다. 각 기간 동안 이 세 가지를 미국 중기국채(5년 만기)와 혼합한다. 그래프의 왼쪽 하단에 있는 두 개의 점으로 각 기간의 세 개 선이 모두 합쳐진다.

먼저 일반적으로 수익률이 후반기에 훨씬 높았다는 것을 알 수 있다. 실제로 초창기 S&P의 수익률은 미국 중기국채(5년 만기)보다 많이 높지는 않았다. 그리고 이 그래프는 1969~1988년 사이 가장 실망스러운 모습을 보이지 않는다. 당시 물가상승률이 거의 7%였기 때문에 미국 주식과 채권의 실질수익률은 0%에 가까웠다. 이것이 그래프에는 없는 가장 실망스러운 부분이다. 후반기의 인플레이션은 2% 가까이 낮았고, 그에 상응하여 실질수익률은 더 높았다.

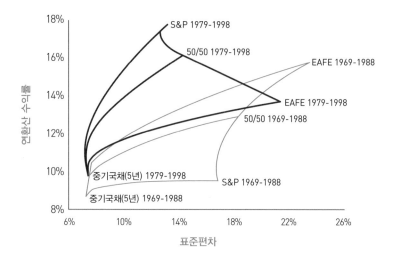

[그림 4-6] S&P 500/EAFE(1979-1988)

이 그래프는 '최근성'의 좋은 자료다. 1988년은 대부분의 사람이 미국 주식보다 높은 수익률을 보이는 해외 주식에 열광했다. 중요한 점은 전반적으로 주식에 대한 열정이 그리 높지 않았다. 따라서 1988년은 해외 주식을 팔고 미국 주식을 사기에 좋은 해였다.

좀 더 최근 기간을 보자.(위쪽의 두꺼운 선) 미국 주식의 수익률은 꽤 높았다. 주식, 특히 미국 주식의 투자 수익률이 가장 높다는 것을 '모든 사람이 알게 됐다.' 최근성이 다시 나타났다. 버나드 바루치Bernard Baruch의 유명한 격언을 기억하라.

모든 사람이 알고 있는 것은 알 가치가 없다.

그런 현상[16]은 자주 반복될 수 없다. 시대의 통념을 파악하라. 그리고 무시하라.

이제 [그림 4-6]의 개별 그래프를 보자.(초기에는 S&P 및 채권, 후기에는 EAFE 및 채권) 각 시대의 최악의 주식과 채권 라인을 골랐으면 수익이 좋지 않았을 것이다. 얇은 선 돛 모양과 두꺼운 선 돛 모양의 가장 윗줄인, 최고의 주식과 채권 라인은 훌륭한 수익률을 보인다. 요기 베라Yogi Berra가 말한 것처럼 문제는 미래를 예측하기가 매우 어렵다는 것이다. 삼촌의 충고를 받아들여 절반씩 나누면 두 시대에 걸쳐 상당히 좋은 결과가 나온다는 것을 알게 된다. 두 경우 모두 50:50 라인 수익률이 아래에 있는 최악의 자산 라인보다 가장 높은 자산 라인에 훨씬 가깝다. 그리고 전체 30년 동안 우리는 이미 50:50 혼합이 그 자체로 '최고의' 주식 자산이라는 것을 알고 있다.

1969~1988년 초의 해외 주식의 장점은 통화 이득에서 비롯되었다. 엔화와 유럽화의 상승은 미국 투자자에게 2%의 추가 수익을 제공했다. 그리고 지난 20년 동안의 해외 대 국내 조랑말 경주에서의 운명의 역전은 이례적인 것으로 판명될 수도 있다. 향후 20년, 30년, 심지어 50년 해외와 미국 중 어느 곳의 주식 수익률이 높을지 누가 알겠는가? 그러나 해외 주식과 미국 주식의 50:50 혼합이 최적의 자산배분에서 그리 멀리 있지 않을 가능성이 높다. 포트폴리오 백테스트, 평균-분산 분석, 또는 다른 종류의 포트폴리오 분석의

---

16 주식, 혹은 미국 주식이 최고의 수익률을 올리는 현상을 말한다.

진정한 목적은 '최적의' 자산 조합을 찾는 것이 아니다. 오히려 다양한 상황에서 너무 벗어나지 않는 포트폴리오 조합을 찾는 것이다.

소형주 대 대형주

대형주와 소형주가 상대적으로 어떻게 움직이는지 아는 것이 중요하다. 최근까지 소형주가 대형주보다 수익률이 높다는 것이 일반적으로 받아들여졌다. 지난 73년간 소형주 프리미엄은 1%로 추산된다. 그런데 최근 미국 대형주(S&P 500)의 괄목할 만한 실적과 함께 소형주 프리미엄에 의문이 제기됐다. 우리는 다시 최근성에 빠지고 있다. 최근 사건을 지나치게 강조하는 우리의 성향 말이다. 그러나 소형주가 대형주보다 위험하다는 것은 의심의 여지가 없다. [그림 4-7]에 중기국채(5년 만기)와 소형주 및 대형주의 다양한 조합을 그려보았다. 먼저 두 곡선이 거의 겹친다는 점에 유의한다. 즉 대형주(S&P) 곡선보다 소형주 곡선이 오른쪽으로 훨씬 멀리 뻗어 있다는 점을 제외하면 위험-수익 곡선은 매우 비슷하다.

현재 그래프에서 대형주와 채권 혼합은 소형주와 채권 혼합보다 효율적이다. 반면 4년 전 같은 그래프를 그릴 때는 대형주 곡선에 비해 소형주 곡선이 다소 효율적이었다. 그러나 [그림 4-7]에서 가장 중요한 사실은 소형주가 멀리 간다는 것이다. 1926~1998년에 50:50의 소형주와 채권의 혼합이 100% 대형주와 거의 동일한 위험과 수익을 가지고 있는 것에 주목하라. 보다 최근의 자료에 따르면 이 '잠재력'이 다소 감소했는데 아마도 S&P의 1.5배에 불과할 것이다. 하지만 소형주가 위험과 수익 면에서 더 많은 이익을 얻는다는 기본 원칙은 남아 있다.

[그림 4-7] 대형주와 소형주/채권(1926-1998)

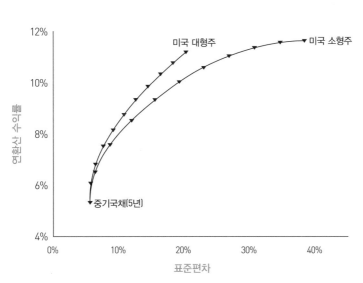

마지막으로 그래프를 완성하기 위해서는 해외 소형주를 고려해야 한다. 여기에 문제가 있다. 일반적으로 사용되는 국제 소형주 인덱스는 매우 특이하다. '디멘셔널 펀드 어드바이저'에 의해 구축된 이 인덱스는 1970년부터 제공된다. 거의 EAFE만큼이다. 불행하게도 1988년까지 이 인덱스는 일본과 영국이라는 단 두 곳의

시장으로 구성되어 있었다. 1988년 이후 인덱스의 구성은 EAFE
와 매우 유사하다.

이런 주의사항을 염두에 두고 나는 1970~1998년의 미국 소형
주와 글로벌 소형주 혼합물의 움직임을 [그림 4-8]에 그려보았다.
이 곡선이 얼마나 '볼록'한지 기억하라. 곡선의 가장 오른쪽 부분
에 미국 소형주를 더했을 경우 손실이 거의 발생하지 않고 어떻
게 위험을 줄일 수 있는지 주목하라. 곡선의 반대쪽 끝에서 글로
벌 소형주를 대량으로 더하면 위험을 늘리지 않고 수익률은 급격
히 증가한다. [그림 4-8]은 비교적 글로벌 소형주 투자의 장밋빛
모습을 그려내지만 어두운 면도 갖고 있다. 처음 20년(1970-1989)
과 1970~1998년의 마지막 9년(1990-1998)의 미국과 해외 주식의
수익률을 표로 정리했다.

	S&P 500	EAFE	미국 소형주	해외 소형주
1970~1989	11.55%	16.26%	11.82%	26.14%
1990~1998	17.89%	5.29%	13.56%	-1.08%

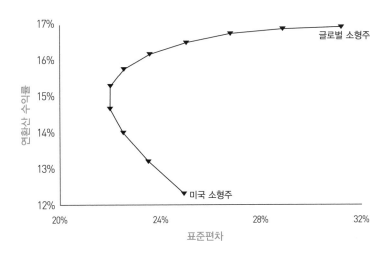

[그림 4-8] 미국/글로벌 소형주 혼합물(1970-1998)

글로벌 소형주가 첫 번째 기간 동안 정말 놀라운 상승세를 보였는데, 뒤이은 두 번째 기간은 정말 끔찍한 수익률이다. 해외 주식이 잘되면 특히 글로벌 소형주도 잘되고 그 반대도 마찬가지다. 당신의 포트폴리오에 이런 자산이 들어 있는가? 그것은 얼마나 많은 '추적오차'를 참을 수 있느냐에 달려 있다. 만약 다른 자산의 수익이 좋을 때 일시적으로 해외 주식의 수익이 안 좋아질 수 있다. 이럴 때 스트레스를 받는다면 장기적으로 좋은 수익을 준다고 해도 해외 주식이 아마도 당신에게는 적합하지 않을 수 있다.

앞에서 논의한 세 자산의 포트폴리오가 얼마나 복잡해지는지 알 아보자. 현실에서는 물론 수십 개의 자산군을 다뤄야 한다. 이렇게 복잡한 자산을 결합하는 방법은 무수히 많다. 어떻게 하면 효율적 으로 혼합할 수 있을까?

[그림 4-9] 무작위 포트폴리오(1992-1996)

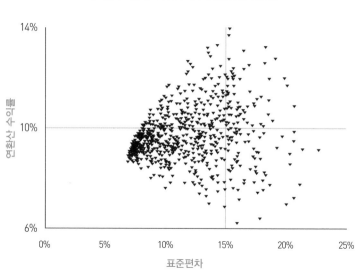

예를 들어 나는 6개의 기본 자산군을 선택했다. 대부분 글로벌 투자자의 포트폴리오에 속해 있다. 그것은 미국 대형주(S&P 500), 미국 소형주, 유럽 주식, 일본 주식, 환태형양 주식, 귀금속 주식이

다. 그리고 위험을 희석시키기 위해 미국 중기국채(5년 만기)를 추가했다. 나(정확히 말하면 내 동료 데이비드 윌킨슨)는 이 7개의 자산으로 구성된 800개의 무작위 포트폴리오를 만들었다. 그런 다음 1992~1996년 5년간 이 포트폴리오의 연단위 수익률과 표준편차를 계산했다. [그림 4-9]에 표시된 결과는 서로 다른 수익과 위험(표준편차)의 포트폴리오 구름을 보여준다.

이 포트폴리오 중 일부는 다른 것보다 나은가? 물론 그렇다. 이 그래프 중간에는 수평선과 수직선이 그어져 있다. 수직선에 있는 포트폴리오는 표준편차가 15%인 것들이다. 이들의 위험성은 미국 대형주와 거의 같다. 이 선에 있는 일부 포트폴리오의 수익률은 6%로 낮으나, 다른 것은 14%의 높은 수익률을 보인다. 그렇다면 구름의 밑바닥보다는 꼭대기에 있는 것이 낫다. 만약 당신이 15%의 표준편차 수준의 위험을 감당할 수 있다면 최고의 수익을 얻을 가능성이 있다.

수평선에는 수익률이 10%인 포트폴리오가 놓여 있다. 이 포트폴리오 중 일부는 표준편차가 8%에 불과하지만 다른 것은 20%를 초과한다. 그렇다면 구름의 왼쪽에 있는 것이 확실히 좋을 것이다.

이제 좀 뒤로 물러나 전체 구름을 살펴보자. 왼쪽 위 가장자리가 얼마나 효율적인지 알 수 있다. 이것이 우리가 원하는 곳이다. 즉 주어진 위험 수준에서 최대의 수익이 나거나 주어진 수익에서 최소의 위험에 노출된다. 이 구름의 왼쪽 위 가장자리를 '효율적 투자선'이라고 한다. 효율적 투자선의 개념은 포트폴리오 이론의 중심이기도 하지만 또한 적잖은 논란의 원천이다.

• 산타클로스

많은 투자자와 금융 분석가는 효율적 투자선을 생각하며 많은 시간을 보낸다. 나는 그들이 산타클로스를 꿈꾸는 아이들 같다. 결국 이것은 최고의 공짜 점심이다. 저위험으로 고수익을, 거의 무위험으로 괜찮은 수익률을 기대할 수 있기 때문이다. 단 한 가지 문제가 있다. 산타클로스가 없다는 것이다. 마지막 번개를 본 장소에 배터리와 피뢰침을 놓아 전력을 생산하려는 것과 같다. 그곳에 다시 번개가 칠 것 같지는 않다. 다시 말해 내년의 효율적 투자선이 작년의 효율적 투자선 근처에 있을 리가 없다는 말이다. 자신이 추천하는 포트폴리오가 '효율적 투자선'에 있다고 말하는 사람은 누구나 엘비스 프레슬리(미국의 록앤롤 가수-옮긴이)와 이야기를 나누며 부활절 토끼(이스터 버니)와 함께 놀기도 할 것이다.

이 점을 설명하기 위해 동료인 데이비드 윌킨슨에게 동일한 7개 자산을 이용해 800개의 포트폴리오를 생성하도록 시켰다. 하지만 이번에는 1970~1996년의 27년간이다. 그 결과는 [그림 4-10]에 있다. 포트폴리오 구름이 첫 번째 구름과는 아주 다른 모양이 되었다. 그 이유는 이렇다. 자산의 수익률이 단기간에는 아주 다르게 나올 수 있지만, 이런 차이가 장기간에는 사라지는 경향이 있기 때문이다. 다시 말해서 아주 짧은 기간에는 정확한 자산배분이 중요하지만, 장기적 관점에서는 중요도가 떨어진다.

훨씬 더 중요한 것이 그래프에는 나오지 않았다. 1992~1996년의 효율적 투자선에는 미국 대형주와 유럽 주식이 많이 포함되어 있었다. 반면 더 장기간의 효율적 투자선에는 일본 주식, 미국 소형주, 귀금속 주식이 많다. 사실 전반기(1970-1983)의 효율적 투자선을 계산해서 후반기(1984-1996)의 포트폴리오를 결정하는 데 사용했다면 당신은 골치 아픈 상황을 겪었을 것이다. 전반기에 효율적 투자선을 구성했던 일본, 귀금속, 미국 소형주 포트폴리오가 후반기에는 완전히 망했을 것이기 때문이다.

구름이 보여주지 않는 또 다른 것은 시간이 지남에 따라 자산배분을 급격하게 변화시킬 때 일어나는 일들이다. 위에서 보여준 모든 포트폴리오 시뮬레이션은 연구 기간 동안 일정하게 자산배분을 했다고 가정한 것이다.

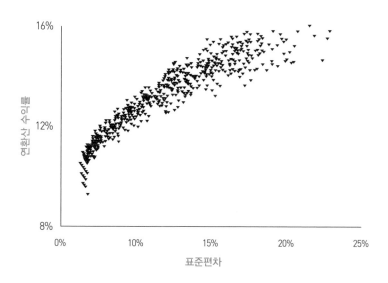

1년 또는 5년 단위로 가장 성과가 높은 자산을 선택해서 분석한다면 더 높은 수익을 얻을 수 있을까? 물론 그럴 수도 있다. 다만 인간의 능력으로는 불가능하다. 우리가 이미 논의한 바와 같이 어느 누구도 꾸준하게 시장의 매매 시점을 맞출 수는 없다. 즉 시간이 지남에 따라 자산배분을 수시로 바꾸는 것은 재앙을 만드는 비결이다. 사실 대부분의 글로벌 투자자는 정확히 이런 이유로 [그림 4-9]와 [그림 4-10]의 구름에 나타난 것보다 훨씬 나쁜 결과를 낳았다.

이른바 전략적 자산배분은 기관 펀드 매니저들의 사랑을 받으며 소액 투자자를 도취시켰다. 전략적 자산배분을 위해서는 거액의 고객 돈을 지출해야 한다. 어떤 자산이 제일 좋은 성과를 낼지 예측하기 위해서는 복잡한 거시경제, 정치, 시장 분석을 지속적으로 수행해야 하기 때문이다. 이것은 어리석은 짓이다. 왜냐하면 시장은 이미 이 정보를 현재의 가격에 포함시켰기 때문이다. 당신은 미국 경제가 세계에서 가장 튼튼하고 가까운 미래에도 계속 유지될 것이라고 생각하는가? 그럴지도 모르지만 그건 이미 전 세계가 알고 있는 사실이다. 그렇기 때문에 100달러로 서울, 홍콩, 상파울루에서 8~15달러의 이익이 가능하지만 월가에서는 3달러의 이익만이 가능하다.

다시 한 번 최근성을 생각해보라. 그리고 다음 번에 2,000달러짜리 정장을 입은 인상적인 남자가 미래 경제나 시장의 방향에 대해 아주 그럴 듯하게 말하는 것을 본다면 '아마도' 1979년 그의 아버지는 크루거란드^{Krugerrand} 17를 강매했을 것이고, 1989년 그의 형은 일본 주식18을 강력하게 추천했을 것이라는 사실을 기억하라.

효율적 투자선의 핵심은 바로 이것이다. 몇 분 전 머리 위 구름 속을 지나가는 틸리 이모19의 모습은 키메라20였다. 만약 누군가가 그것이 어디에 있는지 알고 있다고 말한다면 가능한 한 빨리 방향을 바꿔서 다른 길로 달려라.

여전히 자루 속에 번갯불을 잡아넣으려 한다면 알래스카보다 텍사스에서 사는 편이 낫다. 꽤 잘 움직일 것 같은 자산 조합과 포트폴리오는 있다.

• 리밸런싱의 중요성

지금까지 논의한 모든 포트폴리오에는 중요한 가정이 깔려 있다. 투자자가 매년 말에 포트폴리오를 목표 비중에 맞게 리밸런싱(재분배) 한다는 것이다. 특정 자산이 놀라울 정도로 좋은 성과를 거두면 포트폴리오 안에서의 비중이 증가한다. 결과적으로 목표 비중으로 돌아가기 위해서는 자산의 일부를 매도하고, 비중이 적은 자산에 재투자해야 한다. 이 목표 비중을 흔히 '정책 비중 혹은 장기 목표 비중'이라고 한다. 당신은 이 과정에 필요한 훈련과 인내

---

17 남아프리카공화국의 금화로 1970년대까지 세계 금화 시장의 90%를 석권하며 인기를 끌었으나, 1980년대 이후 많은 경쟁 제품의 등장으로 시장점유율이 하락했다.

18 1990년 일본 주식은 1975년의 10.2배, 1985년의 3.4배로 엄청난 버블 상황이었다. 1990년부터 폭락이 시작되어 2000년 초까지 80% 하락했다.

19 틸리 이모: 페터 헤르틀링이 쓴 동화 속 인물로 인생의 진정한 멘토를 상징한다.

20 키메라: 사자의 머리, 염소 몸통, 뱀 꼬리를 한 그리스신화 속 괴물로, 불가능한 희망을 말한다.

심을 과소평가하면 안 된다. 왜냐하면 그것은 대부분의 전문가와 투자 세계가 하는 일과 반대로 해야 한다는 것을 뜻하기 때문이다.

심리학자 친구는 이것이 항상 군중과 반대로 움직이는 '역발상 투자자'가 되는 효과적인 방법이라고 지적한다. 모든 사람이 좋아하는 것을 팔고 싫어하는 것을 사야 한다. 1974년에는 미국 주식, 1970년에는 일본 주식에 엄청난 매수 기회가 있었다. 끝도 없이 계속될 것 같은 약세장이 몇 년째 이어지던 때였다는 걸 기억하라. 그러나 미리 주의해야 한다. 시장이 바닥에 있을 때 투자하는 것은 쥐구멍에 돈을 버리는 기분일 것이다.

전문가들

소액 투자자는 종종 큰 자금을 관리하고 정교하게 분석하는 전문가보다 불리하다고 생각한다. 이는 사실과 다르다. 소액 투자자는 대형 기관 투자자에 비해 다음 세 가지의 압도적인 이점을 가지고 있다.

1. 리밸런싱할 때 수익이 나쁜 자산을 매입해야 하는데, 여기에 불만을 품는 고객이 많으면 이들을 상대해야 하는 기관 투자자는 제대로 리밸런싱하기가 어렵다. 하지만 개인 투자자는 포트폴리오를 적극적으로 리밸런싱할 수 있다. 성공적인 투자란 일

방통행로에서 역주행하는 것에 비유되곤 한다.[21] 당신의 차로도 이렇게 하기는 꽤 어렵다. 그런데 움푹 팬 도로와 잠재적 추돌 위험에 큰소리로 불평해대는 주인을 뒷자석에 앉힌 롤스로이스 운전기사라면 거의 불가능하다.

2 소액 투자자는 소형주에 투자할 수 있다. 대형 기관은 그들이 투자해야 하는 막대한 금액의 한계 때문에 소형주에 투자하기가 어렵다. 당신은 가격이 너무 비싸서 큰 수익을 낼 수 없어지기 전에 싸고 거래량이 적은 회사를 많이 살 수 있다.

3. 당신은 분기 성과가 나쁘다고 해고되지 않는다. 가장 성공적인 투자자조차 때로는 몇 년씩 지속되는 건기(성과가 안 좋은 기간-옮긴이)를 가지고 있다. 조 디마지오(전설적인 메이저리그 선수-옮긴이)도 슬럼프에 빠지고, 워런 버핏[22]도 가끔 화상을 입는다. 더 중요한 것은 아주 전문적으로 공들여 만든 자산배분조차도 종종 '시장'보다 나쁜 성과가 난다. 시장은 보통 '다우존스 산업평균인덱스DJIA' 또는 S&P 500을 말한다. 사실 대부분의 성공적인 자산배분 전략이 10년 중 4년 정도는 시장보다 성과가 나쁘다.

이 점을 설명하기 위해 나는 1970~1996년의 기간 동안 [그림 4-9]와 [그림 4-10]에서 7개 자산의 효율적 투자선 포트폴리오를 계산했다. 최고의 수익은 미국 소형주, 일본 주식 및 귀금속 주

---

21 역발상 투자자처럼 남들이 모두 매도할 때 저렴해진 자산을 사는 행위를 비유한 것.

22 워런 버핏(Warren Buffett): 미국의 기업인이자 투자가. 뛰어난 투자 실력과 기부 활동으로 흔히 '오마하의 현인'이라고 불린다. 세계에서 손꼽히는 거부다.

식을 동일하게 배분한 혼합물이었다. 물론 이 자산배분이 앞으로도 성공할 가능성은 작다. 이 배분은 그리 상식적이지 않으며, 모든 면에서 결과를 예상했어야 가능한 조합이기 때문이다. 그렇기는 하지만 이 특별한 혼합은 1970~1996년 기간 동안 미국 대형주를 연환산 수익률 기준으로 3% 이상 능가하는 성과를 보였다. 그럼에도 불구하고 이 성공적인 자산배분은 조사 기간인 27년 중 12년 동안만 미국 대형주를 능가했다.(전체 기간 중 44%) 나는 한 걸음 더 나가서 이렇게 말하고 싶다. 당신의 자산배분이 미국 대형주보다 성과가 나쁜 적이 없다면 아마도 뭔가 잘못하고 있다고 말이다. 실적이 뒤처진 전문 투자자는 다른 사람이 가장 좋아하는 주식을 사야 한다는 엄청난 압박감을 느낀다. 그렇게 하는 것은 대개 재앙의 전주곡이다.

신문이나 텔레비전에서 제공하는 그럴싸한 시장 분석은 깊은 인상을 심어주기 쉽다. 종종 TV에서 애널리스트의 말을 듣는 동안 나는 컴퓨터로 모닝스타 프린시피아[23] 프로그램을 실행시킨다. 그리고 그 출연자가 펀드를 운영하는지 찾아본다. 결과는 유익하다. 1987년 폭락을 예측해서 인정받은 유명한 이코노미스트(시장 분석가)가 실제로 대형 투자사의 펀드를 운영했는데 시장보다 너무 성과가 낮아서 결국 펀드 운용이 중단됐다. 유명한 공영TV 투자 프로그램에 정기적으로 출연하는 또 다른 분석가는 2,000만 명의 시

---

[23] 모닝스타의 컴퓨터 프로그램으로, 깊이 있는 투자 연구와 포트폴리오 분석을 위한 도구를 제공한다. 역사적 연구 프로젝트를 위한 귀중한 데이터를 제공하기도 한다.

청자 앞에서 폭락을 예측했다고 인정받았다. 그런데 이 사람도 몇몇 펀드를 운용하고 있는데, 이 펀드들의 실적도 너그럽게 표현해도 보통밖에 안 되는 수준이다. 황금 시간대 공영TV 주식 프로그램에 정기적으로 출연하는 유명한 뉴스레터 작가의 경우는 매우 존경받는 두 명의 학자가 그 뉴스레터에서 추천한 종목을 분석했다. 학자들은 사람들이 실제로 작가의 조언을 받아들였더라면 13년 동안 매년 5.4%씩 손실을 봤을 것이라고 밝혔다. 그 뉴스레터는 지금도 계속 나오고 있다.

상습적인 초짜 도박꾼이 가끔 도박장을 이기듯 이 '전문가들'도 때때로 개인 투자자를 이길 것이다. 사실 전문가와 비교할 수 없는 이점을 가진 사람은 정적 자산배분 정책을 가진 소액 투자자다. 이 책의 목표는 장기 전략을 개발해 당신이 표적이 아닌 카지노 주인이 되도록 하는 것이다.

과거 데이터를 사용하면 다양한 자산 혼합의 움직임을 연구할 수 있다. 이를 통해 우리는 아래의 사실을 알 수 있다.

1. 채권 포트폴리오에 소량의 주식을 추가하면 수익이 증가하면서 실제로 위험은 감소한다. 가장 위험을 싫어하는 투자자도 약간의 주식은 소유해야 한다.

2. 주식 포트폴리오에 소량의 채권을 추가하면 위험이 크게 감소하는데 수익률은 약간 감소한다.

3. '위험 희석' 자산으로는 단기채권(6개월~5년)을 장기채권보다 즐겨 쓴다.

4. 소형주는 대형주와 동일한 위험 수준으로 만들기 위해 채권을 더 많이 섞어야 한다. (즉 소형주:채권 50:50 혼합은 대형주:채권 75:25 혼합과 같은 수준의 위험을 보인다)

5. 최근성을 주의하고, 20~30년 미만의 기간에 조사된 자산군 수익률에 큰 의미를 두지 않는 게 좋다. 최근의 저조한 실적에도 불구하고 해외 주식과 소형주를 당신의 포트폴리오에 담는 게 좋다.

6. 주기적으로 포트폴리오를 정책 배분 비중으로 맞추기 위해 리밸런싱을 해야 한다. 그러면 장기 수익률이 증가하고 투자 근육이 강화된다.

Part 5

최적의
자산배분

지금까지 배운 내용을 요약해보자.

1. 여러 종류의 주식과 채권의 장기 수익률과 위험성은 잘 알려져 있다. 불행하게도 최대 10년이나 20년 동안의 실제 수익률은 예상 수익률보다 상당히 높거나 낮을 수 있다. 평균값에서 얼마나 흩어져 있느냐를 측정한 것이 표준편차이며 위험과 동의어다.

2. 포트폴리오를 효과적으로 분산하면 위험은 감소하고 수익이 증가할 수 있다. 효과적인 분산으로 최대의 수익을 올리기 위해서는 포트폴리오의 자산을 '목표 비중' 또는 '정책 비중'에 맞추려 노력하고 주기적으로 리밸런싱해야 한다. 리밸런싱은 종종 심리적인 이유로 수행하기가 어렵다. 왜냐하면 거의 매번 시장 분위기와 반대로 매매해야 하기 때문이다.

3. 좋든 싫든 당신은 펀드 매니저이다. 자산배분은 펀드 매니저의 실적 차이로 이어진다. 효과적인 자산배분은 매우 중요하고 실행하기가 그렇게 어렵지 않다. 장기적으로 '주식 고르기'와 '시장 타이밍'으로 성공하는 건 불가능에 가깝다. 무의미할 뿐이

다. '시장 타이밍'의 실패와 적극적인 '주식 고르기'는 6장에서 논의할 것이다.

4. 우리는 미래를 예측할 수 없다. 따라서 가장 좋은 자산배분이 어떤 것인지 알기도 어렵다. 오히려 우리의 일은 폭넓은 환경에서 꽤 잘 움직일 배분을 찾는 것이다.

5. 당신의 목표 자산배분에 시종일관 변함없이 집중하는 것이 더 좋은 자산배분을 찾아내는 것보다 훨씬 중요하다.

최적 자산배분 계산

먼저 '최적 자산배분'이라고 부르는 것이 뭘 뜻하는지 분명히 하자. 우리는 '미래의, 가상의, 역사적인' 세 가지 자산배분 중 하나를 이야기할 수 있다. 당신이 날개를 펼치고 날거나, 레이커스(로스엔젤레스를 연고로 하는 미국 프로 농구팀-옮긴이)의 포인트가드를 하거나, 미스 아메리카 선발대회에서 우승할 수 없는 것 이상으로 미래의 최적 포트폴리오의 구성 요소를 알 수 없다. 미래의 최적 자산배분을 알고 있다고 말하는 사람은 싱싱Sing-Sing(뉴욕 주에 있는 주립 교도소-옮긴이)이나 벨뷰Bellevue(미국 워싱턴 주 킹카운티에 있는 도시-옮긴이)의 교도소에 있을 것이다. 그리고 실제로 이 일을 할 수 있었다면 이 책은 필요 없다. 모든 자산군의 미래 수익률을 알 수 있다면 자산배분 같은 건 필요하지 않기 때문이다. 실제로 필요한 것은 걸프스트림 V(미국 걸스프림 항공우주가 제작한 비즈니스 제트기-옮긴이)를 조종하는 유능한 파일럿이다. 다보스, 팜스프링스, 잭슨홀, 마사의 빈야드 사이를 다니며 여행할 수 있게 말이다.

가상의 최적 자산배분이란 일련의 수익률, 표준편차 및 상관관계의 데이터를 가정하고 이런 값에 최적의 자산배분을 계산하는 과정을 말한다. 역사적인 최적 자산배분은 과거에 최적이었던 것을 계산하는 것이다. 이것은 흥미로운 연습이고 우리도 곧 간단하게나마 참여할 것이다. 하지만 미래의 자산배분을 결정하기 위해 사용한다면 이 방법은 좋지 않다.

우리는 이미 역사적인 최적 자산배분을 계산하는 한 가지 방법의 힌트를 갖고 있다. [그림 4-9]와 [그림 4-10]의 포트폴리오 '구름'을 다시 떠올려보자. 구름의 왼쪽 위 가장자리에 있는 포트폴리오들은 효율적 투자선에 가까이 있어 최적일 가능성이 아주 높다. 과거 수익률을 스프레드시트에 입력하고, 배분 방식을 이리저리 조정하다 보면 포트폴리오의 위험대비수익이 가장 좋은 지점을 알 수 있다. 실제로 대부분의 스프레드시트에는 주어진 표준편차 수준에서 최고의 수익률이 나오는 자산배분 비율을 계산할 수 있는 최적화 도구가 포함되어 있다. 또는 주어진 수익률 수준에서 최소 표준편차를 얻을 수 있는 비율 구하기도 가능하다. 이것은 일종의 '가난한 사람의 최적화 도구'다. 그러나 이 두 가지 방법 모두 아주 느리고 거추장스러워 포트폴리오 이론에 진지한 학생에게는 적합하지 않다. 왜냐하면 자산의 수익률이나 표준편차의 변동에 따라 일어나는 일을 '각각의 가능성마다' 분석하는 일은 엄청나게 많은 작업을 요하는데, 다른 자산과의 상관관계가 바뀌는 것까지 테스트하기가 거의 불가능하기 때문이다.

포트폴리오를 최적화하는 훨씬 빠르고 쉬운 방법이 있다. 노벨상 수상자인 해리 마코위츠Harry Markowitz가 수십 년 전에 생각해낸 평균-분산 분석이다. 이 방법을 사용하는 소프트웨어를 평균-분산 최적화 도구MVO, mean-variance optimizer라고 부른다. MVO는 최적의 포트폴리오 구성을 빠르게 계산할 수 있는데 필요한 3가지 데이터는 다음과 같다.

1. 자산별 수익률
2. 자산별 표준편차
3. 모든 자산 간의 상관관계

아주 최근까지 MVO 프로그램은 꽤 비쌌는데 입력 데이터는 훨씬 비쌌다. 이 때문에 나는 이 책의 이전 버전에서 스프레드시트 기법을 설명하는 데 많은 노력을 기울였다. 다행히도 이제 더 이상 필요하지 않다. MVO 프로그램은 현재 100달러(10만 원) 미만으로 구입할 수 있고 데이터도 훨씬 얻기 쉬워졌다.(제품 및 공급업체 정보는 부록1 참조)

MVO의 한 가지 단점은 리밸런싱을 수행하지 않는다는 것이다. 이른바 한 기간용의 계산법이라서 그렇다. 리밸런싱은 여러 기간 투자할 때 발생하는 현상이다. 그러나 최적의 포트폴리오는 리밸런싱을 하든 그렇지 않든 똑같게 나온다. 또한 효율적 투자선이 계산된 다음에는 리밸런싱을 쉽게 조정할 수 있다. 예를 들어 [그림 4-10]에서 사용된 1970~1996년의 7개 자산에 장기국채와 단기국채를 추가한다고 생각해보자. 이 기간 동안의 전체 MVO 입력값은 [표 5-1]에 나열되어 있다. 처음 두 열은 연간 수익률과 표준편차다. 나머지 열은 27년간의 연환산 수익률로 계산한 자산 간 상관관계 값이다. 이 표의 값은 최적화 프로그램에 입력된다. 이 사례는 이피션트 솔루션Efficient Solutions사에서 만든 최적화 프로그램인 MVOPlus를 사용한 것이다. 모든 마코위츠 식의 최적화 프로그램과 마찬가지로 이 프로그램은 일련의 '코너 포트폴리오'를 생산하기 위해 '임계 라인' 기법을 이용한다. 코너 포트폴리오는 이 입력값들에 대한 효율적 투자선의 구성 요소를 정의한다. [표 5-2]에 나온 출력을 살펴보자. [그림 5-1]은 MVOPlus의 실제 그래픽 출력을 보여준다.

코너 1은 최소-분산 포트폴리오이다. 이 10개 중에 제일 위험이 낮은 포트폴리오이다. 단기채권이 92.5% 포함되어 있고, 나머지 7.5%는 보통 매우 위험하다고 알려진 자산으로 구성되어 있다는 점을 확인하라. 우리가 적정하다고 생각하는 위험 수준의 포트폴리오는 대부분 7번과 8번 코너 사이에 있다. 코너 1번부터 6번 사이의 포트폴리오는 대부분이 단기채권으로 구성되며, 코너 8을 넘으면 포트폴리오의 표준편차가 매우 높아져 위험하다. 코너 10은 최대 수익률 포트폴리오이다.

[표 5-1] 최적화 프로그램 입력값(1970-1996)

	수익률	표준편차	S&P	SM	EUR	PR	JAP	PM	20Y	5Y	TB
S&P	12.27	15.85	1.00								
SM	14.15	22.93	0.71	1.00							
EUR	13.05	20.95	0.63	0.42	1.00						
PR	12.26	30.84	0.50	0.51	0.53	1.00					
JAP	14.54	33.68	0.19	0.13	0.42	0.52	1.00				
PM	13.70	42.99	-0.13	-0.09	-0.02	0.35	0.09	1.00			
20Y	9.27	11.89	0.46	0.21	0.35	-0.04	0.06	-0.15	1.00		
5Y	9.28	6.86	0.38	0.14	0.20	-0.09	-0.06	-0.09	0.92	1.00	
TB	6.88	2.67	-0.08	0.00	-0.19	-0.19	-0.20	0.17	-0.03	-0.22	1.00

참고: S&P=S&P500, SM=미국 소형주(CRSP9-10), EUR=MSCI 유럽 주식, PR=MSCI 환태평양 주식(일본 제외), JAP=일본 주식, PM=귀금속 주식(모닝스타), 20Y=미국 장기국채 [20년 만기], 5Y=미국 중기국채[5년 만기], TB=미국 단기국채[30일 만기]

[표 5-2] 코너 포트폴리오들(1970-1996)

	1	2	3	4	5	6	7	8	9	10
S&P										
SM						3.35%	15.39%	43.95%	45.75%	23.74%
EUR	0.29%	0.43%	0.75%	0.93%	0.96%	1.65%	0.16%	8.25%		
PR	1.76%	1.81%	1.83%	2.05%	2.04%					
JAP	1.24%	1.35%	1.67%	2.07%	2.11%	3.82%	10.45%	23.84%	28.03%	38.66%
PM					0.04%	1.87%	9.48%	23.96%	26.22%	37.60%
20Y	4.23%	4.45%								
5Y			8.56%	11.47%	11.74%	18.73%	64.52%			
TB	92.49%	91.95%	87.20%	83.47%	83.09%	70.58%				
수익률	7.35%	7.38%	7.54%	7.70%	7.72%	8.52%	12.35%	16.61%	16.83%	17.07%
표준편차	2.44%	2.44%	2.46%	2.50%	2.51%	3.02%	7.80%	17.68%	18.45%	21.84%

참고: S&P=S&P500,SM=미국 소형주(CRSP9-10),EUR=MSCI 유럽 주식,
PR=MSCI 환태평양 주식(일본 제외),JAP=일본 주식,PM=귀금속 주식(모닝스타),
20Y=미국 장기 국채(20년 만기),5Y=미국 중기 국채(5년 만기),TB=미국 단기 국채(30일 만기))

[그림 5-1] 최적화 프로그램(MVOPlus) 출력물

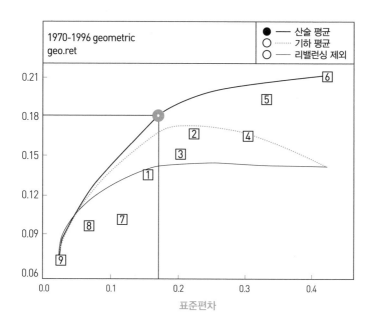

●	코너 포트폴리오 # 8	
1	S&P 500	
2	미국 소형주 (9-10)	0.4395
3	EAFE 유럽	0.0825
4	EAFE 태평양(일본 제외)	
5	일본	0.2384
6	금	0.2396
7	미국 장기국채(20년)	
8	미국 중기국채(5년)	
	미국단기국채 표준편차 산술 평균	0.1768 0.1791
	기하 평균 리밸런싱 제외	0.1661 0.1406

MVOPlus는 최대 연환산 (기하)수익률로 포트폴리오를 식별할 수 있는 고유 기능을 가지고 있다. 상업적으로 이용 가능한 다른 모든 최적화 프로그램은 마지막 포트폴리오로 기하수익률이 아닌 산술수익률이 가장 큰 자산을 식별한다. 산술수익률과 기하수익률의 차이는 대략 그 분산의 절반 또는 (표준편차)^2/2이다. 다른 말로 분산 드래그[24]라고 부르기도 한다. 위험대비수익 그래프에서 오른쪽으로 이동하다 어느 지점부터는 분산 드래그가 커지면서 기하수익률이 하락하기 시작한다. 당신은 산술수익률이 아닌 기하 연환산 수익률을 '먹는다'는 것을 기억하라.

물론 코너 포트폴리오만 사용해야 하는 것은 아니다. 7번 포트폴리오와 8번 포트폴리오의 중간이 당신이 원하는 지점이라면 각 자산의 비중은 두 포트폴리오의 비중을 이용해 단순히 평균하여 계산할 수 있다.

잠시 코너 7번 포트폴리오를 보자. 주식 3분의 1과 중기국채(5년 만기) 3분의 2로 구성되어 있다. 거기까지는 좋다. 그런데 주식 구성을 보면 대부분이 미국 소형주, 일본, 귀금속이다. 이것은 이성적인 사람이 소유할 수 있는 포트폴리오가 아니다. 이들 자산이 1970~1996년 기간 동안 수익률이 가장 높은 3대 자산인 것은 우

---

24 분산 드래그(variance drag): 변동성 드래그(drag, 저항), 분산 드레인(drain, 유출)라고도 불린다. 시작값과 평균 수익률이 동일한 두 포트폴리오 사이에 변동성이 큰 포트폴리오가 복리(연환산) 수익률도 낮고, 최종 가치도 작아진다는 것을 말한다.

연이 아니다. 우리는 최적화의 치명적인 약점에 부딪혔는데, 그것은 최적화 도구가 최근 수익률이 높은 자산을 지나치게 선호한다는 것이다. 사실 약간의 연습으로 당신이 원하는 포트폴리오 대부분을 최적으로 표현할 수 있다. 자산별 수익률 입력값을 어느 방향으로든 몇 퍼센트만 바꿔도 해당 자산이 포트폴리오를 지배하거나 포트폴리오에서 완전히 사라질 수 있다. 포트폴리오에 있는 모든 주요 자산군의 미래 수익을 예측할 수 있다고 생각하는가? 할 수 있다면 당신은 천재다. 최적화 도구optimizer가 작동하는 두 가지 기본 원리는 다음과 같다.

- 최적화 도구는 과거 수익 또는 추정 수익이 높은 자산을 매우 큰 비중으로 배분할 수 있다.
- 미래의 효율적 투자선에 근접하도록 최적화 도구의 입력값을 충분히 예측할 수 있다면 애초에 최적화 도구는 필요하지 않다.

역사적 수익률, 표준편차 및 상관관계를 최적화 도구에 맹목적으로 입력할 때의 위험은 위의 예에서 이미 명확히 드러났다. 자산 수익률은 장기간 '평균 회귀mean revert' 경향이 있다. 지난 10년간 눈부신 수익을 올린 자산은 이후 10년간 평균 이하의 수익도 거두지 못할 가능성이 높다. 일부 유명 인사는 이런 이유로 최적화 도구를 '오류 최대화 도구error maximizer'라고 불렀다.

최적의 자산배분

최적화의 함정을 보다 잘 이해하기 위해 과거 데이터를 최적화 도구에 무비판적으로 공급할 때 실제로 어떤 일이 일어나는지 살펴보자. 1970~1998년을 5년 단위로 나누자.(마지막은 4년이 남는다) 다음으로 우리는 각 5년의 기간을 최적화하고 이어지는 5년간의 움직임을 살펴볼 것이다. 또한 6개의 주식 자산을 동일한 비중으로 구성한 '겁쟁이 포트폴리오'와도 비교할 것이다.(해당 자산은 미국 대형주, 미국 소형주, 유럽, 환태평양, 일본, 귀금속 주식)

1970~1974년에서 시작한다. 이 기간 최적의 수익은 귀금속 99.8%, 일본 0.2%의 배분으로 생산되며, 연환산 수익률은 29.97%이다. 해당 비중으로 1975~1979년까지 운용하면 14.71%의 수익이 나는데 이때 겁쟁이 포트폴리오는 25.38%였다.

1975~1979년의 경우 최적의 배분은 100% 미국 소형주로, 연환산 수익률은 39.81%이다. 이 배분은 실제로 1980~1984년까지 꽤 잘 먹혔고 21.59%의 수익을 냈다. 이때 겁쟁이 포트폴리오는 14.75%였다.

1980~1984년의 경우 최적의 배분은 미국 소형주 73%와 귀금속 주식 27%로 연환산 수익률은 21.94%이다. 1985~1989년까지 이 배분의 실적은 11.83%였고, 이때 겁쟁이 포트폴리오는 24.14%였다.

1985~1989년에는 100% 일본 주식으로 연간 40.24%라는 놀라운 수익을 냈다. 이후의 5년은 어땠을까? -3.5% 손실로 겁쟁이 포트폴리오의 7.54% 수익과 비교된다.

다시 디지털 타임캡슐을 이용해 1980년대 후반으로 잠시 여행을 가보자. 도쿄 부동산 몇 평방킬로미터가 캘리포니아 전체보다 비쌌고, 곧 우리는 모두 일본어로 말할 거라고 생각했다. "닛케이(일본 주가 인덱스-옮긴이) PER이 100배라서 너무 비싸다고? 서양인은 도쿄 시장의 주식이 얼마나 가치 있는지 이해하지 못하고 있을 뿐이다."

마지막으로 1990~1994년 최고의 전략은 100% 환태평양 주식이었는데 연간 15.27%의 수익을 냈다. 이후 4년간(1995-1998) 이 전략은 -3.22%로 손실이 발생했다. 이에 비해 겁쟁이 포트폴리오는 6.61%의 수익률을 보였다. 그리고 다시 한 번 돌아보면 1994년에는 아시아의 호랑이[25]들이 10년 안에 미국의 생활 수준을 달성할 것이라고 '모두가 믿고' 있었다.

1975~1998년 기간 동안 위의 5년 단위 최적화 전략은 연환산 8.40%의 수익을 올렸을 것이다. 이는 개별 주식 자산군보다 낮고, 겁쟁이 포트폴리오의 연환산 수익률인 15.79%에 훨씬 못 미친다. 당신이 역사적 수익률을 최적화함으로써 유효한 일은 현재의 통념을 받아들이는 것이다. 우연의 일치가 아니다. 비정상적으로 높은 수익률을 경험한 시장은 이익의 몇 배나 되는 가격 상승을 겪었다. 이것은 늘 그렇듯 그 자산을 둘러싼 낙관주의가 늘어난 결과다.

---

25 아시아의 네 마리 호랑이 또는 용은 일본에 이어 근대화에 성공하고, 제2차 세계 대전 이후 경제가 급속도로 성장한 동아시아의 대한민국, 홍콩, 싱가포르, 타이완을 말한다.

최적화 도구를 어떻게 해야 할까? 매우 골치 아픈 상황에 처했다. 우리는 수익률, 표준편차, 상관관계를 정확하게 예측할 수 없다. 만약 우리가 할 수 있다면 애초에 최적화 도구가 필요하지 않을 것이다. 그리고 가공되지 않은 역사적 수익률을 이용해 최적화하는 것은 가난으로 가는 지름길이다. 그러니 마법의 블랙박스에서 답을 얻겠다는 생각은 버려라. 우리는 일관성 있는 자산배분 전략을 다른 곳에서 찾아야 한다.

더 나쁜 소식

잘 분산된 포트폴리오는 공짜가 아니다. 위험을 제거하는 건 만만한 일이 아니다. 경제 재앙에는 국경이 없다. 1929~1932년[26]과 1973~1974년[27]의 사건[28]은 모든 시장에 영향을 미쳤는데, 국가별로 피해의 크기만 차이가 있을 뿐이었다. 마코위츠 평균-분산 분석 결과 한 자산에 20%의 표준편차가 있는 경우, 상관관계가 전혀 없는 두 자산을 섞으면 표준편차가 14.1%가 된다. 상관관계가 전혀 없는 자산 네 개를 섞으면 표준편차가 10%로 줄어든다. 실무적

---

[26] 1929년 월가 붕괴 또는 그레이트 크래쉬라고도 한다. 1929년 9월 381이었던 다우인덱스가 1932년 7월 41까지 -80% 하락한 사건으로 모든 서방 선진국에 영향을 끼쳤다. 12년간 이어진 세계 대공황의 시작이었다.

[27] 이 기간 동안 미국 다우인덱스 -45% 이상, 영국 증시 -73%가 하락하며 전 세계의 주식시장이 침체에 빠졌다.

[28] 이 책이 개정되었다면 2007~2008년 글로벌 금융위기도 포함했을 것이다.

으로 볼 때 상관관계가 전혀 없는 자산 3개를 찾기란 거의 불가능하다. 결과적으로 분산을 통해 줄일 수 있는 위험의 크기는 최대 3분의 1 혹은 4분의 1이다.

더 안 좋은 것은 자산 간 상관관계가 수익률이 좋을 때보다 나쁠 때 더 높아지는 현상이 나타난다. 따라서 자산 간 계산된 상관계수는 분산의 효과를 다소 과장할 수 있다. 즉 상황이 나쁠 때 상관관계가 더 높아진다. 이는 심각한 약세 시장에서 자산 간의 실제 상관관계가 '가공되지 않은' 상관계수가 제시하는 것보다 높다는 것을 뜻한다. 분산으로 생기는 표준편차 하락 효과는 종종 심각한 약세 시장에서 사라진다. 학자인 브루노 솔니크Bruno Solnik는 "분산은 우리가 가장 필요로 할 때 우리를 망친다"고 말하기도 했다. 주가 하락 시에 상관관계가 높아지는 현상은 1987년 10월 19일과 1990년 가을처럼 전 세계 주가 인덱스가 큰 하락으로 고통받을 때 잘 나타난다. 정상 시기에는 낮았던 상관관계가 이럴 때 높아진 것이다. 그래서 '단순 포트폴리오'를 백테스트해 보는 것이 MVO에는 큰 도움이 된다. 제안된 포트폴리오가 실제 약세 시장에서 얼마나 잘 대응했는지 알 수 있기 때문이다.

국가 간 분산에 반대하는 주요 논점은 소버린 리스크sovereign risk이다. 즉 자신의 자산이 해외 정부에 의해 몰수되거나 전쟁으로 손실될 가능성이 있다는 것이다. 제2차 세계대전 전에는 세계의 주요 자본시장 2곳이 독일과 이집트였다는 것을 기억하라. 하나는 전쟁으로 파괴되었고 다른 하나는 이후 국유화되었다. 중남미 국가는 지난 세기 동안 거의 시계처럼 규칙적으로 채무불이행을 하고 있다. 장기 간, 국가 간의 분산투자의 위험성을 과소평가해서는 안 된다. 따라서 장기 리스크의 수학적 성격을 이해하는 것이 중요하다. 70년간의 투자 기간 중 어느 시점에 갑자기 자본의 2분의 1이 사라졌다고 가정해보자. 이로 인한 손해는 장기 수익률이 단 1.0% 감소되는 것뿐이다. 더욱이 제2차 세계대전이 시작될 때 일본과 독일의 자본이 사라졌지만, 1945년 이후 40년간 이 시장에서 눈부신 수익을 얻었다는 것을 생각해봐야 한다.

다른 이들은 경제의 세계화 때문에 국가 간 분산이 가치를 잃었다고 주장한다. 우리의 경제 생활이 점점 세계화되고 있다는 것은 의심의 여지가 없다. 해외 자본시장에서의 사건들이 우리 시장에도 즉각적으로 영향을 미치는 듯하다. 따라서 많은 사람이 국가별 시장 수익률은 점점 상관관계가 높아지고 국가 간 분산 효과가 사라질 것이라고 예측한다. 이 주장은 너무 널리 퍼져 있어서 사실처럼 느껴진다. 다행스럽게도 데이터는 그렇지 않다고 말한다. 예를 들어 1919년 이후 영국과 미국의 시장 수익률을 알 수 있는 좋은 데이터가 있다. 1919~1994년은 각각 19년의 4개 기간으로 나눌 수 있으며, 연간 수익률의 상관관계도 각 기간별로 계산할 수 있다.

기간	1919–1937	1938–1956	1957–1975	1976–1994
상관관계	0.66	0.26	0.74	0.18

미국과 영국 시장의 상관관계는 많이 다른 것으로 보인다. 그런데 상관관계가 증가하는 패턴은 안 보인다. 마지막 기간에는 상관관계가 오히려 가장 낮다.

마찬가지로 1969-1998년 기간의 많은 개별 국가 시장 수익률의 상관관계를 찾아볼 수 있다. 일반적으로 상관관계를 증가시키는 패턴은 없었다. 한 가지 예외는 지난 20년간 유럽 시장들 간의 상관관계가 증가했다는 것이다.

[그림 5-2]는 1969년부터 1998년까지의 월별 수익률(3년 단위 평균)의 S&P 500/EAFE 쌍의 상관계수 그래프이다. 이 기간 동안 상관관계는 폭넓게 달라지는 게 보이지만 시간이 지남에 따라 커진다고 보기는 어렵다.(지난 2년여 동안 상관관계가 증가한 것처럼 보인다. 이는 아마도 1997~1998년의 아시아 금융위기 때문일 것이다) 세계화 경제에서 비롯되는 국가 간 시장의 상관관계가 증가한다는 개념을 뒷받침할 증거는 없다.

분산으로 인한 위험 감소보다 중요한 것은 '리밸런싱 보너스'로, 정교한 리밸런싱으로 생겨나는 추가 수익이다. 리밸런싱으로 얻는 이익은 금전 이득뿐 아니라 심리 효과도 있다. 시장의 반대 방향으로 움직이면서 수익을 얻는 습관을 들이면 투자자는 건전한 자립심과 시장 정서에 냉정하게 대처할 수 있는 심리를 얻게 된다. 이렇게 시장 분위기에 휩쓸리지 않는 심리와 '전문 견해'는 투자자에게 유용한 도구다.

분산 포트폴리오의 또 다른 심리적 이점은 한 가지 자산에 투자하는 비중을 제한한다는 것이다. 한 가지 자산에 모든 자금을 거는 일은 절대 없다. 만약 당신의 포트폴리오의 5%나 10%만 신흥시장 주식에 투자한다면, 이 분야에서 종종 볼 수 있는 불가피한 30%나 50%의 손실은 그리 큰 피해는 아닐 것이다. 다른 자산군에서 나온 수익이 손실의 일부 또는 전부를 보상할 가능성이 높다. 더 중요한 것은 하락한 자산 비중을 맞추기 위해 리밸런싱을 하게 된다. 즉 '싸게 사게 된다'는 것이다.

[그림 5-2] S&P 500/EAFE 상관관계(1969-1998)

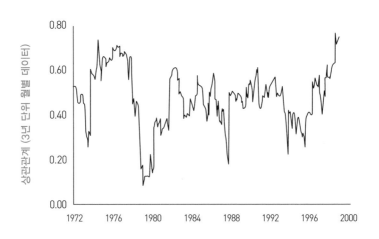

소형주를 이용한 국가 간 분산

해외 소형주를 사용하면 더 많은 분산 효과를 얻을 수 있다. [표

5-3]에 표시된 1990~1998년 대형주 및 소형주 수익률 상관관계를 보자. 첫 번째 숫자는 국가 간 대형주 상관관계고 두 번째는 소형주 상관관계다.

[표 5-3] 글로벌 대형주와 소형주의 상관관계(1990-1998, 월별 수익률)

	U.S	Japan	U.K.	Cont.	Pac. Rim	Em. mkt
U.S.	1.0/1.0					
Japan	.310/.195	1.0/1.0				
U.K.	.567/.344	.477/.419	1.0/1.0			
Cont.	.632/.339	.493/.406	.747/.660	1.0/1.0		
Pac. Rim	.556/.475	.357/.309	.529/.282	.547/.321	1.0/1.0	
Em. mkt.	.568/.513	.284/.155	.422/.339	.582/.400	.706/.688	1.0/1.0

참고 : Cont. = 유럽 대륙, U.K. = 영국, Pac. Rim = 환태평양 지역, Em. Mkt. = 신흥시장, 동일 비중 포트폴리오
출처 : 디멘셔널 펀드 어드바이저

예를 들어 일본과 미국의 경우 대형주의 월별 수익률 상관관계는 0.310, 소형주의 경우 0.195이다. 실제로 각 사례에서 소형주의 상관관계는 대형주보다 작다. 이러한 효과는 미국-영국, 미국-유럽의 상관관계에서 특히 극적으로 나타난다. 미국, 영국, 유럽 이세 가지 자산군은 대부분의 글로벌 포트폴리오에서 많은 비중을 차지한다. 개별 국가의 소형주 인덱스는 대형주보다 변동성이 크

다. 하지만 국가 간 소형주 포트폴리오는 국가 간 대형주 포트폴리오보다 조금 더 변동성이 클 뿐이다. 1990~1998년 DFA사의 글로벌 대형주 인덱스의 표준편차는 13.46%였고, 글로벌 소형주 인덱스는 14.37%로 큰 차이가 없었다.

소형주의 진짜 위험은 추적오차tracking error가 크다는 점이다. 추적오차란 수익률이 예기치 못하게 낮아지거나 높아질 수 있는 경향을 말한다. 다시 말해 우리가 원하든 원하지 않든 소형주로의 분산은 효과가 있다. 소형주는 지난 10년간 특히 고통스러웠다. 소형주의 장기 수익률이 높았음에도 대형주 주가가 전 세계 소형주를 능가했기 때문이다.

합리적인 투자자는 해외와 국내 문제를 다루듯이 대형주와 소형주의 딜레마를 다룬다. 첫째, 무엇보다도 최근성을 경계하라. 지난 10년간 국내 주식이 해외 주식보다, 그리고 대형주가 소형주보다 성과가 높았다는 점에 지나치게 감명받지 마라. 만약 그렇다면 이런 현상은 향후 10년 내에 반대 현상이 일어날 가능성이 높다. 둘째, 프레드 삼촌이 당신에게 해외 주식과 국내 주식을 보여준 것과 같은 방법으로 대형주와 소형주를 이용해 위험을 낮춰라. 즉 글로벌 주식시장의 '4개 코너'를 모두 소유하라. 국내 대형주, 해외 대형주, 국내 소형주, 해외 소형주가 그것이다.

마침내 당신은 자산배분을 할 준비가 되었다. 다음 세 가지 질문에 순서대로 답해야 한다.

> 1. 몇 개의 자산군을 소유하고 싶은가?
> 2. 얼마나 '전통적인' 포트폴리오를 원하는가?
> 3. 어느 정도의 위험을 감수하고 싶은가?

• 자산군 고르기

자산군은 몇 가지나 소유해야 하냐고? 차라리 삶의 의미를 묻는 편이 낫겠다. 모든 사람이 '세 개 이상'이라고 말할 수 있다. 포트폴리오의 복잡성은 매우 크다. 따라서 당신이 사용하는 자산의 수는 대체로 당신이 이 복잡성 다루기를 얼마나 잘 견디느냐에 달려 있다. 이 시점에서 작은 고백을 하겠다. 나는 자산군 중독자다. 그렇다고 해서 모든 자산군을 소유할 수는 없다. 나는 자산을 매매하는 것을 즐긴다. 그래서 내가 20개 혹은 30개로 포트폴리오를 구성해 관리해야 한다면 그건 괜찮다.

그러나 수익 감소의 법칙은 자산군에도 적용된다. 처음 몇 개의 자산은 매우 잘 분산할 수 있다. 다음 몇 개로 조금 더 분산 효과가 있을 수 있다. 하지만 그 이상의 자산은 분산 효과보다 그저 당신에게 재미를 줄 뿐이다.

여기 계층이 있다. 먼저 레벨1 포트폴리오의 복잡성부터 살펴보자.

레벨1 자산 팔레트

미국 대형주(S&P 500)

미국 소형주(CRSP 9-10, 러셀 2000 또는 Barra 600)

해외 주식(EAFE)

미국 단기채권

CRSP 9-10은 증권가격연구센터Center for Research in Security Prices, CRSP에서 만든 소형주 인덱스이다. 뉴욕증권거래소에서 시가총액 기준 하위 5분의 1에 해당하는 주식으로 구성되어 있다. 사실 이 회사들 대부분은 나스닥에서 거래된다. 러셀 2000은 러셀 3000 인덱스에서 가장 작은 2000주로 구성되어 있다. 마지막으로 S&P 600은 스탠더드앤드푸어스(S&P)가 소형주를 대표해 선정한 600개의 소형 기업들이다.

만약 당신이 투자를 그렇게 좋아하지 않거나, 이 책을 읽는 목적이 단지 투자의 기본을 잡기 위해서라면 당신에게 정말로 필요한 자산이 4개뿐이다. 당신은 이 간단한 포트폴리오로 훨씬 복잡한 포트폴리오가 제공하는 분산 효과를 얻을 수 있다. 이 네 가지 자산군은 모두 저렴한 인덱스 펀드로 이용할 수 있다. 그리고 이미 말했듯이 역사에서 무언가를 배울 수 있다고 생각한다면, 이 네 가지 자산이 동일하게 배분된 포트폴리오가 향후 수십 년간 압도적으로 많은 투자 전문가를 능가할 가능성이 높다. 각 자산을 어떤 비율로 할당할지는 장 후반부에서 논의한다.

레벨2 자산 팔레트

미국 대형주(S&P 500)

미국 소형주(CRSP 9-10, 러셀 2000 또는 Barra 600)

해외 대형주

신흥시장주

해외 소형주

리츠

미국 단기채권

이 팔레트는 분산에 진지하고 충분한 이익을 원하는 개인을 위한 것이다. 귀금속 주식이나 해외 채권과 같은 다른 자산군도 추가할 수 있다.

자산배분 신봉자는 레벨3 팔레트를 원할 것이다. 나는 레벨3 자산 팔레트의 모든 가능성을 나열하지 않을 것이다. 왜냐하면 매우 길고 지루한 작업이기 때문이다. 대신 설명을 제공하겠다. 주식 자산은 기업의 규모(대형주와 소형주)에 따라 구분할 수 있을 뿐 아니라 가치주와 성장주로 구분할 수도 있다. 우리는 7장에서 가치투자를 자세하게 이야기하겠지만 기업은 성장과 가치라는 두 가지 가치 성향 중 하나에 속해 있다고 말할 수 있다. 성장주로는 마이크로소프트, 월마트, 아마존을 생각하면 된다. 이들은 빠르게 성장하고 있는 회사로, 이익의 35배 이상의 가격으로 매매되고 있다. 왜냐하면 이익이 빠르게 성장할 것으로 예상되기 때문이다. 가치주로는 제너럴 모터스, K마트, J.P.모건을 들 수 있다. 이들은 성장 전망이 좋지 않은 회사로 결과적으로 성장주보다 더 싸게 팔린다.

자, 이제 우리는 3가지 섹터의 주식 특징을 갖게 되었다. 국가별, 규모별, 가치/성장별로 나눌 수 있다는 것이다. 당신은 세계를 10개의 다른 지역으로 쉽게 나눌 수 있고, 각각의 지역에서 대형주와 소형주, 가치주와 성장주로 나눌 수 있다. 이제 40가지 가능성이 생겼다. 그리고 아직 다른 섹터(리츠, 귀금속, 천연자원, 전력회사)나 국가별 채권을 포함하지 않았다. 이 모든 범주의 자산을 시장에서 쉽게 구할 수 있는 것은 아니지만 놀라운 방법이 있다. 예를 들어 당신이 정말로 원한다면 신흥시장의 소형주 펀드를 사는 것은 비교적 쉽다. 나아가 단일 국가 펀드나 심지어 미국 무역거래소에서 이용할 수 있는 개별 외국 회사도 ADR[29]로 구입할 수 있다.

투자를 진정으로 즐기지 않고 그 복잡성에 대처할 시간과 인내심이 없는 사람에게는 레벨3 팔레트를 권하지 않는다.

---

29 ADR(American Depositary Receipts): 미국예탁증권은 미국의 은행이 외국 증권의 예탁을 받아 그것을 담보로 하여 발행하는 증권이다. 미국에서는 이 방식으로 외국 회사의 주식이 유통되고 있다.

당신이 레벨1 팔레트에서 시작해 100% 주식으로 구성된 포트폴리오를 견딜 수 있는 보기 드문 사람이라고 가정해보자. 나열된 4개의 자산 대신 처음 3개의 자산만 고려하면 된다. 미국 대형주, 미국 소형주, 해외 주식 자산을 어떻게 배분하는 게 좋을까? 역사를 보면 소형주는 대형주나 해외 주식보다 수익률이 높지만 위험성은 더 크다는 것을 알 수 있다. 단순히 '겁쟁이 방법'[30]을 택해 이 세 자산군을 균등하게 나누는 것은 어떨까?

이것은 사실 불합리한 방법이 아니다. 장기적으로 꽤 잘될 가능성이 높다. 하지만 우리가 좋든 싫든 미국 대형주는 '시장the market'이라는 점을 명심하라. 우리 모두는 의식적이든 무의식적이든 우리 자신의 수익을 이 벤치마크(보통 S&P 500)와 비교한다.

때때로 이 '동일 비중 혼합'은 벤치마크와 매우 다르게 움직일 것이다. 따라서 많은 기관 투자자가 사용하는 것과 아주 유사한 포트폴리오를 살펴보자. '전통적인 포트폴리오conventional portfolio'라고도 불리는데 미국 대형주 60%, 미국 소형주 및 해외 주식을 각각 20%씩 보유하며 1969년부터 5년 단위 30년간의 운용 결과를 보자. 포트폴리오 구성과 수익은 [표 5-4]에 제시되어 있다.

첫째, 세 개의 포트폴리오 모두 장기 수익률(마지막 행)이 아주 유사하다는 점에 주목하자. 또한 겁쟁이 포트폴리오는 1969~1973년과 1989~1993년에 S&P 500보다 연수익률 기준 4%씩 낮은 성

---

30 배분 비중을 동일하게 나누는 방식을 말한다. N분의 1 방식.

과를 냈고, 지난 5년(1994-1998) 동안 8% 이상 낮은 성과를 냈다. (표 5-4에서 굵은 글씨로 된 숫자) 전통적인 포트폴리오도 S&P에 상당히 뒤처졌다.

[표 5-4] 다양한 주식 혼합물의 추적오차(1969-1998)

	동일 비중	전통 포트폴리오
S&P 500	33.33%	60%
미국 소형주	33.33%	20%
해외 주식	33.33%	20%

	S&P 500	동일 비중	전통 포트폴리오
1969-1973	2.02%	**-1.99%**	-0.34%
1974-1978	4.33%	13.68%	10.01%
1979-1983	17.27%	18.84%	18.23%
1984-1988	15.39%	19.57%	17.93%
1989-1993	14.51%	**10.48%**	12.19%
1994-1998	24.06%	**15.91%**	19.21%
1969-1998	12.67%	12.50%	12.66%

고도로 분산된 포트폴리오의 장기 수익은 전통적인 포트폴리오와 거의 같지만 때때로 심각하게 나쁜 성과가 나온다. 그런 일시적인 낮은 실적은 얼마나 당신을 괴롭힐까? 아마도 이미 몇몇 소

형주와 해외 주식을 소유하고 있는 독자는 많을 것이다. 그들의 최근 낮은 성적 때문에 얼마나 스트레스를 받았을까? 만약 '매우'라는 답이 나온다면 당신은 미국 대형주에 비중을 둔 포트폴리오를 선택해야 한다. 한편 이런 종류의 '추적오차'를 용인할 수 있다면 해외 주식과 소형주에 더 많이 비중을 주는 비전통적인 포트폴리오가 적절할 수 있다.

우리가 더 복잡한 포트폴리오로 이동함에 따라 이 추적오차는 더욱 뚜렷해질 것이고, 당신이 얼마나 견뎌낼 수 있느냐가 점점 더 중요해진다. 4장에서 얘기했듯 지난 30년간 실적이 우수했는데도 국제 소형주가 1990년 이후 매년 19%씩 S&P 500에 뒤처져왔다. 실제로 포트폴리오에 해외 자산군을 추가할수록 추적오차는 높아질 것이다. 추적오차는 수익률이 낮다는 것을 의미하는 것이 아니다. 단지 당신의 포트폴리오가 다른 모든 사람의 것과 매우 다르게 움직일 것이라는 것을 뜻한다. 또한 종종 일시적으로 다른 사람의 것(시장 인덱스 등)보다 성능이 떨어지는 경우가 생긴다는 것이다.

• 위험 허용도별 비중 조절

자산배분 과정의 세 번째 단계는 매우 쉽다. 주식 자산군을 어느 비율로 사용할지 결정하는 어려운 작업은 이미 끝났다. 이제 당신이 판단해야 할 것은 주식과 채권의 전반적인 비중이다. 이 책의 첫 번째 버전에서 나는 공격적인 투자자라면 100% 주식 포트폴리오를 생각해보라고 권했다. 역사적으로 주식은 상당히 위험하긴

했지만 채권보다 연간 몇 퍼센트 더 많은 수익을 올렸기 때문이다. 그럼에도 불구하고 우리가 새천년을 시작하면서 향후 수십 년간 주식 수익률은 기껏해야 채권 수익률보다 약간 높을 것 같다. 2장에서 언급했듯이 S&P 500은 현재 1.3%의 이익률을 보이고 있는데, 역사적으로 인플레이션 조정 후 실질 이익 상승률은 연간 2%이다.(2장에서 언급했다. [그림 2-12] 참조)

기업 이익이 장기적으로 연간 2% 비율로 증가했다는 것을 믿지 못하는 사람도 있겠지만 사실이 그렇다. 다우존스산업평균 인덱스는 1920년 주당 9.12달러를 벌었고, 1998년에는 378.06달러를 벌었다. 이것은 연간 4.89%에 불과하다. 같은 기간 물가상승률은 2.87%를 기록했다. 따라서 실질수익률, 즉 이 두 비율의 차이는 정확히 2%이다.(배당률은 인플레이션 조정 기준으로 연 1.5%로 훨씬 느리게 성장했다) 배당률을 더하면 실질 주식 수익률의 예상값은 3.5% 미만이다. 이제 미국 국채가 현재 6%의 수익률을 나타낸다고 생각해보자. 현재 물가상승률이 1.6%인 상황에서 실질수익률은 4.4%에 이른다. 그리고 인플레이션의 상승이 이런 실질수익의 일부를 소진시킬 수 있다고 우려한다면 정부가 보증하는 4.1%의 실질수익률로 물가연동국채(TIPS)를 구입할 수 있다. 다시 말해서 향후 수십 년 동안 주식 수익률이 채권 수익률보다 적을 수 있다는 것이다.

이런 이유로 공격적인 투자자조차도 채권을 25% 보유하기를 원할 수 있다. 적당히 공격적인 투자자는 주식과 채권을 50:50으로 가져가고, 보수적인 투자자는 주식 30%에 채권 70%로 구성할 수 있다.

반복해서 말하면 포트폴리오의 공격성은 주식의 종류가 아니라 전체 주식과 채권의 혼합 비율이 결정한다. 이것은 모든 위험 수준에서 마찬가지다.

• 마돈나 포트폴리오

자산배분 과정이 어떻게 진행되는지 몇 가지 예를 더 살펴보자. 당신이 대담한 투자자며 앞에서 나온 세 가지 질문에 다음과 같이 답했다고 가정하자.

1. 복잡성: 보통, 레벨2 팔레트+귀금속 주식
2. 전통적 성향: 낮음, 장기 수익률이 합리적이라면 당신의 자산배분 포트폴리오가 최대 10년 동안 S&P 500보다 성과가 낮아지는 등의 대량의 추적오차를 용인할 수 있고 전혀 개의치 않는다고 결정했다.
3. 위험 허용 오차: 높음, 당신은 당신의 포트폴리오에서 큰 손실이 발생해도 크게 스트레스받지 않고 견뎌낼 수 있는 능력이 있다.

이런 포트폴리오의 사례는 다음과 같다.

· 10% 미국 대형주

- · 10% 미국 소형주
- · 10% 리츠
- · 10% 선진국 대형주
- · 10% 선진국 소형주
- · 10% 신흥시장주
- · 10% 귀금속 주식
- · 30% 미국 단기채권

이 포트폴리오는 국내와 해외, 소형과 대형으로 동등하게 나뉜다. 그런 점에서 매우 파격적이며, 어느 쪽이든 수년 내에 S&P 500과는 근본적으로 다른 수익을 얻을 것이다. 반면 장기 수익률은 아주 높을 것이다. 우리는 많은 채권을 보유하고 있다. 왜냐하면 배당할인모델은 향후의 주식 수익이 채권 수익보다 크지 않을 수 있다는 것을 말해주기 때문이다. 이 포트폴리오를 가장 강인하고 독립적인 사상가들에게만 추천하는 것은 아니다.

· 갭 포트폴리오
기본 포트폴리오 질문에 조금 다르게 답해보자.

1. 복잡성: 높음, 12개 이상의 자산군을 보유해도 좋다.
2. 전통적 성향: 높음, 적절한 분산과 수익을 원하지만 추적 오차를 최소로 하고 싶다.(시장 인덱스와 비슷하게 움직이

길 원한다)

3. 위험 허용 오차: 낮음, 손실이 나는 해에도 순자산의 6% 이
   상을 잃고 싶지는 않다.

다음 포트폴리오는 중저위험을 가진 DFA의 '중간 균형' 전략에
서 가져온 것이다. 이 주식:채권 40:60 포트폴리오는 DFA에서 이
용할 수 있는데 자세한 내용은 8장에서 설명한다.

- · 8% 미국 대형 성장주
- · 8% 미국 대형 가치주
- · 4% 미국 소형 성장주
- · 4% 미국 소형 가치주
- · 4% 리츠
- · 4% 선진국 대형 가치주
- · 2% 선진국 소형 성장주
- · 2% 선진국 소형 가치주
- · 1.2% 신흥국 대형 성장주
- · 1.2% 신흥국 대형 가치주
- · 1.6% 신흥국 소형 성장주
- · 15% 회사채(1년 만기)
- · 15% 글로벌 채권(2년 만기)
- · 15% 미국 중기국채(5년 만기)

· 15% 글로벌 채권(5년 만기)

첫째, 이 포트폴리오의 복잡성은 15개의 자산군으로 구성되어 있어서 정말 꼼꼼한 포트폴리오 애호가를 제외한 모두를 만족시킬 것이다. 둘째, 국내:해외 비중을 꽤 전통적인 방법인 28:12로 했다. 그리고 소형주보다 대형주에 비중을 많이 두었다. 이 포트폴리오는 적절한 안전성과 분산을 제공하지만, 수익률은 미국 대형주:단기국채를 40:60으로 배분한 혼합물과 6% 이상 차이 나지 않는다.

이제 자산배분 프로세스가 어떻게 작동하는지 알았을 것이다. 첫째, 당신이 보유하고 싶은 주식과 채권 자산군의 수를 결정하라. 보유 자산군의 수를 늘리면 분산 효과는 좋아지지만, 할 일이 많아지고 추적오차가 늘어날 것이다. 갭 포트폴리오는 대형주와 국내 주식 비중을 높여서 이런 문제를 해결한다.

둘째, 추적오차를 어느 정도 허용할지 결정하라. 만약 많은 추적오차를 견딜 수 없다면 해외 주식과 소형주 비율을 낮게 유지하라.

마지막으로 주식과 채권의 비중을 조정할 때는 당신의 위험 허용도에 따라 정하라. 가장 공격형의 투자자는 주식 비중을 최대 75%로 하고, 가장 안정형의 투자자는 주식 비중을 25%로 하라.

지금까지 포트폴리오 분석을 한 우리의 여정은 꽤 학문적이었다. 아직 실제 투자까지 해보지는 않았다. 6장과 7장에서 우리는 시장이 실제로 어떻게 작용하는지 그 미묘한 차이를 조사할 것이다. 그리고 8장에서 우리의 자산배분 계획을 구현하는 핵심을 공부할 것이다.

• Key Point •

1. 어떤 기술로도 미래의 최적 포트폴리오를 예측하는 것은 불가능하다.

2. 장기적으로 볼 때 소형주와 대형주를 포함한 폭넓게 분산된 글로벌 포트폴리오는 위험대비수익 관점에서 유리하다.

3. 정확한 자산배분은 3가지 요소에 달려 있다. 시장 인덱스 와의 추적오차 허용 수준, 소유하고자 하는 자산 수, 위험 을 허용할 수 있는 수준이 그것이다.

Part 6

시장
효율성

규모가 크든 작든 두 가지 유형의 투자자가 있다. 시장이 어디로 향하는지 모르는 사람과 자신이 모른다는 것을 모르는 사람이다. 이런 사람들은 주식, 채권, 루이 14세 의자, 삼겹살 등 어느 시장에도 존재했다. 한편 실제로는 세 번째 유형의 투자자도 있다. 사람들이 모른다는 것을 알고 있는 '투자 전문가'다. 그의 생계는 '잘 아는 것처럼 보이는' 데 달려 있다.

'주식 고르기'가 다른 것처럼 '기술'이 되어야 한다는 것은 직관적으로 분명해 보인다. 충분한 지능, 훈련, 경험, 노력으로 시장을 이길 수 있어야 한다.

그러나 서구 문화의 주요 강점은 과학적 방법에 의존한다는 것이다. 짧게 설명하면 어떤 이성적인 믿음이든 반증이 가능해야 한다. 즉 테스트할 수 있어야 한다. 야구에서 타자를 생각해보자. '타격 기술'이라는 게 있다고? 물론 사소한 질문이지만 테스트하기는 쉽다.

타율 비교는 기술의 통계적 본질을 생각하게 하기 때문에 유용하다. 아마도 그것을 정의하는 가장 좋은 방법은 성과의 지속성 측면일 것이다. 야구 선수의 평균 타율을 0.260이라고 하자. 이제 지난해 타율 0.300 타자를 살펴보자. 타격 기술 같은 것이 없다면 올해 그들의 성적은 그저 평균에 불과할 것이다. 즉 0.260일 것이다. 물론 1년차 3할(타율 0.300) 타자는 다음 해에 항상 평균을 웃도는 성적을 거둬 그들의 성과가 기술 때문이지 우연이 아니었다는 의심을 모두 떨쳐 버린다. 흥미롭게도 통계적 분석의 냉혹한 빛에 노출될 때 많은 스포츠 신앙은 더 이상 테스트를 통과하지 못한다. 이중 하나가 농구계의 '뜨거운 손hot hand'31 현상이다. 연속으로 골을 성공시키는 슈터에게 공을 제공하는 것은 전통적인 코트 전략이다. 그런데 최근 평소보다 더 많은 골을 기록한 선수가 앞으로도 그렇게 할 가능성이 평소보다 높지 않다. 그런 성과는 지속하지 않는다는 것이다. 이것은 금융에서 큰 수익을 올리고 있는 인간의 약점을 강조한다. 우리는 실제로 존재하지 않는 패턴을 보는 경향이 있다.

연구원들이 펀드 매니저에게 똑같은 방법론을 적용하기 시작한 것은 30년 전이었다. 그 결과 실제로 수익을 내는 '주식 고르기' 같은 기술은 없다는 것이 밝혀졌다. 이것을 마이클 젠슨Michael Jensen이 가장 먼저 얘기했다. 그는 1968년 〈저널 오브 파이낸스〉에 실린 획기적인 논문에서 1945년부터 1964년까지 20년간 액티브 펀드의 성과를 살펴봤지만 펀드 실적이 지속적이라는 증거를 발견

31 1985년 심리학자이자 행동경제학자인 아모스 트버스키(Amos Tversky)와 심리학자 토머스 길로비치(Thomas Gilovich)가 인지심리학회지에 기고한 〈농구 경기에서 뜨거운 손(The Hot Hand in Basketball: On the Misperception of Random Sequences)〉이라는 논문에서 처음 소개한 현상이다. 이전 슛을 성공시킨 선수는 다음 슛 역시 성공시킬 것이라고 믿는 현상으로, 이전의 성공이 다음의 성공으로 이어질 것이라고 믿는 인지적 편향을 말한다.

하지 못했다고 밝혔다. 지난해의 성과가 높았던 펀드 매니저는 평균적으로 다음 해의 성과가 보통이었다. 이후 수십 차례 펀드 매니저의 실적을 면밀히 분석한 결과는 우리의 눈을 의심하게 한다. 많은 연구의 결과는 이랬다. 성과의 지속성은 일부에서만 나타났고, 그 효과조차도 너무 작아서 펀드 보수를 지불하면 시장의 평균 실적에도 못 미쳤다. 또한 지속성은 보통 비교적 짧은 기간(1년 이하)에 나타나고 장기간 지속되지 않는다.

몇 가지 데이터를 보자. 캘리포니아 주 산타모니카에 있는 기관투자사인 DFA는 1970년 1월부터 1998년 6월까지의 펀드 성과를 조사했다. 그들은 5년간 성과가 상위 30위 안에 드는 펀드의 이후 성과를 조사했다. 그 결과는 [표 6-1]이다. 각 사례에서 첫 번째 기간 상위 펀드의 성과는 다음 기간의 시장 인덱스(S&P 500)보다 낮았고, 다섯 가지 사례 중 두 번은 동종 펀드보다 낮았다.

이것이 고도의 기술을 가진 펀드 매니저의 성과처럼 보이는가? 물론 아니다. 우리는 주식 지면에 다트를 던지는 침팬지 무리를 보고 있다. 그들의 '성공'과 '실패'는 순전히 무작위적인 사건이다. 가장 성공한 펀드 매니저는 '머니', '뉴욕 타임즈', 라이브 쇼 프로그램에서 인터뷰를 하는 경우가 많다. 언론 노출 덕분에 그들이 관리하는 자산은 풍선처럼 부풀어오르고, 언론의 관심은 펀드 가입자의 감탄을 자아낸다.

하지만 시간이 지나고 우연의 법칙은 결국 펀드 매니저를 따라잡는다. 수십만 투자자는 그들의 펀드 매니저가 잘생긴 왕자가 아니라 털 많은 침팬지였다는 사실을 알게 된다. 사실 필연적으로 일어나는 펀드 흐름의 특이한 왜곡 현상으로 실제로 '톱' 펀드의 눈부신 초기 수익을 얻는 투자자는 거의 없다. 가장 나쁜 점은 대규모 자산 유입이 소위 시장 충격 비용market impact costs으로 미래의 수익을 떨어뜨리는 경향이 있다는 것이다. 장 후반부에서 자세히 설명한다. 이런 초기의 높은 수익률은 필연적으로 많은 투자자를 끌어들인다. 그들은 운이 좋으면 평균적인 성과에 만족해야 할 것이다.

수학 세부 정보:
기술을 통계적으로 테스트하는 방법

어떻게 통계적으로 기술을 증명하는지에 대한 상세한 설명은 이 책의 범위를 훨씬 넘어선다. 따라서 간단한 사례를 들어보겠다. 평균 타율이 0.260이고 타자들 사이에 표준편차가 0.020인 경우를 보자. 즉 평균 3할(0.300)은 타자가 평균보다 2표준편차 위에 위치한다는 말이다.(계산 방법: 1년 기준 2표준편차 = 2×0.020 = 0.040 = (0.300 - 0.260)/0.020) 타자가 10시즌 동안 평균 0.280을 기록한다면 그는 기술이 있는 타자일까? 10년 동안 표준편차 0.020으로 무작위로 수행하는 타자의 '표준 오차standard error'는 $0.020/\sqrt{10}$ = 0.0063이다. 즉 임의의 세계에서는 연간 20포인트의 표준편차가 10년 동안 6.3포인트의 표준편차로 변환된다. 타자의 성과와 평균의 차이는 0.020이며, 이를 0.0063의 표준 오차로 나누면 3.17의 'z값'이 나온다. 10년 성과를 고려하고 있기 때문에 9개의 '자유도degrees of freedom'가 있다. z값과 자유도를 스프레드시트의 't 분포 함수'에 입력하면 p값p-value, probability value은 0.011이 나온다. 즉 '무작위 타격' 세계에서는 어떤 타자가 10시즌 동안 평균 0.280을 기록할 확률이 1.1%라는 이야기다.

우리가 그런 타자를 기술이 있는 것으로 간주할지는 그를 '표본 내in sample' 또는 '표본 외out of sample'에서 관찰할지에 달려 있다. 표본은 우리가 많은 타자, 그의 팀 동료 중에서 그를 골랐다는 것을 의미한다. 이 경우 30명 중 1명이 1.1%의 무작위 이벤트를 경험하는 것은 드문 일이 아니기 때문에 그는 아마도 기술이 없을 것이다. 반면 그의 측정된 성적이 표본 외에서 나온 것이라면, 즉 팀 동료 가운데서 그 혼자만을 골랐다면 그는 기술을 갖고 있을 수 있다. 왜냐하면 무작위 타격 세계에서는 1.1%의 확률로 한 번의 가능성이 있기 때문이다. 단지 조금 더 복잡한 공식이 펀드 매니저를 평가할 때 사용된다. '표본 내'와 '표본 외'를 구분하려면 특히 주의해야 한다. 500명 중 가장 성적이 좋은 매니저를 뽑아 그의 p값이 0.001인 것을 알게 되더라도 놀랄 필요가 없다. 하지만 만약 누군가가 그를 미리 알아내고, 그의 성과 p값이 사실 이후에 0.001이라면 그는 아마도 기술을 갖고 있을 것이다.(p값은 통계적 가설 검정에서 귀무가설이 맞다고 가정할 때 얻은 결과보다 극단적인 결과가 실제로 관측될 확률로, 0과 1 사이의 값을 가진다. 쉽게 말해 500명 중에서 성적이 좋은 매니저가 나오는 것은 '확률적으로 충분히 가능'한 일이며 이 매니저는 '특별한' 기술이 없어도 확률상 발생 가능하니 우리가 굳이 놀랄 필요가 없다는 말이다. 어떤 매니저가 잘할 것으로 생각했고 실제로 그 매니저의 실적이 좋았다면 이는 '확률적으로 기술이 있을 수 있다'는 뜻이다-옮긴이)

[표 6-1] 상위 성과 펀드의 후속 성과(1970-1998)

	수익률 1970-1974	수익률 1975-1998
상위 30개 펀드 1970-1974	0.78%	16.05%
전체 펀드	-6.12%	16.38%
S&P 500	-2.35%	17.04%
	수익률 1975-1979	수익률 1980-1998
상위 30개 펀드 1975-1979	35.70%	15.78%
전체 펀드	20.44%	15.28%
S&P 500	14.76%	17.67%
	수익률 1980-1984	수익률 1985-1998
상위 30개 펀드 1980-1984	22.51%	16.01%
전체 펀드	14.83%	15.59%
S&P 500	14.76%	18.76%
	수익률 1985-1989	수익률 1990-1998
상위 30개 펀드 1985-1989	22.08%	16.24%
전체 펀드	16.40%	15.28%
S&P 500	20.41%	17.81%
	수익률 1990-1994	수익률 1995-1998
상위 30개 펀드 1990-1994	18.94%	21.28%
전체 펀드	9.39%	24.60%
S&P 500	8.69%	32.18%

출처 : DFA/Micropal/Standard and Poor's

이런 반전이 일어나는 가장 좋은 사례가 오크마크^{Oakmark} 펀드를 운영한 로버트 샌본$^{Robert\ Sanborn}$의 경우다. 샌본은 논란의 여지가 없는 슈퍼스타 펀드 매니저이다. 1991년 초창기부터 1998년 연말까지 오크마크의 연환산 수익률은 24.91%로 S&P 500의 19.56%에 비해 월등히 높았다. 1992년에 펀드는 벤치마크 대비 41.28%의 믿기 힘든 초과 수익을 달성했다. 어떤 통계 기준으로 봐도 샌본의 성과가 우연에 의한 것일 수는 없었다.

하지만 개별 연도별로 펀드의 성과와 자금의 크기를 따져보면 이야기는 달라진다. 첫 번째 행은 S&P 500 대비 오크마크 펀드의 성과고, 두 번째 행은 펀드 자산의 크기를 나타낸다.

	1992	1993	1994	1995	1996	1997	1998
수익률(S&P 500 대비)	41.30%	20.40%	2.00%	−3.10%	−6.70%	−0.80%	−24.90%
자산 크기(단위:백만 달러)	328	1214	1626	3301	4194	7301	7667

우리가 보는 것은 성과를 추종하는 펀드 투자자의 아주 익숙한 패턴이며, 점점 더 많은 투자자가 점점 더 낮은 수익률을 얻고 있다. 사실 펀드의 수익을 금액 가중 방식으로 계산하면 이 펀드의

---

32 알파맨(Alpha Man)은 주식시장을 초과하는 수익(알파)을 내는 사람, 애프먼(Apeman)은 유인원(평범한 사람)을 지칭한다.

평균 투자자는 S&P 500보다 연간 7.55%만큼 낮은 성과가 발생했다. 이는 대부분의 투자자가 최고의 수익률이 발생한 이후 시류에 편승했기 때문이다.

샘본을 변호해보자. 가치투자 펀드의 성과를 S&P 500 인덱스와 비교하는 것은 합리적이지 않을 수 있다. 합리적인 대안은 먼저 3가지 팩터(시장 노출 규모, 중형주 편입, 가치 지향성)의 펀드 알파값을 계산하는 것이다. 이 값이 매니저의 초과 수익률이다. 이는 회귀분석이라는 통계 분석 방법으로 할 수 있다.(대부분의 스프레드시트 프로그램에서 사용 가능) 회귀분석의 결과는 다양한 시장 팩터나 섹터별로 벤치마크 수익과 함께 매니저의 수익을 보여준다. 매니저의 수익률은 각 팩터에 맞게 나눠지고, 이것이 그 매니저를 위한 맞춤형 벤치마크가 된다.

알파alpha는 앞에서 만든 벤치마크와 펀드의 성과 차이로 매니저의 실력이 얼마나 좋은지 나타내는 척도다. 알파는 수익률처럼 연간 백분율로 표현되는데 플러스이거나 마이너스로 나온다. 예를 들어 펀드 매니저가 연간 -4%의 알파값을 갖는 경우는 벤치마크보다 연간 4%만큼 낮은 수익을 냈다는 것을 뜻한다. 오크마크 펀드의 알파값은 처음 29개월 동안 정말 높았고, 통계적으로 의미가 있었다. p값(통계적 유의성을 나타내는 값-옮긴이)이 0.0004였다. 즉 처음 29개월 동안 펀드의 탁월한 실적이 우연일 가능성이 1/2000에도 못 미쳤다는 얘기다. 불행하게도 최근 29개월 동안의 펀드 실적은 똑같이 인상적이었지만 잘못된 방향이었다.

나의 해석은 샘본의 펀드 운용 기술이 보통이라는 것이다. '보통의 기술'은 그를 비판하는 말이 아니다. 왜냐하면 99%의 펀드 매니저가 특별한 투자 기술이 있다는 증거를 전혀 제시하지 못하기 때문이다. 그러나 불행하게도 이런 기술조차도 수천억 원의 신규 자금을 관리하고, 주가를 쫓아가고, 궁극적인 수익을 낮추는 '충격-비용 영향impact-cost drag'에 압도되었다.

여기서 기억해야 할 메시지는 분명하다. 아무것도 없는 곳에서 패턴을 찾고 운이 지배하는 영역에서 기술을 찾는 것이 인간의 본성이다. 특히 운이 좋은 펀드 매니저라면 더 그렇다. 그러나 성공적이었거나 운이 좋은 펀드는 그들 스스로 파멸의 씨앗을 뿌린다. 그런 것을 피하라.

펀드 매니저는 왜 그렇게 잘못하는가?

액티브 펀드 매니저 실적은 지속되지 않고 '주식 고르기'의 수익률은 0%이다. 당연히 그럴 수밖에 없다. 이 사람들 자체가 시장이기 때문에 그들 모두가 시장 평균 이상의 성과를 낼 수 있는 방법은 없다. 불행하게도 월스트리트는 위베곤Wobegon 호수가 아니다.(위베곤 호수가 있는 상상 속의 마을에서는 모두가 평균 이상이다-옮긴이)

나쁜 소식은 액티브 펀드 고르기가 본질적으로 무작위적인 결과를 준다는 것이다. 하지만 정말 나쁜 소식은 액티브 펀드의 비용이 너무 비싸다는 것이다. 펀드에 비용이 드는 것은 당연하다. 슬프게도 펀드를 잘 아는 투자자조차도 비용이 얼마나 비싼지 모르고 있다.

대부분의 투자자는 투자 설명서와 연차보고서에 기재된 펀드의 보수 비율expense ratio이 펀드 비용의 전부라고 생각한다. 틀렸다. 보수 비율은 단지 펀드 자문료(매니저가 받는 것)와 운용비만으로 구성되어 있는데, 실제로 보수 비율을 넘어서는 세 단계의 비용이 더 있다. 추가 비용의 첫 단계는 매매 때 지불되는 수수료다. 이것은 보수 비율에 포함되지 않는다. 1996년부터 미국증권거래위원회는 주주에게 이 내용을 보고하라고 요구해왔다. 그러나 펀드 자금의 몇 퍼센트가 비용으로 수익률을 갉아먹는지 계산하는 것은 거의 불가능할 정도로 모호하게 표현되어 있다.

추가 비용의 두 번째 단계는 사고파는 주식의 매매 가격 차이bid-ask spread다. 주식은 항상 매매 상대자market maker가 이익을 남기기 때문에 팔리는 것보다 조금 높은 가격에 사게 된다. 이 '차이spread'는 규모가 크고 유동적인 회사일 경우 0.4%로 나타나는데, 규모가 작고 회사의 유동성이 떨어질수록 커진다. 초소형주의 경우는 10%까지 클 수 있다. 해외 주식의 경우는 1~4% 선이다. 예를 들어 2000년 4월 12일 시장 마감 시점의 마이크로소프트는 80.125달러의 매도호가(주식을 팔고 싶어 하는 가격)와 80.25달러의 매수호가(주식을 사고 싶어 하는 가격)를 보였다. 둘의 차이는 8분의 1달러이다. 마이크로소프트는 세계에서 가장 활발하게 거래되는 주식 중 하나기 때문에 비용이 가격의 0.15%에 불과한 것이다. 스펙트럼의 다른 쪽 끝은 어땠을까? 같은 날 중고 복사기를 취급하는 작은 회사인 오피스랜드를 보자. 매도호가-매수호가가 $0.65-$0.70으로 차이(비용)는 매도호가의 7.7%에 달했다.

추가 비용의 마지막 단계는 시장 충격 비용Market-impact costs이라고 부르는데 추정이 가장 어렵다. 충격 비용은 대량의 주식을 사고팔 때 발생한다. 당신이 소형 회사 주식의 절반을 소유하고 있는데, 그 가치는 2천억 달러(2백억 원)라고 치자. 당신이 곤경에 처해 현금이 필요해서 갖고 있던 모든 주식을 빨리 팔아야 한다. 당신의 이런 행동으로 매도 압력은 주식 가격을 급격히 낮춘다. 그리고 마지막으로 팔린 주식은 처음 팔린 주식보다 아주 싸게 팔릴 것이다. 투자자가 당신 회사의 주식을 대량으로 빨리 인수하기로 결정하면 그 반대의 현상이 일어난다.

충격 비용은 소규모 투자자가 개별 회사의 주식을 사는 데는 문제되지 않는다. 하지만 대형 액티브 펀드에게는 진짜 골칫거리다. 분명히 충격 비용의 규모는 펀드의 규모, 회사의 규모, 거래 총액에 따라 달라진다. 충격 비용을 추정할 때는 일반적으로 매매호가 차이와 동일하다고 가정한다.

• 액티브 펀드 비용의 4가지 단계
· 보수 비율

- 매매 수수료
- 매매호가 차이
- 시장 충격 비용

[표 6-2] 액티브 펀드 비용

	대형주	소형주와 선진국 주식	신흥시장 주식
보수 비율	1.30%	1.60%	2.00%
매매 수수료	0.30%	0.50%	1.00%
매매호가 차이	0.30%	1.00%	3.00%
시장 영향 비용	0.30%	1.00%	3.00%
계	2.20%	4.10%	9.00%

이 네 단계의 비용을 종합하면 대형주 펀드가 가장 적고, 소형 주와 선진국 펀드가 중간, 신흥국 펀드가 가장 많다. 상세한 내용 은 [표 6-2]에 나와 있다.

1926~1998년의 대형주 수익률이 연 11.22%임을 상기하라. 이 것은 액티브 펀드 투자자인 당신이 실제로 받을 수익이 아니라는 것은 고통스럽지만 명백한 사실이다. 그 수익에서 펀드의 총 투자 비용을 빼야 한다.

이제 문제의 전체 규모가 명확해졌다. [표 6-2]의 하단 행은 액티브 펀드를 소유할 때 들어가는 실제 비용이다. 공정하게 말하면 이것은 약간 과장된 것이다. 연구와 분석에 드는 비용을 전부 손실이라고 하기는 어렵다. 그런 연구는 수익을 증가시키는 것처럼 보이지만 대부분 소비한 것보다 적게 나타난다. 첫 번째 '보수 비율' 부분에서 연구에 소비되는 게 얼마나 될까? 운이 좋으면 절반 정도일 것이다. 일반적으로 장기 주식 수익률이 11%라면 액티브 펀드는 대형주 펀드에서 1.5%, 해외주 펀드나 소형주 펀드에서 3.3%, 신흥시장 펀드에서 8%의 손실을 입어 각각 9.5%, 7.7%, 3%의 수익을 남기게 된다. 입맛을 돋우는 수익률은 아니다. 액티브 펀드 사업은 최근 몇 년간 높은 수익률로 큰 이득을 보았는데, 이런 큰 수익이 엄청난 비용을 티나지 않게 숨겨주었다. 비용을 숨기지 못한 한 가지 자산군은 수익률이 낮고 비용은 높아 투자자가 대거 이탈하는 신흥시장이었다.

사례 연구: 1월 효과

투자의 큰 아이러니 중 하나는 금융 정보의 보편적 가용성이 사실상 증권 분석 실패의 원인이라는 것이다. 1933년 증권법이 기업 실적의 정기 공시를 의무화하기 전에는 기업의 가장 기본적인 금융 정보조차 대부분 비밀이었다. 그레이엄이 〈증권 분석Security Analysis〉의 초판(1934년)을 썼을 때 회사의 소득이나 수익을 확인하는 단순한 행위는 종종 기차를 타고 하루나 이틀을 달려 해당 회사에 가서 상사의 따가운 시선을 피하면서 달콤한 말로 꾀어낸 비서에게서 정보를 얻어내야 하는 문제였다. 그런 노력은 종종 좋은 보상을 받았다.

정보화 시대에는 기업 재정의 모든 내용을 누구나 컴퓨터와 인터넷만 있으면 즉시 이용할 수 있다. 그리고 모든 사람이 이 데이터에 접근할 수 있기 때문에 정보는 즉시 주식 가격에 반영된다. 즉 정보를 이용하려는 행동이 추가 수익을 주지는 않는다.

'1월 효과'의 진행 과정의 훌륭한 예가 있다. '1월 효과'는 다음과 같다.

- 소형주는 위험이 크기 때문에 대형주보다 수익률이 높다.
- 수십 년간 이 초과 수익의 대부분이 1월에 발생했다.

[표 6-3]은 이봇슨에서 측정한 내용이다. 1월 초과 수익률은 실제로 가장 작은 주식들의 전체 연도 초과 수익률보다 더 크다. 이봇슨은 미국 주식을 뉴욕증권거래소 규모에 따라 십분위수로 나눈 다음, 가장 큰 첫 번째 십분위의 1926~1994년의 초과 수익률을 측정한다. 1월에 소형주 초과 수익률이 집중된 정확한 이유는 알 수 없지만 후보가 될 만한 이유는 많다. 연말 세금 절감용 매도가 가장 마음에 들지만 쉬운 답은 없다. '믿기지 않을 정도의 1월 효과'를 분석한 많은 책이 나오는데, 매년 하반기 소재에 굶주린 금융 작가의 반복되는 주제다.

[표 6-3] 첫 번째 십분위수(소형주)의 초과 수익률

십분위	1월	전체 연도
2	1.10%	1.49%
3	1.47%	2.04%
4	1.76%	2.33%
5	2.84%	3.14%
6	3.29%	3.06%
7	3.86%	3.24%
8	5.20%	3.86%
9	6.86%	4.54%
10	10.28%	7.82%

출처 : 주식, 채권, 단기국채, 인플레이션, 1995년 연감, 이봇슨

불행하게도 1월 효과에는 두 가지 근본적인 문제가 있다. 첫째, 크기가 각 십분위수의 매매 가격 차이bid-ask spread와 거의 동일하다는 것이다. 예를 들어 가장 작은 주식(십분위 10)의 1월 초과 수익률 10.28%를 보라. 초과 수익률을 실현하기 위해서는 12월 31일에 각 주식을 사들여 1월 31일에 팔아야 했을 것이다. 그러나 이런 작은 주식의 매수 가격도 매도 가격보다 10% 이상 높기 때문에 실제 이익을 내지는 못한다. 소액 주식을 사고파는 단순한 행위로 이익을 없앤다는 이야기다. 그래서 1월 효과를 실현하려면 여러 해 동안

소액 주식을 보유해야 한다.

둘째, 1월 효과가 더 이상 존재하지 않는다는 것이다. [그림 6-1]은 CRSP 9-10 인덱스의 1월 수익률과 S&P 500의 차이로 계산된 소형주 프리미엄의 10년 평균을 나타낸다. 보다시피 그 효과는 보잘것없이 사라져 버렸다. 그런 전략이 발견되자마자 투자 커뮤니티는 전략을 행동에 옮기고 그로 인해 관련 자산의 가격이 오르면서 전략의 초과 수익이 없어진다. 이것이 수익성 있는 전략이 조금이라도 존재한다면 그리 오래가지 못하는 이유 중 하나다.

인덱스 투자가 답

펀드 매니저이자 작가이자 금융 관련 원로 실력자인 찰스 엘리스 Charles Ellis는 30년 전 펀드 매니저의 기술 부족을 증명하는 첫 번째 자료에 매우 놀라며 세심히 관찰했다. 그는 이런 경우를 다른 곳에서 본 적이 있다고 말한다. 열렬한 테니스 선수였던 그는 대부분의 아마추어 참가자에게 승패는 기술의 문제가 아닌 단순히 보수적으로 경기하고 실수를 피하는 것이 중요하다는 것을 깨달았다. 그는 1972년 〈금융분석저널Financial Analysis Journal〉에 프로 투자를 아마추어 테니스에 비유하는 '패자의 게임The Loser's Game'이라는 유명한 기사를 썼다. 복잡한 동작을 최소화하여 쉽게 공을 돌려보내는 아마추어 테니스 선수가 보통 이기는 것처럼 단순히 광범위하게 분산된 주식 포트폴리오를 구입해서 보유하는 투자자가 이긴다고 했다. 이런 투자자가 보통 1위에 오른다. 이 기사의 주제는 아마추어 테니스와 프로 투자 모두에서 성공은 이기는 것보다 지지 않는 것이 중요하다는 개념이다. 그리고 투자에서 손해를 보는 가장 쉬운 방법은 과도하게 거래함으로써 높은 비용을 발생시키는 것이다.

[그림 6-1] 1월 효과(10년 평균) : 소형주(CRSP 9-10 분위) - 대형주(S&P)

그렇다면 궁극적인 손실 회피 전략은 단순히 전체 시장, 인덱스를 매수하여 보유하는 것이다. 그 이유는 앞에서 살펴본 펀드 비용 논의에서 명백하다. 포트폴리오를 지속적으로 분석하고 조정하는 것은 비용이 많이 들고 초과 수익이 거의 없기 때문에 단지 시장을 매수하고 보유함으로써 4개의 모든 비용을 최소화하는 일을 하

는 것은 어떨까? [표 6-4]는 투자에서 인덱스화된 접근 방식의 네 가지 비용 계층이 나열되어 있다. 마지막 행은 액티브 펀드와 인덱스 펀드 간 수익률의 이론적 차이다.

다시 한 번 말하지만 액티브 펀드의 4가지 비용에서 아주 일부만이 연구용으로 쓰이고 있기 때문에 이를 통한 수익 증가는 이론적인 수준이라는 것을 알아야 한다.

[표 6-4] 인덱스 펀드 비용

	대형주	소형주와 선진국 주식	신흥시장 주식
보수 비율	0.18%	0.20%	0.57%
매매 수수료	0.01%	0.10%	0.10%
매매호가 차이	0.02%	0.15%	0.40%
시장 영향 비용	0.02%	0.15%	0.40%
계	0.23%	0.60%	1.47%
액티브 펀드 비용 총계	2.20%	4.10%	9.00%
인덱스 펀드 비용 절감	**1.97%**	**3.50%**	**7.53%**

수학 세부 정보

임의 연도에 액티브 펀드의 수익률은 그 표준편차(평균 대비 분산 정도)의 8%이다. 하지만 기간이 n년으로 늘어나면 표준편차가 n의 제곱근만큼 감소한다. 즉 4년 동안 액티브 펀드 수익률의 분산은 절반($\sqrt{4}$)으로 감소하고, 25년이면 80%까지 감소한다. 따라서 25년 동안 펀드 성과의 표준편차는 8%/5 = 1.6%가 될 것이다.

그래서 우리는 평균적인 액티브 펀드가 매년 1%에서 8% 사이의 역풍을 맞고 있다는 것을 알 수 있다. 액티브 펀드의 연간 수익률의 표준편차는 어떤 해에도 8%이기 때문에 몇 퍼센트의 차이는 눈에 띄지 않을 수 있다. 그러나 25년 수익률의 표준편차는 1.6%에 불과하기 때문에 여러 해에 걸쳐 발생하는 역풍은 큰 차이를 발생시킨다.

대형주 펀드의 경우는 동일한 1.6%의 표준편차를 갖는 인덱스 펀드의 이점이 +1 표준편차 값만큼의 초과 성과를 거둔다는 것을 뜻한다. 즉 인덱스 펀드가 액티브 펀드의 84%를 이긴다는 것이다. 3.2%의 장점을 가진 소형주 또는 해외 인덱스 펀드는 표준보다 2 표준편차만큼 좋을 것이며, 이는 25년 동안 97%의 액티브 펀드를 능가한다는 것을 뜻한다. 그리고 몇 퍼센트 포인트의 이점을 가진 신흥시장 인덱스 펀드는 모든 액티브 펀드보다 성과가 좋을 것이다.

불행하게도 현실 세계는 대부분 이런 통계값과 맞아떨어지지 않기 때문에 실제 데이터를 살펴볼 필요가 있다. 우리는 인덱스 펀드와 액티브 펀드의 성능을 모닝스타 프린시피아 데이터베이스와 비교할 것이다. 이 훌륭한 도구는 설명해볼 만하다. 모닝스타는 소규모 투자자와 기관 투자자 모두에게 액티브 펀드 관련 데이터를 가장 잘 제공한다. 이 데이터는 대부분의 대형 공공도서관에서 프린트하여 이용할 수 있지만 나는 프린시피아 소프트웨어 패키지를 강력히 추천한다. 프로그램은 11,000여 개의 액티브 펀드의 월별 수익률을 제공하고, 또한 벤치마크 인덱스도 제공한다. 이를 통해 펀드의 순위와 성과를 무한정 다양한 방식으로 계산하거나 표현하거나 그래프로 나타낼 수 있다. 심지어 인덱스를 통해 펀드와 자산군 간의 상관관계를 계산할 수도 있다. 평가 및 기금 운용 데이터에 관한 광범위한 기타 정보도 포함되어 있다. 내 연구의 대부분은 이 패키지 덕분에 수행할 수 있었다.

먼저 우리가 액티브 펀드를 벤치마킹하고 비교하는 데 신중해야 한다는 것을 깨닫는 것이 중요하다. 초기의 지속성 연구에서는 단순히 모든 주식형 펀드를 살펴보았다. 이것은 최선이 아니다. 물론 이와 같은 비교도 중요하다. 지난 몇 년간 대형 성장주(맥도날드, 마이크로소프트, 월마트 등)가 가장 강세를 보였다. 소형주 펀드나 해외 펀드를 이런 주식에 큰 비중을 두고 있는 펀드와 비교하는 것은 불공평하다. 같은 이유로 S&P 500과 직접 비교하는 것도 공정하지 못하다. 프린시피아는 이 문제에 특히 효과적인 접근법을 사용한다. 그들은 국내 주식형 펀드를 회사 규모와 가치 지향성에 따라 3x3 격자로 나눈다. 그들은 회사 규모에 따라 펀드를 소형, 중형, 대형으로 분류한다. 또한 가치, 성장, 또는 '혼합(성장과 가치 사이의 절반)'으로 펀드를 나눈다. 이렇게 하면 9개 부문이 생기며 펀드 간의 성과를 공정하게 비교할 수 있다.

먼저 모든 인덱스 펀드의 할아버지, 뱅가드 500 인덱스 펀드부터 만나보자. 1년 만에 이 펀드가 세계에서 가장 큰 펀드가 된 것은 우연이 아니다. 1998년 12월 말 기준으로 15년간 이 펀드는 모닝스타 '대형 혼합' 카테고리에서 8번째 백분위에 올랐는데, 동종 펀드 92% 이상을 이겼다는 것을 뜻한다. 이것은 연간 표준편차가 8%인 액티브 펀드의 분포에서 1.5%의 비용 이점을 가진 인덱스 펀드가 통계적으로 기대할 수 있는 성과보다 더 나은 결과다.(통계적으로는, 즉 평균보다 0.73 표준편차 위에 있으며, 100개 중 상위 약 23번째에 위치한다) 뒤에서 그 이유를 설명하겠다.

수학 세부 정보:
최고의 벤치마크

만약 당신이 정말로 기술을 찾는 것뿐만 아니라 펀드의 벤치마킹을 생각한다면 펀드 수익률의 3팩터factor 회귀분석을 해보길 바란다. 이렇게 하면 된다. MIT의 케네스 프렌치Kenneth French와 시카고 대학의 유진 파마Eugene Fama가 개발한 이 회귀분석은 주식시장, 소형주, 가치주의 월별 수익률을 기록하면서 시작한다. 그런 다음 분석하고 싶은 펀드 또는 매니저의 월별 수익률을 이세 가지 벤치마크 시리즈와 나란히 배치하고 다중 회귀분석을 수행한다. 대부분의 스프레드시트 패키지에서 사용할 수 있는 이 통계 기법은 매니저 수익률이 3가지 팩터 중 어느 것과 가장 적합한지를 찾아낸다. 또한 여러가지 통계 결과 숫자를 화면에 뿌려줄 것이다. 이중 가장 중요한 것은 잔존 수익률이다. 회귀 분석 결과 중 절편(x-y축과 만나는 점-옮긴이)으로 표시되며 다른 말로 알파alpha라고도 한다. 알파는 시장, 규모, 가치에 대한 영향도를 고려한 다음 남은 초과 수익이다. 대부분의 매니저에게 알파는 마이너스 숫자로 나온다. 산출물에는 알파의 통계적 중요성도 포함되며, 우연에 의한 결과일 가능성이 얼마나 되는지 알려준다.(낮은 p값은 알파값이 플러스냐 마이너스냐에 따라 기술이 있는지 없는지를 암시한다) 또한 소형-대형, 가치-성장 축을 따라 포트폴리오의 실제 움직임을 계산한다. 이 방법론은 현재 연금 펀드 매니저의 성과 측정에 선호되는 기법으로 학계에서도 좋아한다.

뱅가드는 또 다른 두 개의 대형주 인덱스 펀드를 운용하고 있는데, 하나는 성장주 펀드이고 다른 하나는 가치주 펀드이다. 1998년 12월 말 기준 5년 동안 성장형 인덱스 펀드는 모닝스타의 대형-성장 범주에서 상위 2%에 올랐다. 가치형 인덱스 펀드는 대형-가치 범주에서 상위 21%를 기록하고 있다. 다시 말해 이 두 가지 모두 위의 공식에서 계산한 것보다 나은 성과를 보였다. 공식에서는 5년 성과의 상위 34%일 것이라고 예측했다.

마지막으로 그래프를 완성하기 위해 소형주 인덱스를 살펴보

자. 가장 오래된 소형주 인덱스 펀드는 DFA의 소형주 펀드이다. 지난 15년간 그것은 상위 57% 순위였는데 실제로는 평균보다 더 나빴다.

위의 자료의 표면적 분석은, 대형주에서는 인덱스 펀드가 효과가 있지만 소형주에서는 효과가 없다고 나온다. 그러나 조금만 깊이 파고들면 그렇지 않다는 것을 알 수 있다. 특정 자산군에 인덱스화가 얼마나 잘 작동하는지와 그 자산군이 다른 자산군에 비해 얼마나 잘 수행되는지 사이에는 직접적인 관계가 있다.

뱅가드 성장 인덱스 펀드가 5년 기준 상위 2% 기록을 거둔 놀라운 실적을 생각해보자. 이 펀드가 추적하는 바라(Barra) 대형 성장 인덱스가 1994년부터 1998년까지 5년간 자산군 중 가장 높은 수익률(연간 27.94%)을 기록한 것은 우연이 아니다. 가치 인덱스 펀드도 그 기간 동안 상위 21%로 아주 좋았다. 이 펀드의 추적 인덱스인 바라 대형 가치 인덱스는 그 기간 동안 19.88%의 수익률로 상당히 좋은 성적을 거두었다.

이제 15년간 대형주 펀드(뱅가드 500)가 상위 8%에 오른 것과 소형주 펀드(DFA 9-10)가 상위 57%에 오른 것을 비교해보자. 그 펀드가 추적하는 인덱스의 15년 수익률이 각각 17.91%와 9.17%였던 것은 우연이 아니다. 이 두 인덱스 펀드의 실적을 조금 더 자세히 살펴보면, 소형주가 대형주보다 얼마나 잘했는지는 그들의 상대적인 순위와 직접적인 관계가 있다는 것을 알게 된다. 예를 들어 1992년부터 1994년까지의 3년간 소형주가 대형주를 연환산 기준으로 7.59% 이상 앞섰다. 대형주 펀드(뱅가드 500)는 상위 46% 순위에 불과했다. 반면 소형주 펀드(DFA 9-10)는 같은 범주에서 상위 13% 순위였다.

• 던의 법칙

실제로 자산군 실적과 인덱스 펀드 실적 사이에는 관계가 있는데 던의 법칙Dunn's Law으로 알려져 있다.(자산군에 통찰력이 뛰어난 친구인 스티브 던의 이름을 땄다)

> 자산군이 상대적으로 잘되면 그 범주의 인덱스 펀드는 더 잘된다.

이것의 배후 메커니즘은 비교적 간단하다. 소형주 인덱스 펀드(DFA 9-10)와 대형주 인덱스 펀드(뱅가드 500)의 실적을 다시 예로 들어보자. 인덱스 펀드는 해당 자산군이 다른 자산군에 비해 실적이 좋든 나쁘든 모든 성과를 반영한다. 지난 15년간 대부분의 소형주 액티브 펀드는 중형주와 대형주를 일부 소유했다. 이는 소형주 인덱스에 비해 펀드 실적에 도움이 되었다. 그 반대의 경우도 사실이었는데, 대부분의 대형주 액티브 펀드가 대형주 인덱스(S&P 500)에 포함된 것보다 작은 소형주를 보유하는 경우가 많았다. 이로 인해 대형주 인덱스(S&P 500)보다 실적이 더 나빠졌다.

요약하자면 지난 15년간 대형주 수익률이 우세했기 때문에 대형주 인덱스 펀드가 실제보다 더 좋아 보이고, 소형주 인덱스 펀드는 실제보다 더 나빠 보인다.

같은 현상이 다른 영역에서도 관찰된다. 리츠와 국제 소형주를 위한 DFA의 인덱스 펀드는 순위가 낮다. 이는 이러한 영역에서 인덱스화의 효능이 없는 것이 아니라 자산군 자체의 실적이 저조했을 뿐이다.

국제 인덱스화 상황은 매우 흥미롭다. 찰스 슈왑Charles Schwab은 가장 오래된 국제 분산 인덱스 펀드를 보유하고 있는데, 1994~1998년의 5년 순위는 상위 21%로 훌륭하다. EAFE 인덱스를 국제 인덱스 펀드의 대용품으로 활용했다면 10년 성적이 상위 90%라는 끔찍한 순위가 나온다. 하지만 15년 순위는 놀랍게도 상위 1%였다. 여기서의 문제는 '일본'이다. EAFE는 최근까지 일본 비중이 과다했다. 1980년대 후반 닛케이(일본 주식 인덱스) 버블이 최고였을 때 일본 비중이 인덱스의 65%를 차지했다. 일본 주식이 특별히 성과가 나빴던 기간 동안 해외 인덱스 역시 저조했다. 그러나 지난 15년간 일본이 EAFE 연수익률을 5% 이상 낮췄음에도 불구하고 같은 기간 수익률이 더 높은 국제 분산 펀드는 없었다. 왜냐하면 비용 때문이다.

앞에서 논의한 바와 같이 인덱스화의 가장 큰 이론적 이점은 신흥시장 지역에 있다. 그리고 실제로 지난 5년간 DFA와 뱅가드의 신흥시장 펀드는 같은 그룹에서 각각 상위 10%와 15% 순위에 올랐다. 이 자산군의 형편없는 수익에도 불구하고 말이다.

• 가능한 예외

위의 요소를 모두 고려한 다음에도 인덱스 펀드가 실패할 것 같은 한 곳은 소형 성장주 영역이다. 이 회사들은 매우 모험적이고 빠르게 성장하고 있는데, 여러 자료에 따르면 이 회사들을 조사하는 데 드는 비용이 그 회사들에 투자하는 금액보다 많을 수도 있다. 또 다른 실패 가능성은 이런 소형 성장주가 종종 상당히 큰 가격 '추세momentum'를 보인다는 점이다. 소형주 인덱스 펀드는 가장 빠르게 가격이 상승한 종목을 인덱스에서 제외할 수밖에 없다. 왜냐하면 해당 인덱스의 기준이 되는 크기(시가총액) 제한보다 해당 종목의 시가총액이 더 커지기 때문에 부득이하게 매도된다. 사실 이들은 앞으로 가장 높은 수익을 올리는 회사들이다.

이 장에서 자세히 논의하겠지만 소형 성장주는 장기 수익률이 좋지 않다. 따라서 액티브 펀드든 인덱스 펀드든 이 분야의 투자는 피하는 것이 현명하다.

생존자 편향

깊이 파고들수록 액티브 펀드를 찾는 일이 불편해진다. 지난 10년 동안 분기별 뉴욕타임즈 보충판을 펼치고 펀드 실적을 수집했다면 어떤 현상이 일어날까? 당신이 펀드의 과거 성과를 정확하게 파악했다고 생각할 수도 있다. 그런데 당신이 틀렸다. 왜냐하면 당신이 보고 있는 것은 지난 10년 동안 존재했던 모든 펀드가 아니라 오직 살아남은 펀드의 성과뿐이기 때문이다. 즉 그룹 내에서 가장 최악의 펀드들이 제거당했거나 다른 펀드에 합병됐기 때문에 당신은 전반적인 펀드 성과를 지나치게 낙관적으로 그린 그래프를 보고 있는 것이다.

〈시장변화를 이기는 투자A Random Walk Down Wall Street〉의 저자 버튼 말키엘Burton Malkiel이 이 문제를 자세히 살펴봤는데 그 효과는 1.5%로 추정했다. 다시 말해 알려져 있는 펀드의 평균 성과는 실제 실적보다 1.5% 높다. 그리고 그것은 어떤 펀드, 특히 소형주의 경우 확실히 더 높은데 3%가 될 수 있다. 이것은 사소한 문제가 아니다. 나는 미국 소형주 펀드를 조사하기 위해 1999년 11월에 모닝스타 프린시피아 데이터베이스를 검토했다. 5년간의 운용 기록을 가진 펀드 213개를 발견했는데 5년 평균 연환산 수익률은 12.19%였다. 이 종목들의 인덱스 펀드는 수익률이 조금 더 높았을 뿐이다.(뱅가드 소형주 펀드 13.64%, DFA 9-10 소형주 펀드 13.10%) 당신은 그들의 성과가 좋게 보일 수도 있다. 그러나 모닝스타의 데이터베이스에는 생존한 펀드만 들어 있기 때문에 소형주 펀드의 실제 평균 연환산 수익률은 9~10%일 가능성이 높다. 이 경우 인덱스 펀드는 매우 좋은 성과를 거둔 것이다.

만약 내가 인덱스 펀드의 장점을 제대로 설명하지 못했다면 세금 효과를 고려해보자. 우리들 중 많은 사람은 분배금이나 배당금이 비과세인 연금 계좌에 자금을 보유하고 있지만, 대부분의 투자자는 과세가 되는 일반 계좌에 투자금을 운용하고 있다.

일반적으로 액티브 펀드에 돈을 넣는 것은 좋은 생각이 아니다. 그런데 과세 계좌에 넣는 것은 진짜 끔찍한 생각이다. 거기에는 두 가지 이유가 있다. 첫째, 높은 회전율 때문에 액티브 펀드는 자본 이득의 분배금이 더 커져, 연방정부나 주 차원에서 양도소득세를 더 많이 부과하게 된다. 인덱스 펀드는 당신이 팔 때까지 당신의 자본 이득이 크게 방해받지 않고(세금 부담 없이) 성장할 수 있도록 해준다.

둘째, 대부분의 액티브 펀드는 실적이 좋을 때 팔린다. 하지만 앞에서 증명했듯이 이런 실적은 지속되지 않는다. 그리고 대부분의 소액 투자자는 이런 이유로 매년 한 번씩 자기 펀드를 바꾸는 경향이 있다. 이로 인해 더 많은 불필요한 자본 이득과 그에 따른 세금이 발생한다. 과세가 부담스러운 투자자에게 인덱스 투자는 매우 유리한 선택이라는 것이다.

소형주 인덱스 투자와 세금에 주의 사항이 있다. 소형주 인덱스 펀드(국내외 모두)는 국내외 대형주 인덱스 펀드보다 회전율이 높은 경향이 있다. 소형주 인덱스 펀드에서 주식을 파는 주된 이유는 가격이 급격히 상승하기 때문인데 이로 인해 회전율이 높아진다. 회전율에 비례해 높은 자본 이득 분배금이 발생한다.(매도 결과로 그 주식은 소형주 인덱스에서 빠진다) 이 현상 때문에 과세 부담이 있는 투자자에게 소형주 인덱스 투자는 적합하지 않을 수 있다. 다행히 요즘은 '세금 관리에 신경 쓰는' 소형주 및 대형주 인덱스 펀드가 있다. 이런 펀드는 분배금을 최소화하기 위해 노력하는데 8장에서 자세히 이야기할 것이다.

펀드가 소액 투자자의 주요 투자 수단이 되면서 그들은 훨씬 더 많은 자금을 관리하게 되었다. 하지만 실제 큰돈(약 2배)은 연금 펀드에서 운용한다. 투자회사연구소The Investment Company Institute는 1998년 기준 펀드 자산의 7%만이 인덱스형인 데 비해 미국 200대 기업의 연금 자산의 34%가 인덱스형이라고 추정한다.

세계 최대의 펀드 매니저가 인덱스를 받아들인 것은 놀랄 일이 아니다. 연금 운용의 세계는 복잡하다. 여기에는 4명의 기본 플레이어가 있는데 현장을 살펴보는 것이 이해에 도움이 된다. 첫 번째 두 플레이어는 연기금 후원자(기업 자체)와 그 직원 및 수혜자다. 다음은 연금 펀드 매니저이다. 연기금 투자 관리 부문의 경쟁은 믿을 수 없을 정도다. 비록 이 관리자가 운용 자금의 백 분의 몇 퍼센트만 수수료로 받지만, 연간 약 100억 달러(10조 원)의 0.02%는 거스름돈이 아니다. 몇 분기 이상 벤치마크보다 성과가 안 나오면 해고당하기 십상이다. 마지막 플레이어는 연금 컨설턴트이다. 그들의 주된 기능은 나가서 연금 후원자(기업)를 위해 펀드 매니저들 중에서 '최고'를 찾는 것이다.

지금쯤이면 이 영화가 어떻게 끝나는지 알 것이다. 실제로 이런 관리자들 중 누구도 한 방울의 기술도 가지고 있지 않다. 우리의 액티브 펀드 매니저처럼 그들은 단지 한 무리의 털 많은 유인원일 뿐이다. 일부 펀드 매니저는 운이 좋아서 연금 컨설턴트의 관심을 끌게 된다. 연금 컨설턴트는 펀드 매니저를 연기금 후원자(기업)에게 소개시켜준다. 확률의 법칙에 따라 그들의 실적은 나빠지고 곧 해고된다.(아마도 그들을 추천한 연금 컨설턴트와 함께 말이다) 그리고 그 사이클이 반복된다. 이것은 정말 비싼 회전목마다. 연간 총 연금 운용 보수는 10조 달러(1경 원)의 1%이다. 거의 1,000억 달러(100조 원)이다.

평균적으로 이들 연기금은 주식:채권을 60:40 비중으로 보유하고 있다. 컨설팅 회사인 피스카타쿠아 리서치Piscataqua Research는 1987~1996년 60:40 인덱스보다 나은 성과를 보인 것은 국내 최대 연금 펀드 중 8%뿐이라고 밝혔다.

결국 연기금 펀드 운용사는 하나둘 이런 사실을 알게 되었다. 펀드 매니저가 나갔고, 연금 컨설턴트도 대부분 스스로 나갔다. 앞으로 10년 안에 대부분의 연금 자금이 인덱스 펀드를 이용할 가능성이 높다. 당신 것도 마찬가지다.

결국 인간은 주식을 고를 수 없다. 아마도 더 효과적인 접근 방식은 '시장 타이밍'을 찾아서 하락장에 주식을 내던지고 손실을 피하는 것일 것이다. 투자 뉴스레터 작성자는 우리가 더 잘할 수 있도록 도와주려고 하는 것 같다. 재무학자인 존 그레이엄John Graham과 캠벨 하비Campbell Harvey는 최근 237개의 뉴스레터를 철저하게 검토했다. 그들은 이 뉴스레터의 '시장 타이밍' 능력을 측정했다. 권고안의 4분의 1 이하는 옳았다. 하지만 원숭이가 맞추는 점수인 50%보다 훨씬 나쁘다는 것을 발견했다. 놀랍도록 규칙적으로 틀리는 사람은 많았지만 일관되게 타이밍을 맞추는 조언자는 없었다. 그들은 매우 유명한 조언자를 인용했는데, 그의 예언은 S&P 500이 연 15.9%의 수익률을 보였던 13년간 연 5.4%의 놀라운 손실을 남겼다. 놀랍게도 다른 뉴스레터의 성과에 순위를 매기는 뉴스레터도 있다. 작성자는 자기가 뛰어난 조언자를 지속적으로 식별할 수 있다고 믿었다. 그레이엄과 하비의 연구 결과 실제로는 그가 동전 던지기 경연대회 심사위원이었음을 시사한다. 뉴스레터 작가에 관한 한 말콤 포브스Malcolm Forbes의 유명한 격언을 기억하라. 뉴스레터가 만들어주는 돈은 구독료일 뿐이다. 조언으로 수익이 나지는 않는다.

주목받는 작가이자 애널리스트이며 펀드 매니저인 데이비드 드레먼David Dreman은 그의 책〈역발상 투자 전략Contrarian Market Strategy:

The Psychology of Stock Market Success〉에서 전문가 의견을 1929년까지 거슬러 올라가 열심히 추적했고 77%의 빈도로 시장 실적보다 낮았다는 것을 발견했다. '컨센서스(전문가의 의견 합의-옮긴이)'나 '전문가'의 의견에 관한 대부분의 연구 결과는 반복된다. 그 의견을 반영한 성과는 조사 기간의 75% 동안 시장 성과보다 낮았다. 드레먼은 이것이 효율적인 시장 가설에 반대되는 강력한 근거라고 주장한다. 전문가 성과가 시장보다 낮은 상황이 그렇게 반복되는데 시장이 어떻게 효율적일 수 있겠냐는 말이다.

이 모든 증거는 '시장 효율성'이라고 알려진 주제에 속한다. '효율적 시장 가설'의 자세한 논의는 이 책의 범위를 벗어나는데 요약하면 이렇다. 개별 주식 또는 전체 시장 전망을 공개되어 있는 정보에 기초하여 분석하는 것은 부질없는 일이다. 왜냐하면 그 정보는 이미 주식과 시장의 가격에 반영되었기 때문이다. 전문가는 종종 어떤 회사의 뉴스에 대한 질문에 지루한 표정으로 답변한다. 벌써 주가에 할인되어 반영됐다고 말이다. 사실 시장은 나쁜 뉴스에 너무 많이 하락하고 좋은 뉴스에 너무 많이 상승하면서 사건에 과민 반응하는 경향이 있다. 효율적 시장 가설의 결론은 당신이 무작위 선택권을 사서 보유하거나 위에서 보여준 것처럼 시장을 분석하려는 시도보다 주식 인덱스를 보유하는 편이 더 낫다는 것이다.

나는 금융 관련 TV 프로그램이나 대중 매체가 정치경제적 사건으로 시장 움직임을 예측하려는 저명한 분석가에게 많은 방송 시간을 배정하는 것에 매번 놀란다. 이건 말 그대로 헛고생이다. 대부분 이런 분석가는 대형 금융중개회사(증권사, 은행 등)의 직원이다. 사람들은 이런 회사들이 그렇게 정기적으로 바보처럼 보이는 일에 싫증 날 것이라고 생각한다.(경제 여건에 따라 시장 방향을 예측하려는 노력이 무의미하다고 확신할 수 없다면 상황이 가장 암울하게 보일 때 사는 것이 가장 큰 수익을 낸다는 것을 기억하라. 1932년, 1937년, 1975년, 1982년은 모두 주식을 사기에 좋은 시기였다. 그리고 주식을 사거나 보유하기에 가장 위험한 시기는 경제 상황이 푸른 하늘일 때가 많았다는 점을 잊지 마라. 1928년, 1936년, 1966년에 산 사람은 곧 후회했다)

결국 모든 전문 펀드 매니저가 아무리 노력해도 시장을 이기지 못하는지 쉽게 이해할 수 있다. 그들의 합이 시장 자체기 때문이다.

미스터 마켓과의 거래

내가 사는 가까운 곳에 작은 마을이 있다. 그 마을에 가게는 하나뿐이다. 수년 전 사망한 가게 주인은 조울증을 앓고 있었다. 그는 한 주 정도 조증 상태가 되는데 쾌활하고 사치스러워진다. 이 기간 동안 그는 물건 가격을 올린다. 다음 주에 우울해진 그는 가격을 내린다. 마을 사람은 그가 우울해졌을 때 미리 물건을 사두고 그가 조증 상태가 되면 꼭 필요한 것만 사야 한다는 것을 알았다. 금융 시장은 딱 이 가게 주인만큼만 합리적이다. 현명한 투자자는 가격이 낮을 때 사두고 가격이 높아지면 팔아야 한다. 가게 주인의 기분을 흉내 내며 단지 가격이 오르고 있다는 이유만으로 토마토를 사는 것은 정말 어리석은 일이다. 그러나 이것은 대부분의 투자자, 특히 전문가가 하는 것과 같다. 이런 식의 행동은 인간 본성에 깊이 뿌리박혀 있다. 아무도 파티에서 소외되는 것을 좋아하지 않는다. 벤저민 그래엄의 〈현명한 투자자The Intelligent Investor〉를 읽은 독자는 가게 주인과 미스터 마켓(주식시장)의 유사성을 알지도 모른다. 만약 당신이 주식에 관한 책을 단 한 권만 읽는다면 이 책을 읽어야 한다. 나는 〈현명한 투자자〉를 기리기 위해 내 책의 이름을 〈현명한 자산배분 투자자〉로 지었다.

그레이엄은 수십 년 전에 한 여성 잡지에 유명한 기사를 쓴 적이 있다. 그 기사에서 그는 성차별적이지만 현명한 충고를 했다. 그의 충고는 향수가 아닌 식료품을 구입하는 방식으로 주식을 사야 한다는 것이다. 그가 만약 남자들에게 자동차를 사는 것이 아니라 휘발유를 사는 것처럼 주식을 사라고 충고했다면 더 나았을 뻔했다.

소액 투자자가 사용할 수 있는 요령은 자신이 토마토에 얼마를 지불하고 있는지 아는 것이다. 당신은 토마토가 450그램에 25센트면 싸다는 것을 안다. 450그램에 3달러라면 너무 비싸다는 것도 알고 있다. 가격을 모르고 사는 것은 무척 어리석은 짓이다. 7장에서 알아보겠지만 시장이 싼지 비싼지, 혹은 얼마나 가치 있는지 결정하는 일은 아주 쉽다.

지금쯤 시장의 움직임이 본질적으로 예측할 수 없는 '랜덤워크 random walk(무작위 보행)'라는 것을 당신이 납득했기를 바란다. 다시 말해 모든 면에서 예측 불가능하며, '주식 고르기'와 '시장 타이밍'은 알 수 없다. 그런데 시장의 움직임이 완전히 무작위인 것은 아니다. 이런 움직임을 이용해 수익을 만들어내는 것이 거의 불가능함에도 투자자는 여전히 시장 패턴을 알아야 한다. 이를 위해서 우리는 랜덤워크라는 용어가 의미하는 바를 확실히 알고 있어야 한다. 이것은 어제, 지난달, 또는 지난해의 시장 수익률이 향후 수익률의 정보를 전달하지 않는다는 뜻이다. 이것은 절대적인 사실인가?

이 질문에 답하기 위해서는 먼저 무작위가 아닌 움직임을 찾는 방법을 알아봐야 한다. 방법은 수십 가지가 있지만 가장 간단하게는 가격 변화에서 '자기상관autocorrelations'을 찾는 것이다. 우리가 실제로 묻는 것은 '전일, 주, 월, 년, 또는 십 년의 가격 변동이 다음 날, 주, 월, 년, 또는 십 년의 가격 변화와 관련이 있는가'이다.

1926년 1월부터 1998년 9월까지 S&P 500의 월별 수익률을 살펴보자. 총 873개월이다. 그런 다음 두 개의 개별 시리즈를 만들어라. 첫 번째 시리즈는 첫 번째 수익률을 삭제하고, 두 번째 시리즈는 마지막 수익률을 제거하라. 현재 우리가 가지고 있는 것은 872개의 월별 수익률 시리즈 2개로 한 달씩 대조한다. 현대의 스프레드시트의 마법 덕분에 이 두 시리즈의 상관계수를 계산하는 일은 간단하다. 첫 번째와 두 번째 수익률 시리즈의 상관관계를 계산한 결과물을 자기상관관계라고 한다. 양의 자기상관이란 평균 수익률 이상 또는 이하가 반복되는 경향이 있는 것을 말한다. 주어진 자산군이나 증권의 '모멘텀momentum'은 자기상관관계가 플러스로 나올 때를 말한다. 다른 말로 추세trend라고도 한다. 음의 자기상관은 소위 평균 회귀mean reversion라고 정의하는데, 이는 평균 이상의 수익률이 평균 이하의 수익률로 이어지는 경향이 있고, 그 반대도 마찬가지라는 것을 뜻한다. 그리고 마지막으로 랜덤워크란 자기상관관계가 0일 때를 말한다.

1926년부터 1998년까지 대형주 월별 수익률의 자기상관관계는 0.081인 것으로 나타났다. 0에 가까운, 그리 인상적이 값이 아님에도 이번 달에 수익률이 좋으면 다음 달도 좋을 것이라는 것을 뜻한다. 이런 일이 우연히 일어날 가능성은 얼마나 될까? 이를 확인하기 위해서는 873개의 데이터에서 무작위로 선택해 만든 데이터 시리즈의 자기상관의 표준편차를 계산해야 한다. 공식은 $\sqrt{(n-1)}/n$이며 873개일 경우 0.034이다. 따라서 0.081의 자기상관성은 랜덤워크의 표준편차 0.034의 두 배가 넘는다. 결국 이것은 873개의 무작위 수로 이런 일이 일어날 확률이 100분의 1 미만이라는 것을 뜻한다.

그렇다. 미국의 주식 가격은 한 달 동안 추세(모멘텀)가 약간 있다고 할 수 있다.

미국 주식의 자기상관 데이터의 멋진 요약은 캠벨Campbell, 로 Lo, 맥킨레이MacKinlay가 쓴 〈금융 시장의 계량경제학The Econometrics of Financial Markets〉에서 찾을 수 있다. 다음 표에는 1962년부터 1984년까지 자기상관 데이터가 요약되어 있다. 가치 가중(CRSP 1-10 인덱스라고도 함)과 동일 가중 인덱스는 각각 대형주 및 소형주의 대용물로 생각할 수 있다.

	CRSP 가치 가중 (대형주)	CRSP 동일 가중 (소형주)
일별 수익률	0.176	0.350
주별 수익률	0.015	0.203
월별 수익률	0.043	0.171

참고 : CRSP = 증권가격연구센터 (Center for Research in Security Prices)

이 데이터는 대형주 인덱스의 일별 수익률에 추세 효과가 있음을 보여주었다.(통계적으로도 유의미하다) 하지만 더 긴 기간에서는 그렇지 않다. 소형주 인덱스는 며칠, 몇 주, 몇 달에 걸쳐 상승 모멘텀을 보여준다.(나는 일 단위 소형주의 자기상관계수가 0.350이나 된다는 것에 그다지 놀라지 않는다. 이 주식 중 대부분은 거래가 매일 이루어지지 않으며, 그 결과 어느날 큰 시장이 오르락내리락하고 나면 거래가 없던 주식에서의 적절한 움직임이 뒤이어 며칠 동안 발생한다는 것을 기억하라)

캠벨 등이 개별 종목에서 모멘텀을 찾았을 때 아무것도 발견되지 않았다는 것은 오히려 놀라운 일이다. 다른 말로 그동안 주가 차트를 노려보던 투자자가 시간을 낭비했을 가능성이 높다. 하지만 최근 펀드 가격을 차트로 보는 현상은 어느 정도 타당성이 있다. 캠벨 등은 대형주와 소형주 간에는 매우 유의미한 '교차 자기상관관계'가 존재한다는 분명한 역설을 설명했다. 이것은 대형주의 상승 또는 하락에 뒤이어 소형주의 상승 또는 하락이 발생한다는 것을 뜻한다.

이게 전부 무슨 의미인가?

그렇다. 움직임이 완전히 무작위적인 것은 아니다. 이 데이터는 평균적인 투자자에게 어떤 영향을 미칠까? 거의 없다고 봐야 한다. 차분히 생각하면 우리가 마주한 가장 인상적인 자기상관관계는 0.2였다. 내일의 가격 변화의 4%(0.2의 제곱 또는 R제곱) 이하만이 오늘 가격 변화를 이용해 설명할 수 있다는 뜻이다. 넉넉한 수준이 아니다. 과세 대상 투자자에게 이 내용은 전혀 도움이 안 된다. 왜냐하면 이 기법에 어떤 이점이 있든 모멘텀 기법을 이용하면 자주 매매하게 되어 그나마 얻은 수익이 없어지기 때문이다.

그러나 확실히 이런 효과는 무시할 수 없다. 세금 감면을 받을 수 있는 자산배분 투자자의 경우 메시지는 크고 명확하다. 너무 자주 리밸런싱하지 마라.

자산군 가격이 상대적으로 장기간(몇 달 혹은 1~2년)에 걸쳐 추세적인 경향을 보인다면 비교적 짧은 주기로 리밸런싱하는 것은 유리하지 않다. 이것은 다소 까다로운 개념이다. 자산의 분산(표준편차의 제곱)은 리밸런싱의 주요 엔진 중 하나다. 자산이 모멘텀을 갖는 경우 연환산 변동폭은 단기간보다 장기간에 더 클 것이다.(사실 이것은 모멘텀을 시험하는 좋은 방법이다)

일본과 미국 시장을 생각해보라. 둘 다 1989년 이후 매우 인상적인 모멘텀을 (반대 방향으로) 보였다. 분명히 미국에서 일본으로의 리밸런싱은 가능한 적게 하는 것이 유리했을 것이다.

그런데 이에 대한 또 다른 사고방식은 다음의 패러다임이다. 당신 자산의 평균 자기상관계수가 0이거나 그 이하인 기간 동안만 리밸런싱을 수행하라는 것이다. 실무적으로 보면 이 말은 리밸런싱을 1년에 한 번 이상 하지 말라는 것이다.

음과 양

극과 극의 대립이라기보다 모멘텀 투자와 역발상 리밸런싱을 이용한 정적 자산배분은 단순히 동전의 양면일 뿐이다. 해외든 국내든 주식 자산군에 존재하는 모멘텀은 주기적으로 자산을 과대평가하거나 과소평가하게 한다. 결국 장기적인 평균 회귀는 이렇게 가격이 너무 크거나 작은 상황을 조정하기 위해 발생한다.

20여 년 전 유진 파마는 주식 가격 변화를 예측할 수 없다는 강력한 주장을 폈고, 버턴 말킬Burton Malkiel은 일반인의 투자 사전에 '랜덤워크'라는 단어를 소개했다. 불행하게도 정말로 무작위적인 세계에서는 포트폴리오 리밸런싱에 이점이 없다. 리밸런싱을 하면 포트폴리오에 있는 개구리가 왕자로 변할 때만 이익을 얻고 그 반대의 경우도 마찬가지다.

다행히도 현실 세계에서는 랜덤워크 움직임에 미묘한 이탈이 존재하는데 이를 자산배분 투자자가 활용할 수 있다. 작가 겸 펀드 매니저인 켄 피셔Ken Fisher는 이런 자산 매력도 변화와 그 결과로 생긴 단기 추세와 장기 평균 회귀 현상을 '월스트리트 왈츠'라고 부른다.

인정하기 싫지만 모멘텀은 존재한다. 리밸런싱과 자산 움직임의 의미를 이해하면 당신은 더 나은 자산배분 투자자가 될 것이다.

1. 펀드 매니저가 지속적인 '주식 고르기' 기술을 갖고 있다는 증거는 없다.

2. 누구도 '시장 타이밍'을 알 수는 없다.

3. 1과 2 때문에 과거의 실적에 근거해 펀드 매니저를 선발하는 것은 부질없는 일이다.

4. 1, 2, 3 때문에 주식에 투자하는 가장 합리적인 방법은 저비용의 수동으로 관리하는 수단을 찾는 것이다. 즉 인덱스 펀드를 이용하는 것이다.

Part 7

다양한
투자 이야기들

몇몇 부수적인 주제를 논의하지 않고는 어떤 투자 가이드도 완전하지 않다. 이제 자산군 움직임과 포트폴리오 구축의 기본을 터득했으니 다음과 같은 분야를 같이 다루어 보겠다. 가치투자와 3-팩터 모델, '새 시대' 투자, 헤지하기, 동적 자산배분 및 행동금융학이 그것이다.

가치투자

장기적으로는 시장을 이길 수 있을까? 그럴 수 없다는 것을 지금쯤은 당신이 납득하기를 바란다. 더 나은 질문을 던질 수 있다. 시장 자체와 시장을 구성하는 하위 부문의 성과가 상대적으로 초과하거나 미달하는 것이 각각의 위험과 관계가 있을까? 이런 예는 이미 제시되었다. 귀금속과 기타 '딱딱한 자산'(수집품, 보석용 원석)의 장기 수익률은 매우 높은 위험성에 비하면 미미하다. 미묘하게는 장기채권의 위험이 단기채권에 비해 훨씬 높지만 수익률은 같다는 것이다. 기대수익률을 높이거나 낮추는 주식의 특징이 있을까? 우리는 이미 하나를 안다. 회사 규모다. 이미 본 것처럼 소형주 수익이 장기적으로 대형주보다 좋다. 불행히도 이것은 고위험을 감수해야 한다.

주식은 장기적으로 다른 자산보다 수익이 좋다. 왜냐하면 끊임없이 성장하는 우리 경제의 한 부분을 사는 것이기 때문이다. 20세기의 모든 기술 진보와 그들이 만들어낸 부, 즉 항공 운송, 라디오, 텔레비전, 자동차, 가전 제품, 컴퓨터를 생각해보라. 당신은 단기국채나 회사채가 아닌 주식을 소유함으로써 이런 놀라운 일에서 금전적 이익을 얻는다. 거기까지는 좋았다. 그런데 불행하게도 투자자는 치명적인 추론을 한다. 가장 수익성이 높은 주식이 가장 빠르게 성장하는 회사의 주식일 것이라고 말이다. 이들은 '성장 기업'으로 알려져 있다.

핵심 투자 개념은 '가치 평가valuation'다. 즉 개별 주식이나 주식시장이 비싸거나 쌀 때를 어떻게 구분하는가이다.(주식시장 전체의 가치 평가나 개별 시장 부문의 가치 평가를 말하는 것은 훨씬 간단하다)

개별 주식 또는 종합 주식시장의 가치를 측정하는 일반적인 방법은 세 가지다. 주가수익률PER, price earnings ratio, 주가순자산비율PBR, price book ratio, 배당수익률이 그것이다. 궁극적으로 각각의 수익 일부를 얻기 위해 주식을 사는 것이다. 주가수익률은 당신이 그 수익에 얼마를 지불하고 있는지 설명한다. XYZ 멀티미디어라는 회사는 주당 5달러를 벌고 주당 100달러에 판매된다. 이 경우 주가수익률multiple(배수라고도 부름)은 20이다. 당신은 1달러의 이익을 위해

20달러를 지불하고 있는 것이다. 주가수익률 30에 파는 회사는 비싸고, 주가수익률 10에 파는 회사는 싸다고 표현할 수 있다. 안타깝게도 회사의 수익은 그다지 안정적이지 않다. 가장 크고 안정적인 기업조차 자주 수익이 통째로 사라진다. 드물긴 하지만 미국 주식시장 전체의 수익이 사라지기도 한다.(이는 대공황과 1980년대 초반의 짧은 기간 동안 일어났다. 많은 미국 대기업에 의해 지속되는 손실이 나머지 회사의 이익을 초과하여 미국 산업 전체에 순손실을 가져왔다) 게다가 기업 담당 회계사는 수익이 무의미할 정도로 작은 경우 수익 보고서를 '조작'하기도 쉽다. 이 때문에 주가수익률의 유용성은 제한적이다. 벤저민 그레이엄은 기업의 수익이 몇 년간 평균을 낼 때만 유용한 정보를 제공한다는 것을 관찰해냈다.

모든 회사는 장부 가치를 가지고 있다. 이는 기업의 전체 자산의 순가치로 생각할 수 있다. 비록 이 숫자의 회계적인 현실은 훨씬 더 복잡하지만 말이다. 그것은 대략의 수치다. 항공사의 장부 가치는 쉽게 이해된다. 항공사는 주로 비행기, 건물, 사무실 장비의 가치에서 부채를 뺀 값이다. ABC 항공은 20억 달러 상당의 자산과 10억 달러의 부채를 보유하고 있어 결과적으로 10억 달러의 순자산이 발생한다고 가정해보자. 나아가 그 회사의 모든 유통주식의 가치가 20억 달러라고 가정하자. PBR은 2로 장부 가치의 두 배에 판매되고 있다. PBR이 1 미만인 주식은 싸다고 한다. PBR이 5보다 큰 것은 적어도 장부 가치에 비해 비싸다고 한다. 주식의 장부 가치는 매우 안정적이다. 기업의 회계사는 보통 이 숫자를 조작할 필요가 없다.

마지막으로 배당수익률이 있다. 이것은 이해하기 쉽다. 주주에게 송금된 배당금을 주식 가격으로 나눈 것이다. XYZ 멀티미디어라는 회사가 주당 100달러에 팔리고 주당 5달러를 벌고 이중 3달러를 주주에게 송금한다면 배당수익률은 3%이다. 회사가 수익보다 배당금을 더 많이 지불하는 것은 가능하다. 하지만 분명히 무한정할 수는 없다. 소규모이거나 빠르게 성장하는 기업은 종종 전혀 배당금을 지불하지 않는다. 그들은 성장하기 위해서 그들의 모든 이윤을 보유할 필요가 있다. 최근까지 크고 느리게 성장하는 회사들은 종종 5%를 초과하여 배당금을 지불했다.

[그림 7-1] PER(1926~1998)

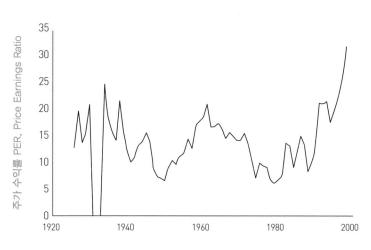

우리는 이제 토마토가 얼마나 비싼지 말할 수 있다. 첫째, 미국 증시 전체의 PER, PBR, 배당수익률 등을 살펴보는 것이 유용하다. [그림 7-1]은 지난 73년간 시장의 PER을 보여준다. 이 숫자는 보통 7에서 20 사이고 평균은 14이다. 사실 분모가 너무 작기 때문에 수입이 거의 0에 가까우면 그 숫자는 이것보다 훨씬 클 수 있다. 시장의 PER이 약 7이면 확실히 싼 것이다. 20보다 크면 비싸다.

[그림 7-2] PBR(1926-1998)

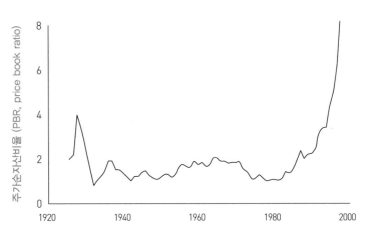

[그림 7-2]는 시장의 PBR을 나타낸다. 최근까지 1에서 3까지 다양했다. 평균은 1.6이다. 최근에는 8까지 치솟았다. 최근의 자료 때문에 일부는 측정 방법의 타당성에 의문을 제기한다.

[그림 7-3]은 배당수익률을 나타낸다. 역사적으로 2.5%(비싼) 와 7%(싼) 사이에서 변화했다. 평균은 4.5%이다. 수익률이 높을수

록 가격이 싸다. 수익률이 낮을수록 가격은 비싸다. 다시 말하지만 현재 주식은 역사적으로 낮은 1.3%의 수익률을 보이고 있고, 많은 사람은 그것의 유용성에 의문을 제기한다.

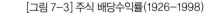

[그림 7-3] 주식 배당수익률(1926-1998)

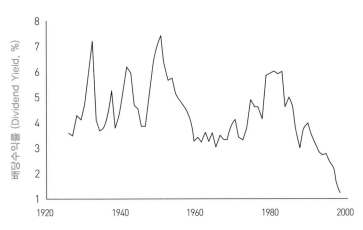

PER, PBR, 배당수익률의 범위에 대한 솔리드Solid사의 데이터는 미국의 대형주에서만 유용하다. 미국 소형주의 경우 데이터가 단편적이고 PER과 PBR의 범위는 유사하고 배당수익률은 매우 작다. 해외 주식의 가치 평가는 국가 간 회계 기준의 차이로 문제가 많다. 그럼에도 불구하고 대부분의 EAFE 국가의 PBR의 범위는 미국과 비슷해 보인다.

일반적으로 평가액이 저렴할 때는 장기 수익률이 높고, 비쌀 때는 낮다는 것을 알았을 것이다. 하지만 이것이 실용적인지 아닌지는 의문의 여지가 남아 있다.

어느 때는 어떤 개별 주식이 다른 것보다 싸다. 비싼 주식보다 싼 주식을 사는 것이 유용할까? 이 질문에 긍정적인 답을 제공하는 데이터는 많다.

• 가치투자에 관한 연구들

저가주 매입의 첫 번째 연구는 '다우 PER 전략'을 사용했는데, 이는 다음에 설명한 최근 인기 있는 다우 배당 전략과 유사하다. 1964년 드렉셀Drexel사의 연구소장 폴 밀러Paul Miller는 다우지수 30개 주식에서 PER이 가장 낮은 주식 10개 사는 것을 조사했다. 그는 1936년 7월부터 1964년 6월까지 28년간 이 기술의 결과가 나온 요약 보고서를 발표했다.[표 7-1]

밀러의 자료는 조금 특이한 방식으로 수집되었다. 첫째, 그는 7월부터 6월까지의 회계년도를 사용했다. 둘째, 사용된 수익률 통계는 가격 변동만을 썼다. 재투자된 배당금을 고려하지 않았다는 말이다. 재투자된 배당금을 더하면 실제 수익률이 5% 높아질 것이다. 이 데이터는 명확하다. PER이 가장 낮은 주식(모두가 싫어하는 것)은 시장을 크게 앞질렀다. 그리고 PER이 가장 높은 주식은 시장을 크게 밑돌았다. 이처럼 저PER 주식에서 나온 추가 수익은 높은 위험을 동반할까? 이 질문의 답은 표준편차와 '최악의 연간 손실' 데이터를 보면 알 수 있다. 고PER 주식과 전체 다우존스30지수보다 저PER 주식의 경우 이런 위험 데이터가 더 크다. 저PER 주식의 표준편차가 높은 것은 수년 단위로 저PER 주식이 상당히 큰 수익을 내기 때문인 경우가 대부분이다. 저PER 주식은 '손실 발생 연수'나 '손실액 10% 초과 횟수'를 기준으로 볼 때 실제로 위험도가 가장 낮다.

[표 7-1] 가치주 성과(1936-1964)

	다우존스 30개 전부	다우존스 PER 상위10	다우존스 PER 하위10
연환산 수익률	+6.54%	+1.50%	+12.18%
표준편차	16.3%	15.7%	21.1%
손실 발생 횟수(연)	10	12	7
손실 10% 이상인 횟수(연)	5	7	2
최악의 연단위 손실률	−20.9%	−24.6%	−30.5%

투자자는 점점 더 가치주로 높은 수익을 추구하고 있다. 하지만 한 걸음 뒤로 물러서서 실제 연습에서 이것이 무엇을 의미하는지 보자. 아마도 현재 가장 인기 있는 방법은 소위 다우인덱스 배당 전략일 것이다. 다우인덱스 중에서 가장 높은 수익률을 보이는 5개 주식을 사는 것이다. 나는 이 글을 쓸 당시에 최고 수익률과 최저 수익률인 주식 5개를 나열했다.

최고 수익률	최저 수익률
필립 모리스	월마트
J.P. 모건	맥도날드
미네소타 마이닝	IBM
셰브런	디즈니
이스트먼 코닥	아메리칸 익스프레스

대부분의 독자는 수익률이 높은(가격이 싼) 목록을 '끔찍한' 회사로, 수익률이 낮은(가격이 비싼) 목록을 '좋은' 회사로 알고 있을 것이다.

아마도 이 분야에서 가장 인상적인 연구는 1992년 6월 〈저널 오브 파이낸스Journal of Finance〉에 실린 파마와 프랜치 교수의 것일 것이다. 그들은 1963년 7월부터 1990년 12월까지 주식 수익률을 철저히 연구했고, 주식들 사이의 수익률의 모든 변동은 단지 두 가지 요인에 의해 설명될 수 있다는 것을 발견했다. 회사 규모(여기서 놀라면 안 됨)와 PBR이 그것이다. 그들은 그들의 주식 데이터베이스를 가장 낮은 PBR에서 가장 높은 PBR에 이르는 10개 그룹으로 나누었다. 10개 중 시장에서 가장 싼 그룹은 연간 19.6%, 가장 비싼 그룹은 연간 7.7%의 수익률을 기록했다. 가장 싼 종목은 연간 23%의 수익률을 기록했다. 그들은 또한 PER이 유용하지만 PBR만큼 유용하지는 않다는 것을 알았다. PBR을 고려하면 PER은 거의 예측력이 없었다.

그레이엄, 파마, 프랜치, 그리고 다른 많은 사람이 우리에게 나쁜 회사를 사면 이익을 얻을 것이라고 말하는 것일까? 맞다. 나쁜 회사 주식은 싸다. 경영진이 회사를 '좋은' 회사로 돌려놓을 가능성이 꽤 있다. 게다가 나쁜 회사의 실적이 악화되더라도 투자 세계는 놀라지 않을 것이다. 즉 가격이 그렇게 많이 떨어지지는 않을 것이다. 아마도 그럴 것이다. 반면 좋은 회사 주식은 비싸다. 사람들은 그 회사가 하늘까지 성장하기를 바란다. 필연적인 결과로 성장이 멈추면 그 회사는 시장에서 끌려나와 총살당한다. 데이비드 드레먼David Dreman은 이 현상을 아름답게 기록했다. 기업 주가의 가장 큰 움직임은 대개 기업 이익이 분석가의 예상을 크게 초과하거나 미달할 때 발생한다.(단기적으로는 기업 이익이 높든 낮든 주식 가격에 거의 영향을 미치지 않는다는 점을 기억하라. 정말로 중요한 것은 기업 이익이 '월스트리트'의 예상보다 높으냐 낮으냐 하는 것이다. 월스트리트의 예상에 못 미치는 큰 이익보다 월스트리트의 예상에 못 미치는 손실이 낫다) 드레먼은 기업 이익이 실망스러울 때 '가치주'가 '성장주'보다 가격이 훨씬 덜 떨어지는 경향이 있다고 보았다. 반대로 기업 이익이 예상을 웃돌면 '성장주'보다 '가치주'가 많이 오르는 경향이 있다. 반복하면 이렇다.

좋은 기업은 대체로 나쁜 주식이고, 나쁜 기업은 대체로 좋은 주식이다.

이 개념은 소액 투자자와 전문가가 파악하기 어렵다. 아마도 대부분의 전문 펀드 매니저의 부진한 실적의 원인일 것이다. 그들이 아무리 많은 금융 학술지를 읽어도 그들 스스로 나쁜 회사를 사들일 수 없다.

좋은 회사-나쁜 주식 패러다임의 가장 생생한 예가 1982년 인기를 끌었던 경영학 전문가 톰 피터스Tom Peters의 책 〈초우량 기업의 조건In Search of Excellence〉이었을 것이다. 그는 몇 가지 객관적인 기준을 사용하여 수많은 '뛰어난' 회사를 분류했다. 몇 년 후 오클라호마 주립대학의 재무학자인 미셸 클레이먼Michelle Clayman은 이들 회사의 주식 성과를 조사했고, 같은 기준을 사용해 뽑은 '뛰어나지 않은' 회사 그룹과 비교했다. 이 책이 출간된 뒤 5년 동안 '뛰어나지 않은' 기업이 '뛰어난' 기업을 매년 11%씩 능가하는 성과를 보였다. 예상할 수 있듯이 뛰어나지 않은 기업은 PER, PBR, 배당 기준으로 볼 때 뛰어난 기업보다 훨씬 쌌다. 사람들은 자연스럽게 좋은 회사가 좋은 주식이라고 생각하는데 대부분의 경우 그 반대가 사실이다. 심리학자는 이런 오류를 '대표성'이라고 부른다.

이런 인기 있는 전략(저PER, 저PBR, 고배당)은 오랫동안 효율적 시장 이론을 연구하는 학자를 혼란스럽게 했다. 왜냐하면 이런 전략은 너무나 잘 알려져 있어서 많은 사람이 투자에 활용해 전략의 장점이 사라졌어야 하는데 그렇지 않기 때문이다. 이런 전략이 나온 지 수십 년이 지났는데도 여전히 효과가 있는 이유는 간단하다. 값싼 회사는 매력이 없고, 대부분의 사람은 그런 주식을 사도록 자신을 놔둘 수가 없다. 벤저민 그레이엄이 50년 전에 쓴 〈증권 분석〉은 기본적으로 싸고 안전한 주식을 식별하는 지침서다. 그레이엄의 제자들은 미국에서 가장 성공적인 펀드 매니저이다. 그의 제자인 워렌 버핏은 세계에서 가장 부유한 사람 중 하나다. 물론 그레이엄의 방법은 시장에서 오래전에 폐기됐어야 하지만 여전히 작동하고 있다. 사람들은 아마존닷컴, 마이크로소프트, 인텔, AOL(미국 온라인 사업 관련 회사)을 소유하고 싶어 한다. 아무도 울워스Woolworths(식료품 회사)의 주식을 사고 싶어 하지 않는다.

• 가치 대 성장

싼 주식을 찾는 것을 가치투자라고 한다. 그 반대는 이익이 빠르게 성장하는 기업을 찾는 성장투자다. 비록 몇몇 성공적인 성장주 투자자가 있지만 그들은 마치 상류를 향해 헤엄치고 있는 것 같다. 만약 당신이 하류로 향한다면 당신은 더 빨리 헤엄칠 가능성이 높다.

효율적 시장 이론가는 주식이나 시장 가격에는 패턴이 없다고 지적하기를 좋아한다.(이미 살펴본 바와 같이 이것은 엄밀히 말하면 사실이 아니다) 성장주 투자자는 지속적인 이익 성장이 있는 회사를 고를 수 있고, 따라서 계속해서 증가하는 이익 흐름의 혜택을 얻을 수 있다고 믿는다. 불행하게도 성장 회사는 매우 비싸고 종종 시장전체 PER의 두 배나 세 배에 팔린다. 나머지 시장보다 5% 빨리 성장하고 시장 PER보다 두 배 비싸게 팔리는 회사는 주주가 공평하게 보상받으려면 그 비율로 14년간 계속 성장해야 할 것이다. 이미 살펴본 바와 같이 주가 동향은 본질적으로 예측할 수 없는 '랜덤 워크'이다. 흥미롭게도 이익 증가도 랜덤워크 한다고 나타났다. 올해 이익 성장이 좋은 회사는 내년에 이익 성장이 좋지 않을 가능성이 높다. 즉 올해 성장 주식은 주주에게 큰 대가를 치르게 하고 내년에 가치주가 될 가능성이 아주 높다. 이와는 대조적으로 이익 성장이 나쁜 가치주는 종종 PER과 가격에 있어서 우호적인 변화와 함께 강력한 이익 성장으로 시장을 놀라게 할 것이다. 이는 일반적으로 특정 해에 가치 포트폴리오의 일부 주식에만 발생한다. 하지만 전체 포트폴리오 실적에 미치는 영향은 여전히 극적이다.

아마도 가치 효과를 가장 명쾌하게 설명한 책은 로버트 하우겐Robert A. Haugen의 〈새로운 금융: 효율적 시장에 반하는 사례The New Finance: The Case Against Efficient Markets〉일 것이다. 하우겐 교수는 1993년 중반 PER이 가장 높은 주식(성장주)의 20%가 평균 PER이 42.4를 기록했다고 지적한다. 이로 인해 이익수익률은 2.36%로 나타났다.(이익수익률은 단순히 PER의 반대다. 당신이 주식 1달러당 구매하는 수익의 양이다) 가장 낮은 20%(가치주)의 PER은 11.93으로 이익수익률은 8.38%로 나타났다. 즉 1993년 중반에 매력적인 성장주를 샀을 때는 투자된 100달러당 2.36달러의 이익을, 매력 없는 가치주를 샀을 때는 8.38달러의 이익을 얻었다는 것이다. 당신이 성장주로 장기 수익을 얻으려면 그 회사의 기업 이익이 가치주보다 3배 이상 커야 할 것이다. 하우겐은 성장과 가치 투자자의 이익 성장을 조사했다. 예상했던 대로 성장주는 높은 수익 증가를 경험했지만 이런 이점은 시간이 지남에 따라 쇠퇴했고, 그들의 현금 수익은 가치 투자자의 수익을 결코 넘지 못했다. 사실 그들은 심지어 가까이 가지도 못했다. 하우겐은 성장주에 투자된 각 자금이 가치주로부터 얻을 수 있는 장기 수익의 절반도 채 남지 않는다고 추정한다. 다시한 번 벤저민 그레이엄의 말을 생각하자. 시장은 단기적으로 투표하는 기계지만, 장기적으로 무게를 재는 기계다. 그리고 그들이 저울질하는 것은 기업 이익이다.

1994년 12월 〈저널 오브 파이낸스〉에 실린 논문에서 요제프 라코니쇼크Josef Lakonishok와 동료들은 초기의 저PBR과 저PER 주식의 우월성을 입증하는 작업을 확인했다. 또한 그들은 매출 성장이 미래 수익에 영향을 미친다는 것을 발견했다. 가장 빠르게 성장하는 회사는 가장 낮은 수익률을 보였다. 파마, 프랜치, 라코니쇼크와 동료들은 저PBR, 저PER 주식이 성장주를 능가한다는 데는 모두 동의하지만 그 이유에 대해서는 의견이 다르다. 파마와 프랜치는 열성적인 '효율적 시장주의자'로, 가치주의 수익률이 더 높은 것은 일종의 연관성 있는 위험 증가 때문이라고 믿는다. 그들은 투자 커뮤니티에 이 위험의 정확한 성격을 설명하는 데 어려움을 겪었다. 다음과 같은 것이다. 가치주는 병든 기업이다. 수익성, 이익 성장, 대차대조표 등이 취약하다. 경기침체나 약간의 바람이라도 그들을 파산시킬 수 있다. 이런 위험 증가 때문에 그들은 높은 수익을 제공해야 한다. 만약 K마트와 월마트 모두 같은 미래 수익을 제공한다면 누가 K마트를 소유하기를 원하겠는가? 그러므로 가치주는 당연히 공짜가 아니다.

반면 라코니쇼크와 동료들은 가치주의 위험이 낮을수록 수익률이 높아진다고 주장하며, 가치주의 위험성이 성장주보다 낮다는 설득력 있는 증거를 제시했다. 즉 공짜 점심이 있다는 것이다. 윌셔 어소시에이츠Wilshire Associates는 1978년부터 다양한 회사 규모별 성장 수익률과 가치주 그룹 데이터를 발표했다.(모닝스타 데이터베이스에서 사용할 수 있는 많은 장점 중 하나) 기업 규모별로 분석했을 때 가치 포트폴리오는 동일한 기업 규모의 성장 포트폴리오보다 몇 포인트 많은 연간 수익률을 보여주었고 표준편차는 매우 낮았다. 실제로 가치주가 성장주보다 리스크가 적기 때문에 정확히 앞서는 것으로 보인다. 호황기에는 성장이 가치를 능가하지만 약세장에서는 가치주 주가가 성장주보다 훨씬 적게 하락한다. 결국 가치주의 수익률은 단순히 약세장 실적이 좋기 때문에 성장주보다 우위에 있을 수 있다.

• 3-팩터 모델

대안적인 가설은 이미 언급했듯이 위험 노출이 증가하지 않는 초과 수익은 없다는 것이다. 이 이론은 파마와 프랜치에 의해 3-팩터 모델의 형태로 발전되었다. 간단하지만 강력한 이 구조는 전 세계 시장의 장기 수익을 이해하는 데 매우 유용하다. 간단히 말해서 모든 주식 자산군은 네 가지 다른 수익을 얻는다.

- 무위험 수익률: 화폐의 시간 가치. 보통 단기국채 수익률로 설정한다.
- 시장-위험 프리미엄: 주식시장에 자금을 투자함으로써 얻는 추가 수익.
- 규모 프리미엄: 소형주를 보유함으로써 얻는 추가 수익.
- 가치 프리미엄: 가치주를 보유함으로써 얻는 추가 수익.

모든 사람은 무위험 수익을 얻는다. 그래서 파마-프랜치 세상에서 당신이 해야 할 유일하고 중요한 결정은 다른 세 가지 요소에 얼마나 많이 노출^{exposure}(투자)하는가이다. 완전한 겁쟁이라면 세 가지 팩터 모두에 노출하지 않고 단기국채만 보유하면 된다. 그리고 만약 위험에 잘 견디는 사람이라면 당신은 세 가지 모두에 최대한 노출하면 된다. 즉 소형 가치주만 보유하면 되는 것이다.

각각의 위험 요소를 개별적으로 살펴보자. [그림 7-4]는 지난 36년간을 5년 단위로 연환산한 '시장 프리미엄'을 그렸다.(계산 방법은 소형주 인덱스 수익률에서 단기국채 수익률을 뺐다. 소형주 인덱스 수익률은 CRSP 1-10 인덱스 대신 윌셔 5000 인덱스 수익률을 사용했다) 지난 20년간 지속적으로 플러스이기는 했지만 1960년대와 1970년대는 상황이 꽤 나빴음을 알 수 있다. 전체 기간 동안 프리미엄은 연환산 5.65%였다. 완벽히 확실하다고 할 수는 없는데 5년 단위 조사 기간 중 78%만이 플러스였기 때문이다.

위험을 감수하면서 높은 프리미엄(수익)을 얻는 것이 가능할까?

그렇다. 대기업보다 갑자기 사라질 가능성이 높은 소기업 투자를 결정할 수 있다. 지난 36년간 '규모 프리미엄'은 1.71%였다.(뉴욕증권거래소에 상장된 주식을 규모 순으로 반으로 나누어 소형주 수익률에서 대형주 수익률을 빼서 계산) [그림 7-5]처럼 5년 단위 프리미엄이 플러스였던 경우는 53%에 불과했다.

마지막으로 훨씬 논란이 많은 프리미엄이 있다. [그림 7-6]을 보자. 파마와 프렌치에 따르면 만약 당신이 진짜 위험을 즐기는 중독자여서 프리미엄 수익을 늘리고 싶으면 가치주에 투자할 수 있다. 정말 인기 없는 것들이다. 하베스터, 케이마트, 닛산 같은 회사를 떠올려보라.(각각 레스토랑 체인, 백화점 체인, 일본 자동차 제조사-옮긴이) 그들은 PBR로 봤을 때 아주 낮게 가치 평가되어 있다. 36년간의 국내 투자 프리미엄은 연환산 3.77%이다.(PBR이 가장 낮은 주식의 수익률에서 PBR이 가장 높은 주식의 수익률을 뺀 것으로 계산함) 놀랍게도 그래프에서 볼 수 있듯이 이 프리미엄은 매우 일관성이 있어 87%의 기간 동안 플러스였다. 사실 가치 프리미엄의 신뢰성으로 인해 일부에서는 이것이 진짜 '위험 이야기'와는 반대로 공짜 점심이 아닌지 의문을 품게 되었다.

시장, 규모, 가치 등 이 세 가지 위험 프리미엄은 파마와 프렌치에 의해 폭넓게 연구되었다. 그들과 다른 연구자는 미국 시장에서 세 요인의 존재가 오랜 시간 존재했음을 보여주었다.

[그림 7-4] 5년 단위 연환산 시장 프리미엄

[그림 7-5] 5년 단위 연환산 규모 프리미엄

[그림 7-6] 5년 단위 연환산 가치 프리미엄

다른 많은 나라에서도 마찬가지다. 다른 프리미엄도 있을까? 아마도 있을 것이다. 모멘텀 주식에 투자하는 것은 프리미엄이 있을 것 같다. 모멘텀과 관련된 위험의 성격은 아직 결정되지 않았다.(있다고 해도 말이다)

3-팩터 모델은 우리가 예전에 접해본 적이 있는 또 다른 용도가 있다. 바로 펀드 매니저를 평가할 때 사용할 수 있다. 정교한 통계 기법을 사용함으로써 매니저의 수익률이 각각의 위험 요인에 따라 얼마나 설명될 수 있는지 분석할 수 있다. 기술에 의한 영향이 얼마나 되는지도 분석 가능하다. 예를 들어 특정 기간의 매니저 성과가 특별히 좋았다면 그것은 그 사람의 기술이 좋았을 수 있다.(또는 운이 좋았거나) 혹은 그 사람의 펀드가 높은 수익률을 보

였던 시장 요인에 노출되었기 때문일 수도 있다. 살짝 의심했겠지만 상위권 매니저의 실적 대부분은 수익률이 좋았던 요인에 노출되었기 때문인 것으로 나타났다. 상위권 매니저 중에 통계적으로 기술을 갖고 있다고 할 수 있는 실질적 증거를 보여주는 이는 없다.(그런 투자 기술이라는 게 있다고 하더라도 말이다)

궁극적으로 자본시장의 보상은 세 가지 위험 요인을 가장 지능적으로 균형을 맞추는 사람에게 돌아간다. 그들의 직업 리스크 역시 마찬가지다. 간단한 예를 들어보자. 주기적으로 순환하는 성격을 가진 '가치주 성격'의 회사에 다니는 직원은 가치주 투자에 주의해야 한다. 왜냐하면 심각한 불경기가 오면 회사의 실적이 나빠지고, 이럴 때 감원 등의 이유로 그들의 직업 전망과 투자 수익률이 동시에 떨어져 고통을 겪을 수 있기 때문이다. 우편 배달부나 공무원, 채권 추심원처럼 어려운 시기에도 직장을 잃을 가능성이 적은 근로자가 가치주 투자에 유리할 수 있다.

'새 시대' 투자

지난 5년간의 투자 분위기는 과거 수십 년과는 너무나 다르다. 소위 '새로운 시대'에 대한 논의가 정당화되고 있다. 이 책을 쓰는 순간 주식은 그 어느 때보다 높은 가치로 팔리고 있다. 일반적으로 3%에서 7%에 이르는 대형주의 배당수익률은 현재 1.3%이다. 일반적으로 1과 3 사이에 있는 PBR이 현재는 8에 육박한다. 그리고 역사적으로 10에서 20 사이였던 PER 역시 30까지 올라갔다. 낡은 기준은 더 이상 중요하지 않고, 현재 가격을 합리화하려고 시도하는 '새로운 시대'에 우리가 살고 있다고 주장하고 있는 것이다.

그렇다면 투자 패러다임은 영구적으로 바뀌었을까? 이제 옛 도로 표지판은 쓸모없는 것인가? 투자 패러다임은 때때로 변화한다. 1958년 사상 처음으로 주식 수익률이 채권 수익률 아래로 떨어져 재해가 예고됐었다. 하지만 (채권을 제외하고는!) 아무 일도 일어나지 않았고, 주식 수익률이 채권 수익률 이상으로 다시 상승하지는 않았다.

1958년에 주식 배당은 시간이 지남에 따라 증가했지만 채권 배당은 (고정적이라) 증가하지 않았다. 따라서 채권 수익률이 주식 수익률보다 높을 수 있다는 것은 가능한 이야기다.

그러나 장기적으로 볼 때 주식 수익률이 배당률(현재 1.3%)과 이익 증가율(역사적으로 5%)을 합한 것과 거의 같다는 사실을 피해갈 수는 없다. 현재 이것을 합하면 주식의 기대수익률은 6.3%이다. 그러므로 현재의 높은 가치 평가를 정당화하기 위해서는 수익과 배당금이 과거보다 더 빨리 증가하기 시작할 것이라고 가정해야 한다.

그런 일은 일어나지 않는 것 같다. [그림 2-11]로 돌아가 보자. 지난 80년간 다우존스 수익률을 볼 수 있다. 그래프의 맨 위 표면에 초점을 맞추자. 때때로 경기 침체와 불황은 이익에서 급격한 하향 편차를 낳는다. 그래프의 상단 표면은 기업 이익의 '전체 역량'을 나타낸다. 지난 10년 내지 20년 사이에 가속되는 추세가 보이는가? 만약 그렇다면 멀더와 스컬리(외계인을 찾아내는 미국 드라마 엑스파일의 주인공들-옮긴이)는 바로 밖에서 당신이 만나고 싶어 했던 녹색 인간 몇 명을 데리고 있을 것이다.

기술 변화의 속도가 빨라지면서 미국 기업은 수익성이 급격히 상승할 경계에 놓였다는 주장을 종종 듣는다. 이럴 때는 역사적 균형감이 필요하다. 1830년부터 1860년 사이에 인류 역사상 가장 극적인 변화를 만들어낸 발명품인 증기기관과 전신기가 등장했다. 단 몇 십 년 만에 국토 횡단 교통의 속도는 거의 열 배나 빨라졌다. 저렴한 가격의 전력이 역사상 처음으로 제조 공장에 제공되었다. 장거리 통신은 거의 순간적이 되었다. 물론 최근 30년 동안에도 놀라운 기술 혁신은 있었다. 하지만 오늘날 정말로 중요한 뉴스가 뉴욕에서 샌프란시스코로 전달되는 시간은 그로버 클리블랜드^{Grover Cleveland}(1880년대 미국의 22대 대통령-옮긴이) 시대보다 조금 더 빨라졌을 뿐이라는 것을 생각해보기 바란다. 아마도 십중팔구 30년 전에 비해 오늘날 당신과 내가 시내를 가로지르거나 나라를 횡단하는 데 더 오랜 시간이 걸릴 것이다. 1830년에서 1860년까지의 미국 주식의 수익률은 4.2%였다.

사실 우리는 '새로운 시대'의 논쟁을 예전에 들어본 적이 있다. 처음은 1926~1929년에, 그리고 1960년대 후반도 있었다. 두 경우 모두 기존의 주식 평가 방법은 쓸모없으며, 기술 진보의 첨단에 서 있는 기업에게 50배 내지 100배의 이익에 맞게 가격을 지불하는 것이 허용된다는 것이 통념이었다. 최근에 재인쇄된 1934년판 〈증권 분석〉에서 1920년대의 '새로운 시대'의 주식시장에 대한 벤저민 그레이엄의 설명은 아무리 추천해도 부족하다. 기술과 인터넷 관련 이익을 둘러싼 오늘날의 시장 광란을 생생하게 묘사하기 위해 많은 단어를 바꿀 필요가 없다. '100배 이익'을 '100배 매출'로 바꾸기만 하면 된다.

마지막으로 일부 선정된 자산군의 최근 수익률을 곰곰히 생각해볼 가치가 있다. 1989년부터 1998년까지 10년간 바라Barra 대형 성장 인덱스는 연환산 21.35%라는 놀라운 수익률을 기록했다. 대형주는 16.67%, 소형주는 13.2%, 그리고 해외 주식으로 EAFE 인덱스는 5.54%의 수익률을 보였다. 지난 10년의 경험은 많은 사람에게 대형주가 소형주보다 수익률이 높고, 성장이 가치를 능가하며, 국내가 해외보다 성과가 좋다는 것을 확신시켰다. 보다 완전한 과거 데이터에서 보았듯이 이런 가정은 사실이 아닐 가능성이 있다.

맥도날드, 코카콜라, 마이크로소프트, 인텔에 모든 돈을 투자하고 싶은 사람을 위해 1927년 7월부터 1998년 3월까지 1달러를 투자했을 때의 결과를 [그림 7-7]에 나타냈다. 가장 극단적인 4가지 유형인 소형 가치, 소형 성장, 대형 가치, 대형 성장으로 나누어 계산했다. 연환산 수익률은 소형 가치 17.47%, 소형 성장 2.18%, 대형 가치 13.99%, 대형 성장 10.04%였다. 항상 역사적 데이터를 해석하는 데는 신중해야 한다. 첫째, 6장에 상세히 설명한 거래 비용은 포함하지 않았다. 둘째, 1960년대 이전 자료는 군데군데 개략적으로 그렸다.

[그림 7-7] 1927년 7월에 1달러를 투자했을 경우의 현재 가치

출처: 케네스 프랜치

그래프가 말하는 메시지는 분명하다. 장기적으로 볼 때 가치는 성장을 능가하고, 소형 가치는 다른 모든 것을 훨씬 능가할 수 있다. 소형 성장주의 비참한 수익은 소규모 기술 회사 투자를 생각하는 사람들에게 경종을 울린다. 이 분야의 최근 수익률은 그다지 나

쓰지 않았는데, 실제 피해는 1960년 이전에도 지속적으로 발생했었다. 그러나 분명히 이 분야는 경계해야 할 영역이다.

사실 소형 성장주의 부진한 수익률은 학문적 이론이 예측하는 것보다 훨씬 낮기 때문에 이해하기가 힘들다. 내 이론은 이런 투자자에게 부과되는 '복권' 프리미엄이 있다는 것이다. 사람들이 1등에 당첨될 기회를 노리고 예상 수익률이 -50%인 복권을 구입하는 것처럼 투자자도 작고 빠르게 성장하는 회사에 투자한다. 하지만 미래에 크게 성공할 회사의 초기 투자자가 될 가능성은 매우 낮다. 즉 이 자산군은 수익률의 부족을 '오락 가치'로 보충한다.

▍ 새로운 패러다임: 다우 36,000 ▍

'새로운 시대'에 관한 주장은 최근 베스트셀러 목록에서 설득력 있는 힘을 얻었다. 〈월스트리트 저널〉과 〈월간 애틀랜틱〉에 논평을 기고했고, 최근에 나온 책 〈다우 36,000$^{Dow\ 36,000}$〉[33]의 저자인 저널리스트 제임스 글래스먼$^{James\ Glassman}$과 경제학자 케빈 하셋$^{Kevin\ Hassett}$은 역사적으로 과대평가되기는커녕 실제로 시장이 터무니없이 저평가되어 있다고 주장한다. 다우 11,000에서 초조한가? 이제 그만 극복하라. 이 겁 없는 두 사람은 적정 가치를 약 36,000으

---

33 Dow 36,000: 1999년 10월 출간 당시 다우인덱스는 약 11,000이었다. 1989년 10월 2,600이었던 인덱스가 10년간 연환산 12.4%씩 상승했다. 책 출간 3년 뒤인 2002년 10월 인덱스는 24% 하락해 8,400 수준이었다. 출간 20년이 지난 2019년 7월 현재 약 26,700이다.

로 본다.

그들이 선택한 방법은 존경할 만한 배당할인모델[DDM]이다. 우리가 이미 2장에서 접했던 내용이다. 1938년 존 버 윌리엄스[John Burr Williams]가 만들었는데, 언뜻 보기에 간단한 전제가 있었다. 모든 회사는 결국 파산한다. 따라서 주식, 채권, 또는 전체 시장의 가치는 단순히 모든 미래 배당금을 현재 기준으로 할인한 가치일 뿐이라는 것이다.(글래스먼과 하셋은 이를 '완벽하게 합리적인 가격'이라고 불렀다) 미래 배당금 1달러는 즉시 받지 못하는 것이기 때문에 그 가치를 줄이거나 할인해야 하는데, 현재 기준으로는 그 가치가 1달러 미만이다. 줄이는 양을 할인율[DR, discount rate]이라고 한다. 그리고 곧 알게 되겠지만 할인율을 조금만 만지작거리면 온갖 장난의 문이 열린다.

이 모델이 복잡해 보이는가? 실제로 그렇다. 현재 배당금을 받는 각 미래 연도에 $(1+g)^n$을 곱하라. 여기서 g는 배당 증가율이고 n은 미래의 연도 수이다. 그러고 나서 $(1+DR)^n$으로 나누어라.(DR은 할인율이다) 게다가 당신은 이것을 무한한 기간 동안 계산해야 한다. 시간이 지남에 따라 다양한 성장률을 보이는 2단계와 3단계 모델이 등장하면서 계산은 더 복잡해진다. 하지만 수학에 진땀을 흘릴 필요는 없다. 전체 무한한 기간 동안의 배당 증가율이 상수일 경우 다음과 같이 단순화되기 때문이다.

$$PRP = (div)/(DR-g)$$

여기서 PRP는 완벽하게 합리적인 가격perfectly reasonable price, div는 연간 배당금 금액, DR은 할인율, g는 배당증가율이다.

다우인덱스가 연간 150달러 정도의 배당금을 뿌린다면, 그리고 글래스먼과 하셋이 하는 것처럼 배당금이 매년 6%씩 증가할 것이라고 낙관적으로 가정한다면 위의 방정식에서 바꿀 수 있는 유일한 숫자는 성가신 할인율이다. 놀랍게도 글래스먼과 하셋은 책의 많은 부분에서 적절한 할인율은 미국 장기국채 금리라고 주장한다. 당시 금리는 5.5%였다. 배당성장률이 할인율보다 더 높기 때문에 시장의 결과는 무한대의 가치를 가지게 된다.(이 경우 할인된 배당금이 매년 상승하기 때문이다. 무한대로 말이다) 심지어 글래스먼과 하셋조차 받아들이기 힘들 정도였다.(저자들이 놓친 것은 6%의 배당증가율이 물가상승률 4~5%였던 시기에만 해당되었다는 것이다. 반면에 5.5%의 미국 장기국채 금리는 미래 물가상승률을 아주 낮게 반영하고 있었다) 따라서 배당성장률을 5.1%로 낮추고 할인율을 5.5%로 유지하면 위의 방정식의 결과는 다우인덱스 37,500이다.

$$PRP = 150/(0.055 - 0.051) = 150/0.004 = 37,500$$

금융 분야의 관례에 따라 분모의 숫자는 십진수로 표시된다. 여기서 할인율 0.055는 5.5%를, 배당성장률 0.051은 5.1%를 가리킨다. 0.004라는 분모가 입력 숫자에 비해 얼마나 작은지 신경 써라. 분모에 있는 두 숫자를 1%(0.01)만 잘못 이동하면 다우인덱스(PRP)는 6,250이다. 그리고 만약 그것이 당신을 당황하게 한다면 당신의 추정치를 더욱 낙관적으로 만들어라. 그러면 당신은 무한대로 커지는 다우인덱스를 얻을 것이다. 즉 글래스먼과 하셋 모델을 활용하면 할인율과 배상성장률을 어느 쪽으로든 아주 조금만 움직여도 다우인덱스를 원하는 대로 만들 수 있다.

글래스먼과 하셋 모델은 울타리 기둥 위에서 코끼리를 세우고 균형을 맞추는 것과 같다. 기둥에 작은 흔들림 하나로도 수천 킬로그램이 예상치 못한 방향으로 비틀거릴 것이다.

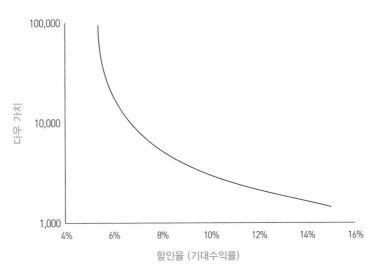

[그림 7-8] 1999년 배당금 = 150달러, 배당성장률 = 5.1%

이는 [그림 7-8]로 입증되며, 다양한 할인율의 글래스먼과 하셋 성장률 가설을 이용한 다우인덱스의 가치를 보여준다.

반복해서 말하면 할인율의 값은 매우 중요하다. 예를 들어 실제 할인율이 5.5%가 아닌 8%라면 다우인덱스의 공정 가치는 5,172로 떨어진다. 이런 맙소사.[34] 배당성장률 추정치가 빗나간 경우에도 같은 일이 일어난다. 이미 언급했듯이 지난 20년간 6%의 배당성장률은 인플레이션 4% 이상을 포함한 것이다. 즉 실질 배당성장률은 2% 미만이었다. 그래서 앞으로의 배당성장률은 과거보다 상당히 낮을 수도 있다. 배당성장률을 2.5% 감소시키는 것은 할인율을 같은 양만큼 증가시키는 것과 같은 효과를 갖는다. 다우인덱스가 5,172로 떨어진다는 말이다.

그렇다면 적절한 할인율을 결정하는 것은 무엇일까? 그것은 매우 단순한 두 가지, 즉 화폐의 비용(또는 무위험 이자율)과 위험을 보상하기 위한 추가 금액이다.

할인율을 합리적인 대출회사가 대출자에게 부과할 이자율로 생각해보자. 세계에서 가장 안전한 대출자는 미국 정부다. 만약 샘 아저씨(미국 정부)가 내게 와서 장기 대출을 원한다면 나는 단지 6%를 그에게 요구할 것이다. 그 할인율에서 배당할인모델은 영구적으로 매년 1달러를 대출 상환(혹은 이자 지급)할 경우 16.67달러 대출의 가치가 있다고 예측한다.

문 옆에 제너럴모터스가 있다. 그래도 꽤 안전하지만 샘 아저

---

34 당시 다우인덱스가 11,000 정도였으니 50% 이상의 폭락을 말한다.

씨만큼은 아니다. 그래서 나는 7.5%를 요구할 것이다. 그 할인율에서 영구적인 1달러의 상환(혹은 이자)은 13.33달러 대출의 가치가 있다.

마지막으로 트럼프의 카지노가 있다. 휴우! 이 광대들에게 내 돈을 빌려주는 위험의 대가로 나는 12.5%를 요구할 것이다. 이는 도널드의 영구적인 1달러 상환(혹은 이자)의 가치가 8달러짜리 대출밖에 되지 않음을 뜻한다.

그래서 우리가 시장의 배당 흐름에 적용하는 할인율은 우리가 시장이 얼마나 위험하다고 생각하는지에 달려 있다. 그리고 여기 일은 정말 까다롭다. 글래스먼과 하셋은 장기 데이터에 근거해 주식시장이 실제로 미국 장기국채보다 덜 위험하다고 말한다. 예를 들어 1926년 이후 30년 단위 연환산 수익률 기준으로 최악의 수익률은 주식 8.47%, 국채 1.53%였다.

물론 짧은 기간을 보면 매우 다른 그래프가 나타난다. 예를 들어 최악의 1년 수익률은 주식의 경우 -43.35%, 채권의 경우 -7.78%이다. 그리고 직감적으로 봤을 때 아무리 장기 투자자라고 해도 1987년 10월 19일의 시장[35]에 관심을 안 가질 수 없을 것이다.

그래서 글래스먼과 하셋의 다우인덱스 논란은 투자자가 위험을 단기적 현상으로 경험하느냐, 장기적 현상으로 경험하느냐에 달려 있다. 저자들이 말하는 것은 미국 투자자가 위험을 감내할 수

---

[35] 검은 월요일(Black Monday)은 1987년 10월 19일 월요일에 뉴욕증권시장에서 일어난 주가 대폭락 사건을 말한다. 이날 다우존스 산업평균인덱스는 22.61% 하락했다.

있는 시간 범위를 갑자기 늘렸다는 것이다.

> 70년 전에는 과도한 거래가 수익을 해친다는 것을 이해하는
> 투자자가 거의 없었다. 또한 주가 변동은 시간이 지남에 따라
> 스스로 줄어드는 경향이 있고, 이로 인해 주식의 위험성이 처
> 음보다 낮아진다는 것도 몰랐다. 그리고 시장 평균을 능가하
> 기는 정말 어렵다는 것도 이해하지 못했다. 지금 미국인은 매
> 수 후 보유하는 법을 배웠다.

글래스먼과 하셋이 어떤 행성에 살고 있는지 궁금해진다. 그들은 거래량이 줄지 않고 수십 년째 꾸준히 증가하고 있다는 사실을 모르고 있는 것일까? 지난 25년 동안 국내 펀드 회전율이 평균 30%에서 90% 이상으로 증가한 사실을 모르고 있는 것일까? 최근 미국 서해안의 대형 주식 중개회사에서 66,000개 이상의 계좌를 조사한 결과 연평균 포트폴리오 회전율이 75%를 기록한 사실을 모르고 있는 것일까? 펀드 투자의 7%만 인덱스 펀드라는 사실을 모르고 있는 것일까? 1987년, 1990년, 1997년에 발생한 역사적인 시장 하락은 장기 보유자의 저가 매수에서 유입된 결과와는 거리가 멀고 극적인 펀드 유출이 발생시켰다는 사실을 모르고 있는 것일까? 무엇보다도 권위적인 자료는 1993년 〈계간 경제학 저널 Quarteriy Journal of Economics〉에 발표된 명쾌한 연구 결과다. 슬로모 벤자르티Shlomo Benzarti와 리처드 탈러Richard Thaler의 연구에 따르면, 평

균적인 투자자가 위험을 견디며 투자할 수 있는 기간은 1년에 불과하다.

단기 위험과 장기 위험의 상호작용을 생각해볼 수 있는 가장 쉬운 방법은 새로운 종류의 미국 장기국채(30년 만기)를 상상해보는 것이다. 이는 전통적인 채권과 유사하지만 정부가 항상 액면가로 상환할 준비가 되어 있다는 것이 다르다. 분명히 상환 가능한 채권은 가격이 높고 수익률이 낮다.

왜냐하면 단기적인 금리 인상의 충격에서 벗어나 있기 때문이다. 그러나 투자자가 장기 수익률에만 신경을 쓰는 글래스먼과 하셋 행성에서는 전통적인 채권과 새로운 종류의 채권의 가격이 동일할 것이다. 왜냐하면 두 채권 모두 만기 수익률이 같기 때문이다.

심지어 장기적으로 투자자들이 주식에 몰려들고 있어 다우인덱스를 36,000까지 밀어올릴 것이라는 글래스먼과 하셋의 의견까지도 인정하더라도 그 시점에서 위험 주식이 얼마나 자유로울지 물어봐야 한다. 글래스먼과 하셋은 최근의 시장 역사가 할인율에 극적인 영향을 미친다는 다소 불편한 사실을 무시하고 있다. 1928년에도 오늘날과 마찬가지로 모두가 '장기 투자자'였고 주식의 할인율은 매우 낮았다.(아마도 오늘날만큼은 낮지 않았을 것이다) 5년 뒤 매수 후 보유 투자자 비율이 100%에 가까워지면서 할인율은 극적으로 높아졌다. 그리고 다우인덱스 36,000에서는 할인율에 큰 변화가 없어도 주식 세계의 무위험이 갑자기 끝날 수 있다. 투자자가 1%의 위험 프리미엄이라도 요구한다면 다우인덱스는 3분의 2가 하락할 것이다. 아이러니하게도 주가가 36,000을 넘어서는 단기 '조정'에 대한 글래스먼과 하셋의 주장이 옳다고 해도 나중에 주식을 산 사람의 위험은 급격하게 증가한다.

폭락 시나리오를 무시한다고 해서 여전히 글래스먼과 하셋 행성이 먹기 좋아 보이지 않는다. 할인율은 또 다른, 훨씬 더 심오한 의미를 가지고 있기 때문이다. 즉 자산의 할인율이 기대수익률과 동일하다는 것이다.

만약 진짜 할인율이 5.5%이고, 다우인덱스가 36,000으로 정확히 계산된 것이라면 향후 주식의 수익률도 5.5%이다. 향후 30년 동안 물가상승률이 평균 2.5%라고 가정하면 주식의 실질수익률은 단 3%이다. 물가연동국채(TIPS)가 4%의 실질수익률을 보장하는 상황에서 현명한 투자자가 실질수익률이 3%밖에 안 되는 주식에 투자할 이유는 무엇일까?

'다우 36,000'에는 더 많은 근본적인 문제가 있다. 먼저 장기 주식 수익률이 5.5%라는 것의 의미를 생각해봐야 한다. 기업의 '자본 비용'은 반드시 이 장기 수익률과 같다. 5.5%라는 터무니없이 저렴한 자본 비용에서 기업은 특별히 주의하지 않고 자본을 사용할 수 있다. 자본 비용이 훨씬 싼 닷컴 회사의 부주의한 자본 소비 행태는 권장할 것이 못 된다.(더 큰 규모로 볼 때 샘 아저씨는 5.5%의 자본 비용에 얼마나 조심스러운가)

그렇기는 하지만 드물게 투자 패러다임이 극적이고 영구적으로 변화하기도 한다. 우리는 이미 1958년 주식 수익률이 채권 수익률 아래로 떨어졌을 때 일어났던 일을 언급했다. 당시 대부분의 금융 전문가는 다음과 같이 항의하곤 했다. 이것이 부자연스러운 상황이었고 주가는 하락하고 다시 한 번 수익률을 올려 옛 질서를 회복할 운명에 처해 있다는 것이다.

그럼에도 불구하고 주식시장은 결코 돌아오지 않았다. 물가는 계속 상승했고 주식 수익률은 채권 수익률보다 훨씬 떨어졌다.(새로운 패러다임도 고통스러울 수 있다. 1958년은 알렉산더 해밀턴 시대[36] 이후 가장 심각한 채권시장의 약세장이 시작됐었다) 오늘날 주식은 채권보다 4~5% 낮은 수익률을 보이고 있다. 나는 '다우 36,000'을 바로 버리진 않을 것이다. 몇몇 회의론자는 제대로다.(저자 자신조차도 잘못될 수 있다는 것을 인정한다. 따라서 자산의 20%를 채권으로 보유하고 있다)

헤지하기: 외화 보유의 통화 효과

해외 주식이나 채권 보유자는 그 주식의 본질적 위험뿐만 아니라 통화 변동에 따른 추가 위험에 노출된다. 예를 들어 영국 파운드화로 표시된 채권은 달러 대비 파운드의 가치와 함께 채권의 가

---

36 알렉산더 해밀턴(Alexander Hamilton)은 미국 건국의 아버지 중 한 명이다. 1787년 미국 헌법 제정에 공헌했고, 초대 워싱턴 정부 시절 재무부 장관으로 재직했다. 알렉산더 해밀턴 시대는 미국의 탄생 시기를 뜻한다.

치가 상승하거나 하락할 것이다. 이러한 통화 위험은 선물[37] 시장에서 1파운드짜리 계약을 명목 원가에 미리 매도함으로써 제거할 수 있다. 현실에서는 물건을 팔기 전에 먼저 사두어야 한다. 그러나 금융에서는 미래에 매수할 물건을 먼저 팔 수 있는 경우가 많다. 이것을 '선물 매도'라고 한다. 주식에서의 '공매도short'와 유사하다. 미리 매도된 통화 계약은 해당 통화가 하락할 때 가치가 상승하며, 그 반대의 경우도 마찬가지다. 결과적으로 헤지(위험 회피)된 채권은 일반적으로 헤지가 안 된 채권보다 위험성이 매우 낮다. 채권의 화폐 가치 변동이 선물 계약의 가치 변동과 반대여서 정확히 균형을 이루기 때문이다.

하지만 해외 주식과의 상황은 훨씬 복잡하다. 1999년 10월 이전의 20년간의 상황을 살펴보자. 헤지된 유럽 주식(MSCI 유럽)의 연환산 표준편차는 14.92%이다.(헤지된 인덱스는 유럽 투자자가 자국 통화로 보는 수익률이다. 지역 수익률이라고도 한다) 지난 수십 년은 외환 시장 격동의 시기였다. 유럽 통화 자체의 월별 수익률의 연환산 표준편차는 10.44%였다. 그러나 이 통화 수익률은 주식 수익률과 관련이 없기 때문에 달러 표시 유럽 시장의 표준편차는 16.25%에 불

---

37 선물(선도) 계약은 어떤 자산을 미래의 특정 시점에 특정 가격으로 매수하거나 매도하기 위해 현재 시점에 계약하는 것을 말한다. 주로 위험 회피(헤지)용으로 사용된다. 예를 들어 배추 농사꾼이 배추를 수확하기 전에 자신의 배추밭을 통째로 중개 상인에게 정해진 가격에 매도할 수 있다. 이때 배추 농사꾼은 수확철에 배추 값 하락 위험을 헤지할 수 있고, 반대로 배추 중개 상인은 배추 값 상승 위험을 헤지할 수 있다. 선물(futures)과 선도(forward)의 차이는, 선물은 주로 거래소에서 표준화되어 거래되고, 선도는 금융회사 간 직접 거래되는 경우가 많다는 것이다. 이 책에서는 선물과 선도의 용어를 명확히 구분하지 않고 있어 의미에 맞게 의역했다.

과했다. 헤지된(지역 통화) 인덱스보다 약간 높을 뿐이다. 사실 헤지가 실제로 유럽 주식 포트폴리오의 위험을 증가시킨 짧은 기간을 찾는 것은 어렵지 않다.

물론 지금쯤이면 당신의 수준이 높아졌으니 헤지되지 않은 해외 주식이 헤지된 것보다 조금 더 위험하다고 해서 포트폴리오 움직임에 불리한 것이 아니라는 것을 알 것이다. 이 문제를 조사하기 위해 1979년 11월부터 1999년 10월까지 세 가지 자산의 움직임을 살펴보았다. 광범위한 미국 시장(CRSP 1-10 인덱스 사용) 및 MSCI 유럽 인덱스를 헤지한 것과 하지 않은 것이다. 한 가지 문제가 분명해진다. 세 자산의 수익은 약간 다르다. 헤지된 유럽 인덱스의 수익률은 13.43%, 환율 변동으로 헤지가 안 된 포트폴리오의 수익률은 15.18%였다. 그리고 4장에서 보았듯이 1980년대와 1990년대 미국의 국내 수익률은 훨씬 높았다. 이 경우 17.21%였다. 이 기간 동안 헤지를 했건 안 했건 유럽 인덱스 둘 중 하나라도 포함한 포트폴리오는 수익률이 별로였는데, 국내(미국) 주식 100%인 포트폴리오는 최고의 수익률을 보였다.

이런 편견을 수정하려고 헤지가 안 된 유럽 및 미국 포트폴리오 수익률을 13.43%의 헤지된 유럽 포트폴리오 수준으로 조정했다. 그리고 [그림 7-9]에서 다양한 미국과 유럽 혼합물의 위험 대비수익 특성을 살펴보았다. 헤지된 포트폴리오(왼쪽 위)는 헤지가 안 된 포트폴리오(오른쪽의 위)보다 수익률과 위험이 모두 낮다. 어떤 경우든 수익률 범위는 매우 좁다는 것을 기억하라.(우리는

12bp(0.12%) 차이를 말하고 있다) 그래서 모든 조건이 같다면 유럽 주식을 헤지하는 것이 좋다. 물론 현실 세계에서는 모든 조건이 같을 수 없다. 통화 노출은 앞으로 매우 유리하거나 불리하게 판명될 가능성이 높다. 그리고 우리는 어떤 것도 예측할 수 없다.

[그림 7-9] 헤지 효과, 미국과 유럽(1979년 11월-1999년 10월)

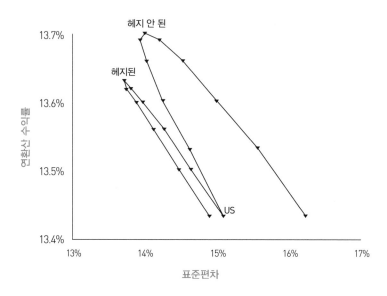

다행히도 헤지의 장점(개별 자산 위험 감소, 헤지로 수익률 증가)과 단점(포트폴리오 내 다른 자산과의 높은 상관관계)은 크게 상쇄된다. 아주 장기적으로는 포트폴리오 내 자산을 헤지했건 안 했건 위험과 수익 특징에 큰 차이가 없다. 그러나 짧은 기간에는 그 차이가 매우 클 수 있다. 예를 들어 1984~1986년과 1994~1995년에 발생한

달러의 급속한 평가절하 기간 동안 헤지 안 된 포트폴리오가 헤지
된 것의 성과를 능가했다. 그 반대 상황은 1998~1999년에 통화 주
기가 풀렸을 때 일어났다.

유럽이나 일본에서 노후를 보낼 계획인 소수의 사람들 입장에
서 그들의 궁극적인 위험은 헤지를 하지 않음으로써 줄어들 수 있
다. 즉 그들의 부채는 외화로 되어 있을 것이기 때문에 그들의 필
요를 충족시킬 충분한 자금을 확보할 가능성은 헤지하지 않음으
로써 증가한다.

수학 세부 정보:
곡면거울 같은 헤지

상황이 복잡해지긴 하지만 사실 헤지 비용도 고려해야 한다. 기
관 차원의 펀드에서는 헤지와 관련 된 보수, 수수료 및 기회비용
을 최소화한다. 아마도 수십 베이시스 포인트[38] 이하일 것이다.
헤지의 실제 원가는 선도환 계약의 성격과 관련이 있다.

	파운드화	엔화	독일 마르크화
현물 환율	$1.6239	$0.009758	$0.5219
6개월 선도 환율	$1.6245	$0.010052	$0.5288
선도 프리미엄	0.04%	3.01%	1.32%

---

38 basis point: 만분율. 1bp=1/100%=0.01%=1/10,000을 말한다.

이 내용이 기재되고 있는 바와 같이 파운드화, 엔화, 독일 마르크화[39]의 현물 및 6개월의 선도 계약은 다음과 같다.

헤지를 하고자 할 때는 선도환율forward rate에 대한 '매도권short'을 지금 '팔고sell' 나중에 다시 사면buy 된다. 만약 당신이 6개월 선도 계약의 매도권을 지금 팔고, 다시 그걸 사야 하는 6개월 뒤 만기 직전까지 기다린다면 당신은 통화를 현물환율spot rate로 구입하게 될 것이다.(다른 표현으로 '숏 포지션을 커버하게 될 것이다') 그 사이에 현물환율과 선도환율이 변하지 않으면 당신은 선도 프리미엄과 동일한 이익을 얻는다. 이는 현물환율과 선도환율의 차이와 같다. 파운드화의 경우는 무시해도 좋을 정도고, 엔화는 3.01%, 독일 마르크화는 1.32%이다. 사실상 당신은 이 통화들을 헤지하기 위해 돈을 받는 것이다.(이것은 현재 시점에서 이들 나라 각각이 선도 프리미엄 요율과 같은 크기만큼 금리가 낮기 때문이다. 만약 당신이 러시아 루블화와 같은 높은 금리에 불안정한 통화를 헤지하기를 원한다면, 선도 프리미엄은 매우 큰 마이너스로 헤지 비용이 매우 커질 것이다)

그리고 헤지하는 양과 정확히 같은 크기의 주식이나 채권을 소유하고 있다면 선도 프리미엄이 그대로 유지되는 한 환율이 어떻게 되든 선도 프리미엄을 얻는다. 당신은 선도환율이 미래의 환율 예측이 될 것이라고 생각할 수도 있다. 하지만 그렇지 않다.

---

39 유럽에서 가장 안정적이고 환율이 센 통화였다. 일본 엔화와 영국 파운드화를 제치고 제2의 기축통화이기도 했다. 2002년 유로화 출범 이후 법정통화로서의 기능은 정지되었다.

예를 들어 엔화 선도 프리미엄이 이처럼 높은 이유는 일본 금리가 매우 낮기 때문이다. 선도 프리미엄이 (현재 금리가 단 1%인) 일본 5년 만기 채권을 보유한 미국 투자자에게 하는 말은 다음과 같다. "낮은 수익률을 걱정할 필요가 없다. 연 6% 환율 상승이 차이를 메워줄 것이다." 그러나 사실 환율의 역사가 말해주는 것은 평균적으로 이런 일은 일어나지 않는다는 것이다. 지난 수십 년간 글로벌 채권 매니저들은 선도 스프레드(차이)가 마이너스일 때 선진국의 헤지되지 않은 고수익 채권을 구매해 초과 수익을 올렸다. 기초통화가 선도 스프레드에 의해 예측한 만큼 평가절하되지 않을 때 이익을 얻는 방식이다. 이 시장의 비효율성은 아마도 정부가 통화 게임의 주요 주체라는 사실에 기인할 것이다. 정부는 그들의 주된 목표가 이윤이 아니라 통화 방어라는 점에서 개인과 기관 투자자와 다르다.

마지막으로 과거 데이터를 평가할 때 헤지 비용을 고려할 필요가 있다. 제레미 시겔Jeremy Siegel이 그의 책 〈주식에 장기투자하라Stocks for the Long Run〉에서 지적한 바와 같이 1910년 파운드화는 4.80달러였다. 그 이후로 가치가 3분의 1로 떨어졌다. 사람들은 영국 주식에서 통화를 헤지하는 편이 수익률을 증가시켰을 것이라고 생각할 수도 있다. 틀렸다. 대부분의 기간 동안 영국 금리가 미국 금리보다 높았기 때문에 헤지 비용이 상당했다. 헤지하지 않는 게 훨씬 나았다.

투자자가 직면하는 가장 골치 아픈 질문 중 하나는 어느 정도의 통화 헤지가 좋은가이다. 평균-분산 분석이나 스프레드시트 분석 모두 명확한 답을 제공하지 못한다. 실질적인 문제로 이 결정은 이미 당신에게 던져졌다. 8장에서 권고한 것은 해외 주식 인덱스 펀드는 모두 헤지하지 않는 것이다. 단지 비용이 저렴한 해외 채권 펀드만 헤지한 것이다. 그리고 우리가 이미 보았듯이 이것이 나쁜 상황은 아니다. 더 중요한 것은 얼마나 헤지했느냐가 해외 주식과 채권 펀드의 단기 성과에 영향을 강하게 미친다는 점이다. 당신의 펀드 몇 개가 어느 해에 안 좋았다고 해서 흥분할 필요는 없다. 왜냐하면 달러화 하락이나 상승으로 인해 완전히 헤지가 되었기 때문이다. 당신의 펀드가 그들의 헤지 정책을 지키는 한 통화 움직임이 추와 같이 양쪽으로 흔들릴 때 당신은 보상을 받는다. 매번 그래왔다.

동적 자산배분

동적 자산배분은 시장 상황의 변화에 맞춰 당신의 배분 정책을 바꾸는 것을 말한다. 이 책의 많은 부분을 할애하여 정적 자산배분의 장점을 확신시켰는데, 나는 왜 이렇게 늦게 이 귀중한 방법을 풀고 있는 것일까? 배분 정책을 바꾸는 일은 '시장 타이밍'과 다름없이 명백하게 무익한 것 아닌가?

더 진행하기 전에 분명히 하고 가야겠다. 정기 리밸런싱이 요구되는 정적 자산배분 정책을 준수하기는 어렵다. 이 전략에 익숙해지려면 몇 년이 걸릴 수도 있다. 많은 사람은 끈기를 잃고 결코 끝까지 해보지 못한다. 당신은 시험용 비행기를 숙달하기 전에 최신전투기를 조종할 수 없다. 마찬가지로 정적 자산배분을 마스터하기 전에 동적 자산배분을 시도하지 말기 바란다.

이 책의 1995년판에서 나는 PBR의 반대 방향으로 주식과 채권배분을 변경하면 위험 조정 수익률이 어느 정도 개선되는 예를 제공했다. 이건 더 이상 사실이 아니다. 왜냐하면 PBR에 민감한 투자자가 작년까지 증시를 완전히 빠져나갔을 것이기 때문이다.

[그림 7-10]은 5년 평균 수익률 대비 PBR 그래프이다. 부정확하지만 분명히 PBR이 낮을 때 수익률이 높고, PBR이 높을 때 수익률이 낮은 경향이 있다. 이 그래프에서 가장 주목할 만한 점은 데이터 점들의 아랫쪽 경계가 직선을 형성한다는 것이다. 이것은 주어진 PBR에서 예상할 수 있는 최소 수익률을 나타낸다. 1.5의 PBR에서 평균 2%의 5년 단위 수익률은 보장된 것 같다. 1.25의 PBR에서는 7.5%이다. 그리고 1.0에서는 13%의 수익률이 확실해 보인다. 이것이 유용한 관계인가? 그건 아무도 모른다. 그러나 [그림 7-10]은 주가가 비싸지면 미래 수익률이 하락할 가능성이 높고, 주가가 싸지면 미래 수익률이 상승할 가능성이 높다는 점을 잘 보여준다.

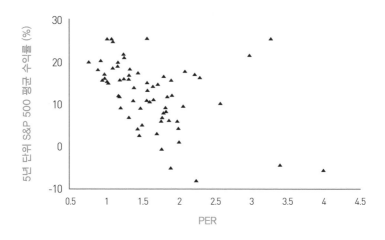

[그림 7-10] 5년 단위 주식 수익률 대 PBR(1926-1993)

그러나 때때로 당신의 배분 기준을 가치 평가와 정반대의 방향으로 수정해도 나쁜 생각은 아니다. 2년 전 신흥시장에 6%의 노출이 적절하다고 생각했다면, 아마도 이 지역의 최근 폭락으로 7% 또는 8%로 비중을 늘리는 것이 부적절하지는 않을 것이다. 만약 3년 전 당신이 S&P 500을 40%의 비중으로 보유하고 있었다면, 비중을 35%로 줄이는 것도 현재의 버블(주가 거품) 환경에서 나쁜 생각은 아닐 것이다. 이런 식으로 생각해보자. 목표 배분을 유지하기 위해 포트폴리오를 리밸런싱할 때 가격이 하락한 자산을 더 많이 구입하여 더 저렴하게 편입하는 것이다. 자산 가격이 하락하고 저렴해질 때, 그 자산의 목표 비중을 실제로 증가시킬 때 단순한 리밸런싱을 보다 활기찬 형태로 하는 것이 된다. 이를 '오버밸런싱 overbalancing'이라고 한다. 더 간단한 오버밸런싱 방법은 목표 비중을 아주 조금 늘리는 것이다. 자산 가치가 하락할 때마다 비중을 0.1% 씩 늘릴 수 있으며, 그 반대의 경우도 마찬가지다.

대부분의 투자자가 경제적, 정치적 상황 변화에 대응하여 그들의 배분 비중을 바꾸기 때문에 동적 자산배분은 나쁜 평가을 받는다. 우리가 논의한 바와 같이 이것은 좋지 않은 접근이다. 나는 순수하게 시장 가치에 따르는 배분의 변화가 수익률을 높일 가능성이 더 크다고 생각한다. 리밸런싱은 끈기와 규칙을 필요로 한다. 오버밸런싱은 이 두 가지가 훨씬 많이 필요하다. 소액 투자자든 기관이든 아주 소수만이 해낼 수 있다.

행동금융학

이 책의 가장 중요한 전제는 현대에 투자하고 있는 이성적인 투자자가 어떤 논리적 결정과 선택을 할 것인가 하는 점이다. 단 한 가지 문제가 있다. 인간은 이성적이지 않다는 것이다. 지난 수십 년간 행동금융 분야는 투자자를 괴롭히는 논리적 모순과 약점을 연구하면서 폭발적으로 발전했다. 세 가지 인간의 행동 현상을 얘기해볼 필요가 있다. 과신, 최근성, 근시안적 위험 회피가 그것이다.

• 과신
공중파 라디오를 싫어하는 당신을 위해 설명하자면 거의 20년 동안 쇼 진행자, 작가, 그리고 가수인 개리슨 키일러Garrison Keillor가 '프레리 고향 친구들A Prairie Home Companion'이라는 라디오 쇼를 제작했다. 그 쇼는 미네소타 주에 있는 위베곤 호수 근처의 상상 속 마을을 배경으로 한다.(나는 2년 넘게 듣고 있다가 계속 궁금해져서 지도 회사인 랜드 맥널리에 가본 적이 있다) 키일러는 쇼의 시작과 끝에 '위베곤 호수에서는 모든 여자가 강하고, 모든 남자가 잘생겼으며, 모든 아이가 평균 이상이다'라고 말한다.

이것 참! 월스트리트의 모든 사람도 평균 이상이다. 1998년 9월 14일 〈월스트리트 저널〉 '시장의 중심' 시리즈에서 투자자의 선입견을 다룬 기사가 올라왔다. 작가인 그레그 입Greg Ip은 1998년 여름의 시장 하락과 함께 생긴 투자자의 태도 변화를 조사했다. 그는 투자자의 수익률 기대치의 변화를 다음과 같이 요약했다.

기대수익률	1998년 6월	1998년 9월
다음 12개월, 자신의 포트폴리오	15.20%	12.90%
다음 12개월, 시장 전체	13.40%	10.50%

이 표에서 가장 먼저 보이는 것은 일반 투자자가 시장보다 2% 높은 수익을 낼 수 있다고 생각한다는 점이다. 실제로 많은 투자자가 시장을 몇 퍼센트 차이로 이길 수도 있지만, 평균적인 투자자가 그렇게 하기는 수학적으로 불가능하다. 사실 우리가 이미 논의한 바와 같이 평균적인 투자자는 반드시 시장 수익률과 같아진다. 물

론 보수 및 거래 비용만큼 시장 수익률보다 작아진다. 인간 본성에 아무리 무관심한 사람이라도 이 역설에 놀라지 말아야 한다. 사람들은 지나치게 자신만만해하는 경향이 있다.

과신은, 자연 상태에서는 어느 정도 생존 우위를 가질 수 있지만 금융 세계에서는 그렇지 않다. 다음을 생각해봐라.

- 한 연구에서 미국 운전자의 82%가 안전 운전에서 자신이 그룹의 상위 30%에 속한다고 답했다.
- 또 다른 연구에서는 신규 사업자의 81%가 성공할 가능성이 높다고 생각했지만 실제로는 39%만이 성공했다.
- 비어즈타운 출신 주부 여러 명이 투자 클럽을 결성했는데 포트폴리오 수익률을 잘못 계산했다. 그리고 나서 그들의 '성공' 스토리를 출판해 베스트셀러가 되었다.

과신과 관련된 요소는 흥미를 유발한다. 일이 복잡할수록 우리는 더 부적절하게 과신한다. 누군가의 노력을 평가하는 것도 한 요인이다. 우리의 행동과 그들의 평가 사이의 피드백 루프가 길어질수록 우리의 과신 성향은 커진다. 예를 들어 기상학자, 브리지(카드게임) 선수, 응급실 의사는 일반적으로 아주 잘 평가되고 있다. 하지만 대부분의 투자자는 그렇지 않다.

• 최근성

위의 수익 기대치 표에서 나온 두 번째 놀라운 자료는 1998년 9월이었다. 가격이 급락하고 나니 투자자의 주식 수익률 추정치가 6월보다 낮아졌다. 이것은 매우 비이성적이다. 다음 질문을 보자. 1월 1일에 당신은 300달러에 금화를 산다. 다음 달에 금값이 떨어지고 당신의 친구는 같은 금화를 250달러에 산다. 10년 후 두 사람모두 동시에 동전을 판다. 누가 더 높은 수익을 얻었는가?

정답을 모르는 투자자는 없을 것이다. 동전을 50달러 싸게 산친구가 당신보다 50달러를 더 벌 것이다.(혹은 최악의 경우 손실이 나더라도 50달러를 덜 잃는다) 이런 맥락에서 볼 때 이성적인 투자자가주가 하락을 보고 기대수익률을 낮춘다는 것은 정말 놀라운 일이다. 행동과학자는 이런 현상이 발생하는 이유를 '최근성' 때문이라고 설명한다. 과거 데이터가 더 포괄적이더라도 최근 데이터에많은 비중을 두는 경향을 말한다. 투자 경험이 5년 미만인 사람과최근에 대화를 나누었다고 가정해보자. 장기적으로 주식 수익률은 20%를 넘길 수 없다고 말해봐야 설득이 안 된다. 이유는 최근의 높은 수익률만을 기억하는 최근성 때문이다. 최근 데이터를 화려하게 또는 불쾌하게 만들면 더 중요한 장기 데이터를 완전히 잊어버릴 것이다.

당신은 아주 흥미롭긴 하지만 그런 형이상학이 무슨 소용이있느냐고 질문할 수 있다. 가장 먼저 그것은 왜 대부분의 투자자가 '볼록한convex' 거래자인지를 설명한다. 이 용어는 학자인 윌리엄 샤프William Sharpe와 앙드레 페롤드Andre Perold가 '포트폴리오 보험' 전략을 설명하기 위해 만든 말이다. 그 전략은 가격이 상승할 때 주식을 사고, 하락하는 동안 파는 것이다. '오목한concave' 전략은 그 반대다. 가격이 하락하는 동안 주식을 사고, 가격이 상승할 때 주식을 파는 것이다. 사람마다 매력적으로 느껴지는 전략이 다를 것이다. 샤프와 페롤드는 더 심오한 주장을 한다. 오목한 거래자가 모여사는 세상에서는 볼록한 거래자가 되는 것이 유리하고 그 반대 역시 마찬가지다. 사실 금융의 역사는 최근성 때문에 주식 투자자의 압도적 다수가 볼록한 거래자라고 말한다. 가격이 오르면 투자자의 수익률 추정치가 비합리적으로 상승하고 그에 따라 더 많은 주식을 산다. 만약 실제로 대부분의 투자자가 그런 볼록한 행동을 보인다면 합리적인 투자자는 오목한 거래자가 되는 게 맞을 것이다.(한편 채권 투자자는 최근성에 덜 지배받는 것 같다. 따라서 볼록한 것이 조금 덜하다. 아마도 채권 가격의 하락이 채권의 가장 명백한 특징인 현재 수익률을 만들고, 이로 인해 대중 투자자에게 더 빨리 알려지기 때문이다)

• 근시안적 위험 회피

인간은 단기적으로 위험을 경험한다. 물론 이것은 당연히 그래야만 하는 것이다. 자연 상태에서 우리의 조상은 순간적인 위험에 초점을 맞추는 능력이 장기 전략 분석 능력보다 훨씬 큰 생존 가치를 지니고 있었다. 불행하게도 현 시점의 본능적인 집착은 현대 사회, 특히 투자의 세계에서는 오히려 가치가 떨어진다.

단기 손실의 가능성을 지나치게 강조하는 것을 근시안적 위험 회피라고 한다. 2장에서 채권에 대한 주식의 장기적인 우열을 살펴본 결과, 이런 질문을 던지는 자신을 발견했을지도 모른다. "왜 다들 주식을 사지 않는 거지?" 장기적으로는 채권이 주식보다 더 위험하다는 것이 분명하다. 30년 이상으로 봤을 때 주식이 채권보다 성과가 낮았던 적은 없다. 사실 많은 학자가 이것을 '주식 위험-프리미엄 퍼즐'이라고 부른다. 이 수수께끼(퍼즐)는 주식이 왜 그렇게 싸게 유지될 수 있었는지, 수익률이 그렇게 크고 지속적으로 다른 자산의 수익을 초과하는지에 대한 것이다. 정답은 수백만 년 진화 역사의 쓸모없는 유물인 원시적 본능에서 찾을 수 있다. 우리의 본능은 장기 금융 목표를 달성하지 못하는 것보다 유동 순자산의 30%를 갑자기 상실할 때 많은 고통을 느끼기 때문이다. 문제가 얼마나 심각할까? 나는 이미 슬로모 벤자르티^{Shlomo Benzarti}와 리처드 탈러^{Richard Thaler}가 쓴 영리한 논문을 언급했다.(탈러는 행동금융학에서 가장 빛나는 스타이다) 그 논문은 위험 프리미엄과 투자자 선호도의 상호작용을 조사했다. 그들은 평균적인 투자자의 위험 감내 한계가 약 1년이라고 추정했다. 정말 근시안적이다.

소크라테스는 우리에게 미증유(검증되지 않은)의 삶은 살 가치가 없다고 말했다. 현대 투자가에게 있어서 자기 검증의 실패는 영혼에 관한 포켓북만큼이나 해를 끼칠 수 있다.

1. 나쁜 기업은 보통 좋은 주식이고, 좋은 기업은 대개 나쁜 주식이다. 가치투자는 아마도 장기 수익률이 가장 높을 것이다.

2. 통화 헤지는 단기 포트폴리오 행동에 중요한 영향을 미치지만 장기 영향은 거의 없다.

3. 가격 변화와 반대 방향으로 하는 한 자산배분 비중을 약간 변경하는 것은 괜찮다.

The Intelligent
Asset Allocator

Part 8

자산배분
전략 실천하기

베트남에서의 해병대 부대 경험을 다룬 스탠리 큐브릭 감독의 영화 〈풀 메탈 자켓Full Metal Jacket〉에는 기억할 만한 구절이 있다. 이 야기는 한 풋내기 젊은 기자에 초점이 맞춰져 있는데 그는 한 무리의 머리가 희끗희끗한 베테랑들과 함께 있게 됐다. 해병대에는 그들만 아는 통용어가 있다. 몇 분 동안 농담을 주고받은 뒤 고참 병장이 기자에게 눈을 돌려 질문을 던진다. "말로는 뭐든 할 수 있지. 하지만 진짜 행동으로 옮길 수 있겠어?" 자산배분의 이론을 이해하는 것은 쉽다. 하지만 그것을 실천하는 것은 다른 문제다.

자산배분 선택

지금쯤이면 당신은 기본적인 자산배분이 어떻게 되어야 하는지 잘 알 것이다. 그렇지 않다고? 그렇다면 그 과정을 다시 안내하겠다. 이것은 본질적으로 5장에서 얘기했던 것을 다시 요약한 것이다. 다만 진행 단계의 순서를 일부 바꿨다.

1. 주식과 채권의 기본 배분 비중을 결정하라. 먼저 '최고의 수익을 얻기 위해 기꺼이 감수할 수 있는 연간 포트폴리오 손실의 최대값은 얼마인가'라는 질문에 답하라. [표 8-1]은 위험 허용도를 결정하는 과정을 요약한 것이다.

이 책의 이전 버전에서 가장 위험 부담이 큰 투자자에게 주식 비중 100%를 허용했었다. 그러나 현재로서는 앞으로 예상되는 주식과 채권 수익률이 다르지 않을 수 있어 모든 투자자에게 채권 비중을 일부 가져가라고 권장한다.

[표 8-1]에서 추천한 주식 비중은 당신의 투자 지평time horizon에 따라 하향 조정할 필요가 있다.

[표 8-1] 주식 대 채권 배분 비중

내가 견딜 수 있는 포트폴리오의 고점 대비 하락률	포트폴리오 주식 투자 비중 추천
35%	80%
30%	70%
25%	60%
20%	50%
15%	40%
10%	30%
5%	20%
0%	10%

주식 비중의 최대값은 당신이 그 돈을 써야 할 때까지의 햇수의 10배가 되어야 한다. 예를 들어 2년 후에 돈이 필요하면 주식 비중이 20%를 넘지 않아야 하고, 7년 후에 돈이 필요하면 70%를 넘지 않아야 한다.

2 당신이 얼마나 복잡한 것을 견딜 수 있는지 고민하라. 6개의 자산군을 이용하는 것이 당신이 감당할 수 있는 최대치인가? 아니면 환태평양 지역의 소형주나 신흥시장 가치주 같은 이국적인 자산이 포함된 포트폴리오를 원하는 '자산군 광팬'인가?

먼저 적어도 네 가지 자산군이 필요하다.

· 미국 대형주(S&P 500)
· 미국 소형주(CRSP 9-10, 러셀 2000 또는 바라 600)
· 해외 주식(EAFE-유럽, 호주, 극동 지역)
· 미국 단기채권

이 정도만 하는 게 좋은가? 좋다. 위의 네 가지 자산은 당신에게 필요한 분산을 대부분 제공해줄 것이다. 하지만 만약 더 복잡한 것을 참을 수 있다면 좀 더 세분화하기를 권한다.

· 미국 대형주 - 시장, 가치
· 미국 소형주 - 시장, 가치, 리츠

· 해외 주식 – 유럽, 일본, 환태평양 지역, 신흥시장, 소형주

· 미국 단기채권

3. 시장과의 괴리를 얼마나 허용할 수 있는지 결정하라. 당신이 시장 인덱스(다우인덱스나 S&P 500)와 자신의 포트폴리오의 수익을 자주 비교하는 그런 투자자인가? 당신의 포트폴리오가 시장보다 수익이 떨어지면 기분이 안 좋아지는가? 그렇다면 당신은 아마도 벤치마크인 시장 인덱스와 큰 차이가 없는 미국 대형주의 비중을 늘리는 것을 생각해봐야 한다.

세금 계획

마지막 몇 단락의 어딘가에서 우리는 자신도 모르게 '세금'이라는 거대한 장애물에 맞닥뜨린다. 만약 당신의 모든 자산이 IRA, 키오 (Keogh), 401(k), 403(b),[40] 개인연금 또는 연금보험과 같은 세금 감면용 계좌에 들어 있다면 문제되지 않는다. 그러나 자산의 상당 부분이 과세 대상이라면 주의해야 한다. 예를 들어 S&P 500 인덱스는 상대적으로 세금 측면에서 유리하지만 소형주 인덱스는 또 다른 이야기다. 이런 벤치마크와 이를 추적하는 펀드는 상대적으로

---

40 미국의 비과세 제도를 말한다. IRA(individual retirement account)는 비과세 개인연금(퇴직금) 계좌, Keogh는 1962년 제정된 자영업자를 위한 퇴직연금 제도, 401(k)는 급여에서 공제하는 퇴직금 적립 제도, 403(b)는 공무원이나 비영리단체 직원 대상 급여 공제 퇴직금 적립 제도.

회전율이 높다. 설상가상으로 이 범주의 주식은 큰 폭의 가격 인상 후에 중형주나 대형주 범주로 옮겨지기 위해 매도되면서 소형주 인덱스에서 빠진다. 문제는 매도로 인한 매우 큰 자본 이득[41]이 불균형적으로 발생한다는 것이다. 해외 소형주도 마찬가지다.

이는 또한 가치주 펀드(대형주 및 소형주 모두)에서도 발생한다. 가치주가 해당 범주에서 벗어나는 주된 이유는 가격 상승 때문에 주식이 성장주 범주에 놓이기 때문이다. 다시 말하지만 원치 않는 자본 이득 분배금은 가격 상승의 결과물이다.

리츠는 더 심각한 문제를 일으킨다. 수익의 대부분이 배당금으로 나오기 때문에 당신이 낼 수 있는 최대 비율로 과세될 수 있다. 따라서 과세 계좌에는 적합하지 않을 수 있다.

마지막으로 채권도 세금 문제가 있다. 거주하는 주에 따라 다른데, 지방채[42] 펀드나 국채 등이 유리할 수 있다.

인덱스 펀드 상품 추천: 뱅가드와 DFA

이 시점에서 우리는 마침내 개별 투자 상품을 고를 수 있게 되었다. 이 책의 이전 버전에서는 개별 펀드를 선택하는 다방면에 걸친 검토 방법을 설명했다. 하지만 최근 그 분야의 선두 주자인 뱅

---

41 미국의 과세 제도는 매수가 대비 매도가의 차이인 자본 이득에 세금이 발생하는 구조다.
42 미국 지방정부가 발행하는 지방채의 경우 세금 혜택이 있는 경우가 많다.

가드와 '디멘셔널 펀드 어드바이저(DFA)'로부터 다양한 인덱스 투자 상품을 이용할 수 있게 되었기 때문에 설명이 훨씬 쉬워졌다.

뱅가드 그룹의 구조는 펀드 산업 내에서도 매우 독특하다. 뱅가드가 운용하는 펀드들이 뱅가드 지분 전체를 보유한다. 따라서 펀드 가입자가 뱅가드의 지분을 보유하는 형태다. 다시 말해 전체 펀드 그룹의 이익은 펀드 자체에 다시 분배된다. 따라서 펀드 가입자인 당신에게도 분배된다. 대부분의 펀드 회사는 회사 주주들이 지분을 갖고 있거나 개인 소유다. 즉 펀드 경영에서 생기는 모든 이익이 펀드 가입자에게 흘러가지 않는다. 이것은 중요한 차이다. 대부분의 펀드 회사는 그들의 펀드에 높은 운용 보수를 부과함으로써 보상을 받는다. '보수 비율'의 개념은 펀드 투자에서 핵심이다. 회계, 고객 관리 및 투자 관리 수수료에 의해 발생하는 펀드의 보수는 펀드가 실제로 투자에서 벌어들이는 수익에서 차감된다. 미국 주식형 펀드의 평균 보수 비율은 1.32%이다. 해외 펀드의 경우는 2%에 달한다. 더욱이 6장에서 보았듯이 보수 비율은 시작에 불과하다. 수수료, 매매호가 차이, 영향 비용은 당신의 수익을 더욱 낮춘다. 물론 뱅가드도 이런 비용을 청구하지만 인덱스 펀드의 회전율이 낮기 때문에 그 비용은 기존의 액티브 펀드에 비해 훨씬 적다.

내가 추천하고 싶은 뱅가드 주식 펀드는 다음과 같다.

1. 뱅가드 500 인덱스 펀드Vanguard 500 Index Fund: S&P 500을 추종하

는 모든 인덱스 펀드의 할아버지다. 다음 해의 언젠가 틀림없이 지구에서 가장 큰 펀드가 될 것이다. 장기적으로 보면 세금 감면 계좌에서는 이 펀드가 좋은 선택일 수 있지만, 과세 대상 투자자에게는 약간의 단점도 존재한다. 스탠더드앤드푸어스(S&P)는 주기적으로 인덱스 안에서 주식을 더하고 뺀다. 펀드가 그에 따라 포트폴리오를 재정비하기 때문에 배당금이 생긴다. 따라서 나는 과세 대상 투자자에게 두 가지 대안을 추천한다. 그것은 뱅가드 토털 주식시장 인덱스 펀드Vanguard Total Stock Market Index Fund와 뱅가드 세금 관리 성장과 소득 펀드Vanguard Tax-Managed Growth and Income Fund이다.

2. 뱅가드 세금 관리 성장과 소득 펀드Vanguard Tax-Managed Growth and Income Fund: 이 500 인덱스 펀드의 세금 관리 버전은 원가가 높은 주식을 먼저 매도하고 다른 포지션은 매매 차익을 상쇄하기 위한 손실로 매도함으로써 배당금을 최소화하고자 한다. 펀드의 최소 구매 금액이 얼마나 높은지,(보통의 3,000달러 대비 10,000달러) 1년 미만 보유 주식의 환매 수수료 2% 및 5년 미만 보유 주식의 환매 수수료 1%에 주의해야 한다.

3. 뱅가드 토털 주식시장 인덱스 펀드Vanguard Total Stock Market Index Fund: 이 펀드는 윌셔 5000 인덱스(현재 7,000주 이상 포함)를 추종하는데 특히 과세 대상 투자자에게 적합하다. '전체 시장'을 소유하고 있기 때문에 현금화가 필요할 때만 주식을 매도한다. 75%의 대형주, 15%의 중형주, 10%의 소형주로 구성된다고 보면 된다.

4. 뱅가드 가치주 인덱스 펀드Vanguard Value Index Fund: 이 펀드는

PBR로 정렬했을 때 S&P 500 시가총액의 하위 50%를 추종한다. S&P 500의 이 독특한 분할은 약 380개의 가치주와 120개의 성장주를 나누는데, 후자가 전자에 비해 시가총액이 훨씬 높기 때문이다. 이 전략은 회전율이 높기 때문에 과세 계좌에는 적합하지 않다. 나는 뱅가드가 조만간 세금에 효과적인 대형 가치주 펀드를 내놓을 것이라고 생각하지만 아직은 없다.

5. 뱅가드 소형주 인덱스 펀드Vanguard Small-Cap Index Fund: 이 펀드는 러셀 2000 인덱스를 추종한다. 세금 감면 계좌에만 적합하다.

6. 뱅가드 세금 관리 소형주 펀드Vanguard Tax-Managed Small-Cap Fund: 이 펀드는 과세 대상 계좌용으로 위에서 설명한 세금 관리 전략을 사용한다. 최저 가입 금액은 1만 달러이고, 세금 관리 성장과 소득 펀드처럼 1%나 2%의 환급 수수료가 있다. 또한 매매호가 차이 및 영향 비용을 완화하기 위해 펀드 자체에 지불해야 하는 매입 수수료가 0.5% 있다.

7. 뱅가드 소형 가치주 인덱스 펀드Vanguard Small-Cap Value Index Fund: 이 펀드는 회전율과 분배금이 높을 가능성이 크기 때문에 세금 감면 계좌에 적합하다. 0.5%의 매입 수수료가 있다. 뱅가드에는 아직 세금 관리 소형주 가치 펀드가 없다.

8. 뱅가드 유럽 및 태평양 주식 인덱스 펀드Vanguard European and Pacific Stock Index Fund: 이 펀드는 회전율이 낮고 과세 계좌에 적합하다. 태평양 주식 인덱스 펀드는 기본적으로 일본 펀드라고 봐야 한다. 펀드 자산의 80%가 일본이기 때문이다.

9. 뱅가드 신흥시장 주식 인덱스 펀드Vanguard Emerging Markets Stock Index Fund: 이 펀드는 높은 매매호가 차이와 거래 비용 때문에 0.5%의 매입 수수료와 환매 수수료가 있다. 장기적으로는 펀드가 얼마나 많은 수익을 낼지, 과세 계좌에 얼마나 적합할지는 미지수다. 다만 뱅가드는 매매를 최소화하는 경험이 있고, 이 지역의 높은 거래 비용에도 민감해 적절히 관리할 능력이 된다고 생각한다.

10. 뱅가드 국제 주식 인덱스 펀드Vanguard Total International Stock Index Fund: 이 펀드는 포트폴리오의 단순성을 소중하게 여기는 사람을 위한 것이다. 과세 계좌에 적합하고, 최저 가입 금액은 1만 달러이다. 환매 수수료가 다른 세금 관리 펀드와 같고 매입 수수료는 0.25%이다.

11. 뱅가드 리츠 인덱스 펀드Vanguard REIT Index Fund: 리츠의 장기 수익은 대부분 배당금으로 나오기 때문에 이 자산군은 세금이 면제되는 환경에서만 사용되어야 한다. 1년 미만 보유 시의 환매 수수료는 1%이다.

인덱스화된 자산군 범위에서 뱅가드를 이기기는 힘들지만 세금 관리 가치주 인덱스 같은 몇 가지 구멍이 있다. 게다가 뱅가드는 국제 소형주와 국제 가치주 상품이 부족하다. 만약 당신이 이런 영역에 투자하고 싶다면 '디멘셔널 펀드 어드바이저DFA'가 필요할 것이다. 산타모니카를 기반으로 한 DFA의 전략은 유진 파마, 케네스 프렌치, 렉스 싱크필드 등 학계의 금융경제학 분야에서 가장 빛나는 스타들이 고안했다. DFA는 당신이 생각할 수 있는 거의 모든 인덱스 펀드를 제공한다. 미국 대형주, 미국 대형 가치주, 국제 대형주, 국제 대형 가치주, 미국 소형주, 미국 소형 가치주, 영국, 일본, 유럽, 환태평양 지역 소형주, 신흥시장 소형주와 가치주 등이다. 또한 DFA는 해외 및 국내 세금-관리 가치 펀드를 제공한다. DFA의 보수 비용은 뱅가드만큼이나 적다. DFA 펀드는 인가된 금융 상담사를 통해 이용할 수 있다. 물론 공짜는 아니고 수수료가 있다.

또한 당신은 한 개에 24~50달러의 거래 비용이 드는 '슈퍼마켓'(슈왑, 뱅가드, 워터하우스) 중 하나를 통해 펀드를 사야 할 것이다. 그럼에도 불구하고 만약 당신이 이런 자산군을 가져야 한다면 서비스 비용으로 합리적인 수수료를 부과하는 금융 상담사를 찾아야 한다. 국제 소형주 투자는 까다로운 문제다. 이 책의 이전 버전에서 나는 이런 목적으로 아콘 인터네셔널Acorn International과 트위디 브라운 국제 가치주Tweedy Browne Global Value 펀드를 추천했다. 사실 이런 선택은 지난 몇 년간 꽤 좋은 성과를 보였다. 유일한 문제는 그것들이 진짜 소형주가 아니라는 것이다. 상대적으로 작은 중형주(3,500백만 달러에서 25억 4,300만 달러, 모닝스타, 1999년 4월 기준)임에 불구하고 그것들은 국제 소형주 펀드보다는 다양한 (대형주) MSCI 인덱스, 심지어 S&P 500과 높은 상관관계를 갖고 있다. 따라서 그 두 펀드가 그렇게 좋은 성과를 거둔 진짜 이유는 사실 소형주가 아니라 중대형주였기 때문이다. 국제 소형주에 진짜로 투자하고 싶다면 금융 상담사를 통해 DFA를 이용할 것인지, 뱅가드가 국제 소형주 펀드를 내놓을 때까지 기다릴 것인지 선택하면 된다.

[표 8-2] 주식 인덱스 펀드 요약

	비과세 및 과세 계좌용	비과세 계좌용	과세 계좌용(세금-관리)
뱅가드	500 인덱스 토털 주식시장 인덱스 유럽 주식 인덱스 태평양 주식 인덱스 신흥시장 주식 인덱스	가치주 인덱스 확장 시장 인덱스 소형주 인덱스 소형 가치주 인덱스 리츠 인덱스 토털 국제 주식 인덱스	세금 관리 성장과 소득 세금 관리 소형주 세금 관리 국제
DFA	미국 대형주 국제 대형주	미국 대형 가치주 미국 중소형주 미국 소형주 부동산 국제 가치 국제 소형주 국제 소형 가치주 소형주 환태평양 소형주 영국 소형주 유럽 대륙 소형주 일본 소형주 신흥시장 신흥시장 소형주 신흥시장 가치주	세금 관리 미국 시장 가치주 세금 관리 미국 중소형 가치주 세금 관리 미국 중소형주 세금 관리 국제 가치주

[표 8-2]는 뱅가드 및 DFA 인덱스 펀드를 요약해 보여준다. 과세 전용, 비과세 전용 및 양쪽 모두에 적합한 세 가지 목록을 제공한다. 이 목록에 성장주 인덱스 펀드가 없다는 것을 알아챈 독자도 있을 것이다. 최근 대형 성장주 투자의 탁월한 실적에도 불구하고

장기적으로 볼 때 성장주 투자는 좋지 않고, 특히 소형 성장주 분야에서는 더욱 그러하다고 생각한다. 어쨌든 시가총액 가중 방식인 S&P 500과 소형주 인덱스는 실질적인 관점에서 성장주 인덱스의 대용물이다. 인덱스 세계의 새로운 발전은 이른바 상장지수펀드ETF이다. 이것들은 크기와 모양이 다양하다. 가장 인기 있는 것은 S&P 500을 추종하는 스파이더SPDRS(발음이 'spider'와 같음-옮긴이)이다. 일반 펀드와는 달리 이런 ETF는 거래소의 주식처럼 매매할 수 있다. ETF는 기존의 인덱스 펀드에 비해 몇몇 장단점이 있다. 장점은 거래일 종가로만 가격이 책정되는 기존의 펀드와 달리 하루 종일 거래할 수 있다는 것이다. 스파이더는 과세 대상인 큰 매매 차익이 생기지 않아서 기존의 S&P 인덱스 펀드보다 좀 더 세금 면에서 효율적이다. 반면에 ETF 매매 시에는 매매 수수료와 매매 호가 차이에 따른 비용 등이 생기면서 보유 비용이 조금 더 들 수 있다. 또한 ETF는 분기별로만 배당금을 재투자하기 때문에 지속적으로 배당금 재투자가 일어나는 기존 펀드에 비해 성과가 떨어질 수 있다. 전반적으로 당신이 적극적으로 매매하지 않는 한 ETF는 전통적인 인덱스 펀드에 비해 실질적인 이점이 크지 않다고 볼 수 있다. 나스닥 100 인덱스를 추종하는 상장지수펀드인 QQQ와 S&P 업종별 인덱스를 추종하는 새로운 SPDRS ETF도 여럿 있다. 또한 다양한 해외 시장 인덱스를 추종하는 WEBSWorld Equity Benchmark Securities라는 ETF도 있다. 그런데 이 상품은 멀리할 필요가 있다. 지난 몇 년간 WEBS는 과도한 비용과 회전율로 그 안에 포함된 국내 시장 인덱스를 연평균 2%씩 하회하는 저조한 실적을 보였다. 비록 WEBS가 포트폴리오 리밸런싱과 관련해서 뱅가드 및 DFA 해외 인덱스 펀드에 비해 이론적인 이점을 제공하지만, 실제로는 이런 잠재적 이점보다 비용상의 불이익이 더 크다.

미래에는 ETF가 제공하는 자산군의 다양성이 커지면서 장기적으로 인덱스 자산군 투자자에게 이득이 될 수 있다. 그러나 이렇게 새로운 상품을 매매하기 전에는 적어도 1~2년 동안 기초 인덱스와의 추적오차가 비용 이상으로 발생하지 않는지, 비용이 과도하지 않는지 확인할 필요가 있다.

채권

채권 분야는 명확하게 과세 채권과 비과세 채권으로 구분된다. 여기서 언급하는 바와 같이 다음의 뱅가드 단기(2~3년 만기) 채권 펀드Vanguard short-term(2-3 year maturity) bond fund의 수익률을 고려해보라. 단기 회사채 펀드Short-Term Corporate Fund 5.95%, 단기 국채 펀드Short-Term Treasury Fund 5.25%, 기간 제한 비과세 펀드Limited-Term Tax-Exempt Fund 3.71%이다.

비과세 투자자에게는 정말 쉬운 일이다. 가장 수익성이 높은 단기 회사채 펀드를 편입하면 된다. 과세 대상 투자자에게는 상황이 좀 복잡하다. 당신이 36%의 한계 연방 세율 구간에 속해 있고 당신의 주에서는 5%의 소득세를 부과한다고 가정하자. 국채 펀드는 연방세 대상이지만 주세가 아니며 세후 3.36%의 수익률을 보인다. 비과세 펀드는 주세의 대상이지만 연방세의 대상이 아니며 세후 3.52%를 보인다. 회사채 펀드는 두 가지 모두에 해당되며 세후 3.62%의 수익이 난다. 따라서 현 시점에서는 단기 회사채가 약간 유리하다. 그러나 이 관계는 월별로, 또 만기에 따라 달라진다.

현재 해외 채권 펀드의 상황은 매우 불만족스럽다. 먼저 보글Bogle 명예회장의 통화 노출에 대한 거부감 때문에 뱅가드는 저비용의 해외 채권 펀드를 제공하지 않는다. 아마도 가장 좋은 것은 스탠디시Standish사의 국제 고정 수익 펀드International Fixed-Income Fund일 것이다. 하지만 최소 투자 자금이 10만 달러(1억 원)이다. 특정 슈퍼마켓을 통해 살 때는 최소 투자금이 1만 달러(1천만 원)이다. 완전한 헤지 및 합리적인 비용 비율은 0.53%이다. 아메리칸 센츄리American Century와 T. 로우 프라이스는 최소 투자 금액은 작지만 더 높은 비용(0.8%)으로 헤지하지 않은 펀드를 제공한다. DFA는 합리적인 비용으로 두 개의 훌륭한 단기 글로벌 채권 펀드를 보유하고 있다. 현재 유럽 및 일본 국채 수익률은 실제로 미국 국채 수익률보다 낮은데, 평균 이자의 12~20%를 이 펀드의 비용으로 지불한다면 현명해 보이지 않는다.

국채, 회사채 및 지방채 펀드에 관한 나의 전반적인 조언은 뱅가드의 단기 및 중기 펀드를 사용하는 것이다. 곧 언급하겠지만 만약 당신이 이 분야에 투자할 금액이 최소 5만 달러가 있다면 국채 사다리를 고려하라. 이미 DFA 의뢰인이 아니라면 뱅가드가 이 분야에 상품을 내놓을 때까지 해외 채권 펀드를 멀리하는 게 좋다.

국채 사다리

마지막으로 5만 달러(5천만 원) 이상의 채권 자산을 가진 사람은 국채 사다리Treasury Ladders [43]를 고려해야 한다. 국채는 대부분의 중개회사를 통해 유통[44]되지 않고 경매에서 살 수 있다. 5년 만기 국채를 2만 달러에 구입하는 데 드는 25달러의 수수료는 구입 가격의 0.125%에 불과하다. 당신의 개인용 국채 펀드의 경우는 연간 0.025%의 총 비용이 발생한다고 보면 된다. 5년 만기(처음에는 2년 만기와 1년 만기) 국채를 정기적으로 구입하면 증권 만기가 지속적으로 돌아올 것이다. 또한 특정 상황에서는 어떤 비용도 없이 경매에서 미국 국채를 구매할 수 있다. 예를 들어 피델리티Fidelity 중개회사는 2만 달러 이상의 경매 시에, 뱅가드는 그들의 '주력 상품' 계좌(총 75만 달러인 자산)의 경매 시에 매입 수수료를 부과하지 않는다. 마지막으로 샘 아저씨(미국 정부)로부터 직접 경매에서 국채

---

43 만기가 증가하는 국채를 이용한 고정수입증권(채권) 포트폴리오이다. 각 국채는 만기가 되면 새로운 국채를 매입하여 대체한다. 그 결과 항상 국채 만기 이자율의 수익률을 얻지만, 포트폴리오의 듀레이션은 그 절반이기 때문에 위험은 훨씬 적다. 기본적으로 사다리 전략은 이자 수익은 극대화하면서 모든 이자 위험을 피하고 관리 비용을 최소화하기 위한 목적으로 사용된다.
44 2019년 현재 미국 국채는 펀드 및 ETF의 형태로 다양하게 매매할 수 있다. 한국에도 미국 국채 및 한국 국채가 ETF로 상장되어 있어 개인이 자유롭게 매매할 수 있다.

를 매입하는 것도 가능하지만, 이 방식으로 매입한 채권은 필요할 경우 만기 전에 쉽게 팔 수 없다.

국채는 위험성이 없는 것으로 간주된다. 국채와 회사채 수익률의 격차는 '안전에 대한 가격'으로 볼 수 있다. 이 격차가 작을 때는 안전이 싸므로 국채를 구입해야 한다.

세부 자산배분 결정

5장에서 우리는 위험, 복잡성, 전통성에 따라 배열된 여러 개의 다른 포트폴리오를 연구했다. 지금쯤이면 당신은 이 3개의 포트폴리오 구성 중에 어느 것이 잘 맞는지 어느 정도 알 것이다. 그런데 아직 우리는 가치주와 세금 효과를 고려하지 않았다.

당신의 자산배분에 있어 가장 중요한 것은 과세 대상 자산의 상대적 금액이다. 만약 당신의 모든 자산이 IRA나 연금에 있다면 당신의 투자 전략에서 세금 부분은 전혀 문제되지 않는다. 당신은 당신이 좋아하는 자산군을 사용할 수 있고 원하는 만큼 리밸런싱을 할 수 있다.

반면에 당신의 모든 자산이 과세 대상이라면 당신의 자산군은 극단적인 제약 아래에서 운영되고 있지만 상황을 매우 단순하게 만든다. 당신은 8개의 뱅가드 인덱스 펀드만 포함하는 [표 8-2]의 첫 번째와 마지막 열에 있는 자산군으로 제한된다. 기본적으로 포트폴리오는 미국 대형주, 미국 소형주, 해외 주식으로 구성된다.

가장 복잡한 상황은 당신이 비과세와 과세 자산을 다양하게 가지고 있을 때다. 여기서 전략은 세금 효율이 좋은 자산군([표 8-2]의 첫 번째 열과 마지막 열)을 과세 대상 계좌에 넣고, 세금 효율이 나쁜 자산군(중간 열, 기본적으로 소형주, 대형 가치주 및 리츠)을 비과세 계좌에 넣는 것이다.

이 방법이 어떻게 이루어지는지 알기 위해 과세 및 비과세(IRA) 계정에 20만 달러(각각 10만 달러)를 보유한 투자자의 경우를 생각해보자. 위의 원칙을 사용하여 투자자는 다음과 같은 자산배분 정책을 세울 수 있다.

15% 미국 대형주

10% 미국 대형 가치주

5% 미국 소형주

10% 미국 소형 가치주

5% 유럽

5% 태평양

5% 신흥시장

5% 리츠

20% 지방채

20% 단기 회사채

주식형 펀드의 [표 8-2]를 이용하여 다음의 뱅가드 펀드를 사용하고 이를 적절한 과세 또는 비과세 계좌에 넣기로 결정한다.

• 과세 계좌

15% 토털 주식시장 인덱스 펀드

5% 세금 관리 소형주 인덱스 펀드

5% 유럽 주식 인덱스 펀드

5% 태평양 주식 인덱스 펀드

20% 유한 비과세 펀드

• 비과세(IRA) 계좌

10% 가치주 인덱스 펀드

10% 소형 가치주 인덱스 펀드

5% 신흥시장 주식 인덱스 펀드

5% 리츠 인덱스 펀드

20% 단기 회사채 펀드

가장 세금 효율이 좋은 자산을 과세 계좌에 포함시키고, 가장 세금 비효율적인 자산을 비과세 계좌에 포함시켰는지 그 방법을 기억하라.

순수하게 금융의 관점에서만 보면 대개는 바로 자산배분 투자를 시작하는 것이 좋다. 하지만 만약 당신이 투자 자산을 보유하는 것에 익숙하지 않다면 투자 시작이 메모리얼 데이[45]에 호수에서 첫 수영을 하는 것과 같을 것이다. 바로 뛰어 들어가는 것은 좋은 생각이 아니다. 차가운 물에 익숙해지기 위해서는 아주 천천히 걸어 들어가는 것이 좋다. 실질적인 관점에서 보면 시장의 상승과 하락장에 적응하는 데는 상당한 시간이 걸린다. 리밸런싱이 좋은 생각이라는 것을 스스로에게 확신시키는 데도 시간이 필요하다. 특히 장기화된 하락장에서 하나, 여러 개, 또는 모든 자산을 위해 현금을 계속 쏟아붓는 자기자신을 발견할 때는 더욱 그렇다.

투자 대상 자산이 실제로 전부 투자되기까지 사용하는 전통적인 방법은 정액분할 매입법DCA, dollar cost averaging이다. 그것은 일정한 펀드나 주식에 정기적으로 같은 금액을 납입하는 것을 말한다. 예를 들면 다음과 같다. 어떤 펀드가 일정 기간 5달러에서 15달러 사이로 가치가 변동하고, 100달러를 10달러, 5달러, 15달러의 가격으로 세 번 투자한다고 가정하자. 현재 펀드의 구매 기간 평균 가격은 10달러이지만 정액분할 매입법을 이용하면 실제로 평균 가격을 더 낮출 수 있다. 방법은 이렇다. 10달러에 10주, 5달러에 20주, 15달러에 6.67주를 사면 총 36.67주를 매수하게 된다. 평균 매

---

45 미국의 현충일로 매년 5월 마지막 월요일이다. 수영을 하기에는 아직 추울 때라는 뜻.

수 가격은 주당 8.18달러(300달러/36.67주)로 10달러보다 낮아졌다. 왜냐하면 낮은 가격에 더 많이 매수했기 때문이다.

DCA는 훌륭한 기술이지만 공짜는 아니다. 20주를 5달러에 사는 것은 대단한 용기가 필요하다. 왜냐하면 '가장 비관적인 시점'에 사는 것이기 때문이다. 많은 부정적인 정서와 매스컴의 자극적인 선전이 없으면 증권 가격이 그렇게 싼 수준에 도달하지 못한다. 1987년 10월과 1991년 1월 정크 채권이나 1998년 10월 신흥시장 주식을 사들이는 기분이 어땠는지 생각해보면 무슨 뜻인지 알 수 있을 것이다. 성공적인 DCA 프로그램을 수행하는 데 필요한 규율을 과소평가하지 말기 바란다. 반면에 DCA의 진짜 위험은 당신의 전체 구매 기간이 강력한 상승장과 겹칠 수 있다는 것이다. 이것은 곧 장기간의 가격 하락으로 이어질 수 있다. 이런 것이 주식 투자의 불확실성이다. 항상 당신이 위험을 감수하는 대가로 보상받는 것임을 기억하라. 그리고 장기간의 상승장 동안 계속 매수하는 것은 확실히 위험하다는 것을 기억하라.

마이클 에들슨Michael Edleson이 설명한 '가치분할 매입법VA, value averaging'은 점진적으로 투자하는 훨씬 좋은 방법이다. 에들슨 교수는 이 제목으로 초판과 개정판을 냈는데 불행히도 둘 다 절판되었다. 그의 기법을 단순화하면 다음과 같다. 월 100달러를 맹목적으로 추가하는 대신 목표 금액이 월 100달러씩 늘어나게 구성된 '가치분할 매입 경로value-averaging path'를 그린다. 즉 1월에는 100달러, 2월에는 200달러 등 첫해 12월에는 1,200달러, 다음 해 12월에는

2,400달러 등을 목표로 한다. 이 경우에 우리는 단순히 매달 100달러를 투자하는 것이 아니다. 물론 펀드의 가치가 변하지 않는다면 이런 일이 일어날 수 있다. 만약 펀드의 가치가 하락하면 100달러 이상이 필요할 것이고, 펀드가 상승하면 더 적은 금액이 필요할 것이다. 심지어 펀드 가치가 크게 오르면 몇 달 동안 아예 돈을 추가할 필요가 없을 수 있다.

우리가 3년에 걸쳐 3,600달러의 투자를 계획하고 있다고 가정하자. VA를 사용하면 정확히 36개월 내에 3,600달러의 투자를 완료하지 못할 수 있다. 일반적으로 시장이 상승하면 투자 계획을 완료하는 데 3개월, 6개월, 또는 9개월이 걸릴 수도 있다. 반면에 약세장이 있다면 우리는 36개월이 되기 훨씬 전에 현금이 바닥날 것이다.

이제 위의 자산에 투자하기 위해 20만 달러를 가지고 있는 우리의 투자자에게 돌아가자. 즉시 그에게 문제가 생겼다. 그가 뱅가드 세금 관리형 소형주 펀드에 배정하는 금액은 5%로 1만 달러이다. 이 금액은 이 펀드의 최소 투자 금액이다. 또 다른 뱅가드 펀드의 최소 초기 투자 금액은 과세 대상 계좌에서 3,000달러, 비과세 계좌에서 1,000달러이다. [표 8-3]은 위의 전략의 가치분할 매입 경로를 보여준다.

투자 시작 시점에 펀드 가입 최소 금액보다 적어 투자하지 못한 자금은 다음 상품에 넣어둬라. 과세 대상 계좌라면 '기간 제한 비과세 펀드Limited-Term Tax-Exempt Fund'에, IRA 계좌라면 '단기 회사 펀드Short-Term Corporate Fund'를 추천한다. 주식 펀드에 투자할 최소 자금을 모을 용도로 좋다.

내 생각에 이 방법은 균형 잡힌 배분을 진행하기 위해 이용할 수 있는 최고의 기술이라 볼 수 있다. 하지만 완벽하지는 않다. 이미 지적했듯이 글로벌 약세장이 진행되면 36개월 전에 채권 보유고가 바닥날 것이다. 주가가 크게 오르면 그 반대 현상이 일어난다. 사실 꽤 그럴 가능성이 높다. 시간이 지나면 과세와 비과세 계좌에 절반씩 배분한 것이 일치하지 않는다. 예를 들어 신흥시장 주식은 극적인 강세장이 있는 반면 유럽과 태평양 주식은 큰 폭으로 하락한다면 어떻게 되겠는가? 그럴 경우 비과세 계좌에서 신흥시장 인덱스 펀드 일부를 매도하고 태평양과 유럽의 주식을 추가로 매수하는 데는 아무런 문제가 없다. 이것은 우리가 비과세IRA 계좌에서 채권을 20% 이상 할당하고, 기간 제한 비과세 펀드에 20% 미만으로 할당한다는 것을 의미한다. 하지만 이것은 비교적 사소한 불완전함이다.

그러나 정반대의 일이 벌어지면 심각한 문제가 생긴다. 태평양과 유럽의 주가가 크게 오른다면 우리는 어떻게 해야 하는가? 만약 우리가 여전히 VA 단계에 있고, 이런 자산에서 입지를 다지고 있다면 우리는 단지 '가치 경로'가 결국 우리의 자산 수준을 넘어 추가 구매를 요구하기 전에 몇 달을 기다려야 할 것이다. VA 프로그램을 완료한 후 이런 일이 발생한다면? 그럴 경우 '정책적 배분 비중'으로 돌아가기 위해 이들 펀드의 일부를 매도하는 것은 심각한 세금 부담을 초래할 것이므로 피해야 한다. 우리가 할 수 있는 최선의 방법은 이렇게 가격이 많이 오른 자산의 상승분을 팔아 재투자하는 것을 늦추는 것이다.

가치분할 매입법은 투자 전략으로 많은 장점을 가지고 있다. 첫째, 무엇보다도 투자자는 시장 저점과 시장 최고점에 모두 투자하고 있다. 고점보다 낮은 지점에서 많은 주식을 사들여서 훨씬 높은 수익을 낸다. 둘째, 투자자에게 시장의 비관주의와 공포의 시기에 정기적으로 투자하는 경험을 준다. 정말 유용한 기술이다. 가치분할 매입법(VA)은 정액분할 매입법(DCA)과 유사한데 한 가지 중요한 차이가 있다. 그것은 시장이 고점에 있을 때보다 저점에서 더 많은 금액을 투자하도록 의무화하여 수익률을 훨씬 증가시킨다. 가치분할 매입법은 정액분할 매입법과 리밸런싱의 결합이라고 생각할 수 있다.(가치분할 매입법은 반대로도 마찬가지로 작동한다. 만약 당신이 은퇴하고 당신의 금융 라이프 사이클의 인출 단계에서 당신은 바닥보다 고점에서 자산을 팔아서 자산을 더욱 늘릴 것이다)

물론 정액분할 매입법이나 가치분할 매입법을 꼭 사용해야 할 이유는 없다. 몇 년 동안 주식의 투자 비중이 높았고 금융 위험과 손실 예측이 잘되어 있다고 가정해보자. 당신의 새로운 계획에 따라 자산을 완전히 리밸런싱하지 않을 이유가 없다.

3년 동안 매달 자금을 납입하는 것 또한 어길 수 있다는 점을 알고 있어야 한다. 이것은 단지 하나의 예일 뿐이다. 당신이 스프레드시트를 잘 다룰 수 있다면 분기별, 주별, 심지어 날마다 자금을 납입하는 방법을 사용할 수도 있다. 하지만 나는 최소 2~3년의 투자금을 나누어 넣는 것을 추천한다. 만약 시장의 역사가 우리의 길잡이라고 생각한다면 당신은 이 기간 동안 진짜 하락장(또는 적어도 조정장)을 거치게 될 것이다. 이렇게 하면 비교적 작지만 정해진 추가 납입으로 자신의 결심을 시험할 수 있고 궁극적으로 리밸런싱의 가치를 스스로 확신할 수 있다.

일단 당신의 모든 현금과 채권을 원하는 비중으로 납입하고 나면 이후는 주기적으로 그 계좌를 정책(목표) 비중으로 리밸런싱하는 간단한 일만 남는다. 얼마나 자주 리밸런싱을 해야 할까? 다시 말하지만 그것은 당신의 자산이 비과세 계좌에 있는지, 과세 계좌에 있는지 여부에 달려 있다.

• 비과세 계좌의 리밸런싱과 최적의 리밸런싱 기간에 대해
포트폴리오를 얼마나 자주 리밸런싱해야 할까? 비과세 계좌에 투자하고 있다면 세금 부담이 없기 때문에 얼마든지 할 수 있다. 이 경우 최적의 리밸런싱 빈도는 얼마일까? 수익률 재조정의 주요 효과는 리밸런싱 보너스이다. 즉 강제적인 리밸런싱에 따라 쌀 때 사서 비쌀 때 팔게 됨으로써 얻는 초과 수익이라는 점을 떠올리자. 리밸런싱은 '시장 타이밍'의 유일하며 일관적이고 효과적인 방법으로 생각할 수 있다. 우리가 정말로 묻고 있는 것은 다음과 같다.

[표 8-3] 가치분할 매입법의 사례

월	과세 계좌				비과세(IRA) 계좌			
	전체 SM	TMSC	유럽	태평양	가치	소행 가치	신흥시장	리츠
1	$3,000	$10,000	$3,000	$3,000	$1,000	$1,000	$1,000	$1,000
2	$3,771	$10,000	$3,200	$3,200	$1,543	$1,543	$1,257	$1,257
3	$4,543	$10,000	$3,400	$2,400	$2,086	$2,086	$1,514	$1,514
4	$5,314	$10,000	$3,600	$3,600	$2,629	$2,629	$1,771	$1,771
5	$6,086	$10,000	$3,800	$3,800	$3,171	$3,171	$2,029	$2,029
6	$6,857	$10,000	$4,000	$4,000	$3,714	$3,714	$2,286	$2,286
7	$7,629	$10,000	$4,200	$4,200	$4,257	$4,257	$2,543	$2,543
8	$8,400	$10,000	$4,400	$4,400	$4,800	$4,800	$2,800	$2,800
9	$9,171	$10,000	$4,600	$4,600	$5,343	$5,343	$3,057	$3,057
10	$9,943	$10,000	$4,800	$4,800	$5,886	$5,886	$3,314	$3,314
11	$10,714	$10,000	$5,000	$5,000	$6,429	$6,429	$3,571	$3,571
12	$11,486	$10,000	$5,200	$5,200	$6,971	$6,971	$3,829	$3,829
13	$12,257	$10,000	$5,400	$5,400	$7,514	$7,514	$4,086	$4,086
14	$13,029	$10,000	$5,600	$5,600	$8,057	$8,057	$4,343	$4,343
15	$13,800	$10,000	$5,800	$5,800	$8,600	$8,600	$4,600	$4,600
16	$14,571	$10,000	$6,000	$6,000	$9,143	$9,143	$4,857	$4,857
17	$15,343	$10,000	$6,200	$6,200	$9,686	$9,686	$5,114	$5,114
18	$16,114	$10,000	$6,400	$6,400	$10,229	$10,229	$5,371	$5,371
19	$16,886	$10,000	$6,600	$6,600	$10,771	$10,771	$5,629	$5,629
20	$17,657	$10,000	$6,800	$6,800	$11,314	$11,314	$5,886	$5,886

월	과세 계좌				비과세(IRA) 계좌			
	전체 SM	TMSC	유럽	태평양	가치	소형 가치	신흥시장	리츠
21	$18,429	$10,000	$7,000	$7,000	$11,857	$11,857	$6,143	$6,143
22	$19,200	$10,000	$7,200	$7,200	$12,400	$12,400	$6,400	$6,400
23	$19,971	$10,000	$7,400	$7,400	$12,943	$12,943	$6,657	$6,657
24	$20,743	$10,000	$7,600	$7,600	$13,486	$13,486	$6,914	$6,914
25	$21,514	$10,000	$7,800	$7,800	$14,029	$14,029	$7,171	$7,171
26	$22,286	$10,000	$8,000	$8,000	$14,571	$14,571	$7,429	$7,429
27	$23,057	$10,000	$8,200	$8,200	$15,114	$15,114	$7,686	$7,686
28	$23,829	$10,000	$8,400	$8,400	$15,657	$15,657	$7,943	$7,943
29	$24,600	$10,000	$8,600	$8,600	$16,200	$16,200	$8,200	$8,200
30	$25,371	$10,000	$8,800	$8,800	$16,743	$16,743	$8,457	$8,457
31	$26,143	$10,000	$9,000	$9,000	$17,286	$17,286	$8,714	$8,714
32	$26,914	$10,000	$9,200	$9,200	$17,829	$17,829	$8,971	$8,971
33	$27,686	$10,000	$9,400	$9,400	$18,371	$18,371	$9,229	$9,229
34	$28,457	$10,000	$9,600	$9,600	$18,914	$18,914	$9,486	$9,486
35	$29,229	$10,000	$9,800	$9,800	$19,457	$19,457	$9,743	$9,743
36	$30,000	$10,000	$10,000	$10,000	$20,000	$20,000	$10,000	$10,000

전체SM = 뱅가드 토털 주식시장인덱스 펀드
TMSC = 뱅가드 세금 관리 소형주 펀드

어떤 리밸런싱 기간이 가장 큰 리밸런싱 보너스를 산출하는가? 답은 복잡하지만 기본적으로 포트폴리오 자산 간의 총 상관관계가 가장 낮고 연간 변동폭이 가장 높은 간격을 찾는 데 달려 있다. 즉 특정 기간의 자산 분산과 상관계수는 사용되는 수익률 주기에 따라 다르다. 예를 들어 일별, 주별, 월별, 분기별, 연간 수익률이 사용된다. 자산 간 상관관계가 가장 낮고 분산이 가장 큰 구간이 최적의 리밸런싱 기간이다. 나는 유사한 포트폴리오의 경우 월별에서 몇 년에 한 번씩 최적의 리밸런싱 기간을 봐왔다.

주어진 포트폴리오에 어떤 리밸런싱 기간이 최적일지 예측할 방법은 없다. 다만 일반적으로 긴 리밸런싱 주기를 선호한다. 이는 7장에서 논의된 모멘텀 현상 때문이다. 자산군의 수익은 약간의 추세(모멘텀)를 가지고 있는데, 이런 특성을 이용하는 것이 가장 좋다. 즉 평균 이상 혹은 이하인 자산군 성과는 지속되는 경향이 있고, 리밸런싱을 하기 전에 당분간 그런 움직임이 지속되도록 놔두는 게 최선이다. 리밸런싱 개념이 어렵게 느껴진다고 기분 나쁘게 생각하지 마라. 매우 복잡한 영역이고 심지어 전문가도 종종 제대로 이해하지 못하는 경우가 있다. 리밸런싱 주기 문제를 가장 쉽게 생각할 수 있는 방법은 미국과 일본 주식으로만 구성된 포트폴리오를 상상하는 것이다.

지난 10년 동안 전자는 거의 계속 상승했고 후자는 거의 계속 하락했기 때문에 가능한 한 드물게(아마 10년에 한 번!) 리밸런싱하는 것이 자주 하는 것보다 더 좋은 결과를 가져왔을 것이다. 매년 또는 2년마다 리밸런싱을 수행한다면 아마 크게 잘못되지는 않을 것이다.

• 과세 계좌의 리밸런싱

과세 계좌 리밸런싱과 관련해서는 보다 명확한 권장 사항을 제시할 수 있다. 가능한 한 줄여서 하라. 사실 당신이 할 때마다 얻을 수 있는 자본 이익을 고려할 때 결코 리밸런싱을 하지 않는 게 좋을 수도 있다. 무엇보다도 과세 대상인 주식과 채권 펀드를 파는 것은 연방정부와 주정부 차원에서 자본 이득세를 유발한다. 다음으로 뱅가드와 몇몇 다른 펀드 회사가 연말 잔고 추적 보고서로 삶을 꽤 편하게 만들어주긴 했지만, 과세 대상 펀드를 자주 사고파는 것은 회계 처리상의 악몽이 될 수 있다. 심지어 가장 세금 효율적인 인덱스 펀드도 연말 배당금이 있다. 특정 과세 대상 펀드가 정책 목표를 초과한다면 적어도 이런 분배금의 재투자는 하지 마라. 대신 현금으로 나온 분배금을 이용해 다른 자산군을 매수하면서 리밸런싱하라. 세금을 많이 내는 펀드에 자주 추가 납입하는 것은 좋지만 일 년에 한 번 정도만 팔 것을 권한다. 거래 전표와 계좌 내역서를 꼼꼼하게 보관하는 것을 잊지 마라. 이 문제는 회계사에게 도움을 청하라.

이 책은 감당할 수 있는 위험 범위 내에서 가능한 한 모든 수익을 짜내기 원하는 투자자를 목표로 하고 있다. 이미 얘기했듯 이 목표를 위해서는 상관관계가 낮은 다양한 자산으로 포트폴리오를 구성해야 한다. 이것이 일부 독자에게는 불쾌할 정도로 복잡해 보일 수도 있다. 전통적인 주식-채권 반반 포트폴리오는 매우 단순하고 리밸런싱하기도 쉽다. 뱅가드는 심지어 미국 주식과 채권 인덱스의 다양한 혼합을 제공하는 단일 펀드를 제공한다. 이런 편리함을 선택한다면 당신은 아마도 장기 수익의 1% 내지 2%를 손해 본다.

또 다른 타협안은 당신의 주식 비중을 각각에 매칭되는 6개의 뱅가드 인덱스 펀드(가치주, 500 인덱스, 소형주, 유럽, 태평양 및 신흥 시장)로 균등하게 분할하고 뱅가드의 단기채권 펀드 중 하나를 채권 부분에 사용하는 것이다. 더 간단한 방법으로는 뱅가드의 토털 국제 인덱스 펀드Total International Index Fund 하나만 가입하는 것이다. 단순한 포트폴리오의 편리함을 중시하는 사람에게는 이런 타협안이 가치 있을 수 있다.(뱅가드 토털 국제 펀드의 한 가지 주의 사항: 재간접 펀드fund of funds이기 때문에 해외 세액 공제를 받지 못한다. 이런 이유로 새로운 뱅가드 세금 관리 국제 펀드Vanguard Tax-Managed International Fund를 추천한다)

자산배분의 모든 어려움을 덜어줄 단일 펀드는 없을까? 물론 있다. 펀드 산업은 투자자의 모든 변덕에 반응해야 하기 때문이다. 그들이 '최적'의 자산배분이라고 생각하는 펀드는 많고 이것을 당신에게 제안할 것이다. 이것은 당연히 자산배분 펀드라고 불린다. 이 펀드에는 몇 가지 문제가 있다. 첫째, 오랫동안 운용하지 않았기 때문에 평가가 어렵다. 둘째, 이 펀드가 보여준 단기간의 성과는 특별히 매력적이지 않다. 모닝스타의 자산배분 및 글로벌 펀드의 10년 단위 연환산 수익률의 평균(1988년 4월~1999년 3월)은 10.79%로, 넓게 분산된 윌셔 5000의 17.70%, 리먼 장기채권 인덱스의 9.08%와 비교된다. 더욱 놀라운 것은 MSCI 세계 인덱스의 수익률 10.80%와 거의 같다는 것이다. 하물며 이 벤치마크는 이 기간을 40%의 일본 주식으로 시작했고 이후 -4.11%의 연수익률을 보였다. 다른 말로 하면 평균적인 자산배분 펀드는 가능한 최악의 글로벌 배분 인덱스와 비슷한 효과를 낼 것이다.

뱅가드가 합리적인 글로벌 인덱스 펀드를 제공한다면 좋겠지만 아직은 없다. 여러 회사(웰즐리, 웰링턴, 에셋 엘로케이션, 라이프 전략, STAR, 글로벌 에셋 엘로케이션)에서 자산배분 펀드가 나왔다. 이들의 자산배분 펀드는 해외 및 소형주 비중이 낮다는 단점이 있다. 나는 이 펀드들 중 어느 것도 추천하지 않는다. 마지막으로 뱅가드는 행동을 가다듬고 전 세계 투자 자산으로 구성된 '에브리싱

^{Everything} 인덱스 펀드'를 내놓을지도 모른다. 왜냐하면 해외 자산을 싫어하는 미스터 보글[46]이 은퇴했기 때문이다. 채널을 고정하고 지켜보자.

한두 개의 펀드만 사용하고자 하는 사람을 위해 나는 다음과 같은 조언을 하지만 조심스럽긴 하다. 트위디 브라운^{Tweedy Browne} [47]은 오랜 기간 지속된 가치투자 기록을 가지고 있다. 이 회사를 이용하면 미국과 글로벌 가치주 펀드로 쉽게 투자금을 나눠 넣을 수 있다. 이들은 사모 자금 운용에서 뛰어난 실적을 갖고 있지만 펀드 사업에 뛰어든 지 6년이 채 안 된다. 그들의 펀드는 성과가 좋긴 하지만 보수 비용도 꽤 크다. 나는 그들을 계속 지켜볼 생각이다. 또한 그 펀드들은 비과세 계좌에서만 사용하는 것이 좋다. 적극적으로 운용되는 펀드 추천의 위험성은 이 책의 이전 버전에서 제공했던 '원스톱' 선택에서 생생하게 묘사했다. 소시에테제너럴 인터네셔널^{SoGen International}과 인터네셔널 디스커버리^{International Discovery}가 그것이다. 전자는 명성이 바닥에 닿을 정도로 성과가 나빴고, 후자는 스타 매니저인 마이크 프라이스^{Mike Price}를 잃고 프랭클린 리소스^{Franklin}(프랭클린 템플턴 인베스트먼트의 모회사-옮긴이)로 알려진 그

---

46 존 보글(John Bogle): 1974년 뱅가드를 설립했다. 1999년 〈포춘〉지는 보글을 '20세기의 4대 투자 거인'으로 선정했다. 1999년 회사를 나와 소규모 연구기관인 보글 파이낸셜 마켓 연구소로 옮겼다.

47 트위디 브라운: 1920년 설립된 미국의 투자 자문 및 펀드 회사. 모든 기금은 벤저민 그레이엄이 대중화한 가치투자 원리에 따라 관리한다. 이사 중 한 명은 유명한 가치투자자인 크리스토퍼 브라운(Christopher Browne)이다. 그는 〈가치투자의 비밀(The Little Book of Value Investing)〉의 저자다.

얼굴 없는 대기업에 합병당했다. 트위디 브라운에게도 같은 일[48] 이 일어나지 않을 거라고 믿고 싶지만 역사가 우리의 길잡이라면 아마 그럴 것이다.

• 시장의 가치 평가를 계속 지켜보라

7장에서는 동적 자산배분(자산 가치에 따라 정책적으로 배분 비중을 수시로 변경하는 것)을 설명했다. 적어도 몇 번의 시장 주기 동안에 성공적으로 리밸런싱을 해보지 않았다면 혼자 집에서 시도하지 마라. 만약 당신이 시도할 만한 시점에 도달했다면 기억하라. 자산이 매우 저렴해진 뒤에, 가격이 망치로 얻어맞은 듯이 하락한 뒤에만 자산 비중을 늘려라. 경제적이거나 정치적인 사건 때문에, 또는 애널리스트가 그렇게 하라는 설득력 있는 사례를 들었다는 이유로 자산 비중을 늘리지 마라. 어떤 분야에서 비중을 줄이는 것도 마찬가지다. 많은 준비 끝에 가격이 정말로 비싸졌을 때만 그렇게 해야 한다.

당신이 정책적으로 비중을 바꿀 의도가 없어도 시장의 가치 평가 정보를 얻는 것은 좋다. 모닝스타의 프린시피아 펀드 데이터베이스를 구입하는 것이 가장 쉬운 방법이다. 그런 다음 관련 인덱스 펀드의 PER, PCF(주가 현금 흐름), PBR, 배당수익률을 확인하라.

---

48 1997년 트위디 브라운은 지주회사 어필리에이티드 매니저 그룹(Affiliated Managers Group)에 의해 3억 달러에 매수되었다.

뱅가드 500 인덱스(S&P 500)

뱅가드 가치주 인덱스

뱅가드 성장주 인덱스

뱅가드 소형 성장주 인덱스

뱅가드 소형 가치주 인덱스

뱅가드 소형주 인덱스(러셀 2000)

뱅가드 확장 시장 인덱스(윌셔 4500)

뱅가드 총 시장 인덱스(윌셔 5000)

뱅가드 유럽 주식 인덱스(EAFE-유럽)

뱅가드 태평양 주식 인덱스(EAFE-태평양)

뱅가드 신흥시장 주식 인덱스(MSCI-EM 인덱스)

DFA 미국 소형주(아주 작은 미국 주식)

DFA 영국 소형주

DFA 신흥시장

DFA 일본 소형주

DFA 유럽 소형주

DFA 환태평양 소형주(동남아시아, 호주, 뉴질랜드)

만약 당신이 프린시피아에 비용을 지불할 의사가 없다면 바라Barra의 웹사이트에서 광범위한 미국 자산(해외 자산은 아니지만)의 가치 평가 값을 얻을 수 있다. 앞에서 논의한 바와 같이 PBR과 배당수익률은 가장 안정적인 측정치다. PER와 PCF는 사용이 적다. 배당수익률은 서로 다른 종류의 주식에도 의미 있는 유일한 척도다.

토마토가 얼마나 비싼지 아는 것은 좋은 태도다. 위의 평가 방법을 따라해보는 것은 비싼지 싼지를 확인하는 가장 좋은 방법이다. 내가 새로운 모닝스타 디스크를 얻을 때마다 제일 먼저 하는 일은 위의 모든 펀드의 평가 요소를 출력하여 정리하는 것이다. 시간이 지남에 따라 PBR과 배당수익률을 확인함으로써 자산군이 얼마나 싸졌는지 쉽게 알 수 있다.

토마토는 지금 얼마나 비싼가? 그 어느 때보다도 비싸다. S&P의 PBR은 현재 10.5이다. 1929년 한 번을 제외하고는 이렇게 높은 적은 없었다. 배당수익률도 1.3%로 사상 최저다. 미국의 소형주와 국제 대형주의 역사적 데이터가 그리 길지 않지만, 이들 지역의 PBR(대략 소형주는 3, 국제는 4 정도)도 역사적 기준으로 볼 때 매우 높을 것이다. PBR 기준으로 볼 때 국제 소형주(2.4)가 더 싸게 보인다. 이것이 유용한 정보인지 아닌지는 아무도 예측할 수 없다. 이 자산군의 PBR의 역사적 수준을 알 수 있는 정보가 많지 않기 때문이다. 많은 사람이 이제는 PBR이나 배당수익률이 상관없어졌다고 주장한다.

그러나 시장이 최고조에 달했을 때 사람들은 오래된 평가 척도가 왜 더 이상 중요하지 않은지 논쟁을 벌인다. 사실 오래된 잣대가 깨졌다는 믿음이 널리 퍼지지 않으면 시장의 가치 평가(가격)가 올라가기는 불가능하다. 그럴지도 모르지만 영어에서 가장 비싼 네 단어가 '이번엔 다르다^{This time it's different}'라는 전설적인 존 템플턴^{John Templeton}의 경고를 기억할 필요가 있다. 나는 여기에 가장 멍청한 다섯 단어를 덧붙인다. '강세장은 그대로 남아 있다.^{The bull market remains intact}'

은퇴: 무엇보다 가장 큰 위험

이 책은 주로 투자 과정, 특히 효율적인 자산배분의 수립과 유지에 초점을 맞추고 있다. 은퇴 시의 자산배분 역시 다르지 않다. 다만 당신이 배분 비중을 맞출 때 기존에 추가 납입과 리밸런싱을 사용했던 것과 다르게 돈을 인출해야 한다는 것을 제외하고 말이다.

그런데 '듀레이션(기간) 리스크'라는 은퇴 특유의 위험이 존재한다. 이를 연구하기 위해 먼저 모든 투자 자산 중에서 가장 간단하고 덜 위험한 1년짜리 미국 단기국채부터 살펴보자. 단기국채는 사실상 할인된 가격에 사들인 이자율이 0%인 채권이다. 예를 들어 5%짜리 단기국채는 경매에서 0.9524달러에 팔리고 액면가(1달러)로 상환될 것이다. 발행 후 몇 초 뒤에 갑자기 10%까지 수익률이 상승하면 가격은 0.9091달러로 하락하고, 순간의 가치(가격) 하락은 4.55%이다.

그러나 만약 우리의 투자자가 만기까지 그 국채를 가지고 있으면, 투자자는 마치 수익률 상승과 가격 하락이 없었던 것과 같은

5%의 완전한 수익을 얻는다. 그리고 1년을 넘어서면 전부 수익이 된다. 투자자는 이제 전체 수익을 재투자해 수익률을 두 배로 올릴 수 있다. 따라서 '무차별 지점'은 단기국채의 만기인 1년이 된다. 1년 전에 투자자는 수익률 상승과 가격 하락으로 인해 나빴으나 1년 후에는 더 좋다.

이제 30년 만기 5% 수익률인 미국 장기국채 보유를 생각해보자. 만약 액면가로 구매한 직후에 같은 국채의 수익률이 10%로 상승한다면 우리의 불운한 투자자는 망치로 얻어맞은 듯한 금융 충격을 받는다. 채권의 현재 가치는 달러당 53센트보다 낮아졌기 때문이다.(그 이유는 현재 10%의 시장수익률의 절반에 불과한 5%의 이자 지급 분만큼만 채권 가치가 낮아지기 때문이다. 1967년에서 1979년 사이에 채권 보유자에게 일어난 사건과 정확히 일치한다) 그러나 장기국채는 단기국채와 아주 다르다. 단기국채는 높은 수익률로 재투자될 수 있던 이자를 이미 포기했기 때문이다. 이 때문에 장기국채의 재앙이 복구되는 것은 30년이 채 걸리지 않는다. 사실 우리의 불운한 장기국채 보유자가 본전을 찾는 데는 10.96년밖에 걸리지 않는다. 이 10.96의 기간은 금융계에서 증권의 듀레이션(채권의 원금 상환 기간)으로 알려져 있다. 이자 보유 채권의 경우 만기보다 항상 작은 값을 가지며 때로는 아주 작다.(이자가 없는 제로 쿠폰 채권의 경우 만기와 듀레이션이 동일하다)

듀레이션은 다른 정의도 많고 어지러울 정도로 복잡하지만 '무차별 지점'은 아주 단순하고 직관적이다.(다른 유용한 정의는 가격 대

수익 변화의 비율이다. 즉 30년 만기 채권은 수익률이 1% 증가할 때마다 가격이 10.96% 하락한다) 듀레이션은 투자 위험의 훌륭한 척도다. 듀레이션이 높을수록 위험성이 커진다.

듀레이션은 채권의 위험을 설명하기 위해 주로 사용되지만 주식에도 같은 개념을 적용하지 못할 이유가 없다. 주식시장의 듀레이션을 모델링하는 것은 간단하다. 예를 들어 주식은 현재 1.3%의 수익률을 보이고 있다. 가격이 75%(3/4) 하락하면 배당금의 절대 금액은 그대로이기 때문에 당신은 지금 배당금을 4배 더 높은 수익률(5.2%)로 투자하는 것과 같다.(배당 금액이 같은데 4분의 1 가격으로 싸게 매수했다는 말-옮긴이) 결국 이것은 당신에게 수익을 가져다주고, 당신보다 낮은 수익률과 높은 가격에 투자한 사람보다 훨씬 나은 결과를 얻을 것이다. 그가 당신을 따라잡으려면 얼마나 걸릴까? 그것은 초기 투자 시의 수익률과 가격 하락의 규모에 달려 있다. 오늘날의 1.3%의 주가 수익률에 25%의 가격 하락은 63년의 듀레이션을 가진다. 50%의 하락은 51년, 75%의 하락은 33년, 90%의 하락의 듀레이션은 단지 19년에 불과하다.

회의론자는 90%의 주가 하락이 절대 배당 금액의 감소로 이어진다고 지적하겠지만 대공황 때도 다우인덱스의 실질 배당 흐름은 25%밖에 줄지 않았다. 실제로 1929~1933년 약세장은 위의 패러다임에 탁월한 현실 점검을 제공한다. 1929년 노동절 날 주식에 투자된 1달러는 1932년 독립기념일까지 가치가 16.6센트로 하락했고 1945년 1월 말에는 다시 액면가로 상승했다. 바닥에서 13년이나 지나서 말이다.

배당수익률은 1929년 9월 2.6%였고, 이후 30년간 이익성장률은 1.8%에 불과했다. 따라서 주가 폭락이 일어나지 않았다면 주식은 연간 4.4%의 수익을 올렸을 것이다. 이는 1952년 1월에 투자 원금 정도의 수익이 발생했다는 말이다.(수익률 100%가 발생하는 데 22년 4개월이 소요되었다는 말-옮긴이) 듀레이션(원금 회복 기간-옮긴이) 모델이 예측한 것과 거의 동일한 기간인 22년이 지난 뒤다. 이런 관점에서 볼 때 오늘날의 시장은 1929년보다 훨씬 무섭다. 75%의 주가 하락은 1929년의 2.6% 배당수익률에서 19년의 듀레이션을 발생시켰지만, 현재의 1.3% 배당수익률에서는 33년의 듀레이션이 발생한다.

확실히 오늘날 그런 고통스러운 시장 하락은 70년 전처럼 미국의 금융과 사회 구조에 큰 혼란을 줄 것이다. 동시에 오늘날의 높은 가격과 그에 따른 낮은 수익률은 큰 축복이 아니다. 이자나 배당수익률이 낮을수록 듀레이션이 길어지기 때문이다. 따라서 배당수익률이 낮을수록 시장 가격이 높아지고, 듀레이션이 길어질수록 위험은 커진다.

개인이 주식 포트폴리오의 듀레이션을 단축할 수 있는 방법은 없을까? 있다. 배당수익률의 크기가 듀레이션에 영향을 준다. 즉 배당수익률이 높을수록 듀레이션이 짧아지는데 이것 때문에 매월 포트폴리오에 투자금을 추가함으로써 포트폴리오의 배당수익률을 효과적으로 높일 수 있다. 먼저 위에서 언급한 1.3% 배당수익률과 75% 가격 하락, 그리고 33년짜리 듀레이션인 시나리오부터 시작해보자. 1만 달러부터 시작해서 계좌에 추가 납입하거나 인출하지 않으면 33년이라는 듀레이션이 지나야 본전이 될 것이다. 하지만 지속적으로 매달 200달러씩 추가로 납입하면 약 11년 뒤에 본전이 될 수 있다.

당신의 주식과 채권의 듀레이션을 추가 투자로 단축하는 처방은 물론 당신이 은퇴한 다음에는 이용할 수 없다. 은퇴자는 주식과 채권 보유 듀레이션이 그들의 은퇴 기간보다 길어지면 충격을 받을 수 있다.

장기 투자자에게 지속적인 강세장이나 약세장은 별로 중요하지 않은 결과를 보여주거나 놀랄 만큼 역설적인 결과를 낳을 수도 있다. 그러나 실제로 시장 하락에 침착할 수 있는 것은 시간 지평 time horizon 49에 달려 있다. 은퇴해서 저축으로 살아간다면 당신은 그 듀레이션의 고비를 극복할 충분한 시간도 없고, 그 시간을 줄이기 위한 추가 납입도 할 수 없을 것이다. 만약 당신이 여전히 자금을 추가 납입하고 있다면 당신은 충분한 시간을 가질 수 있다. 그리고 이제 막 투자하기 시작한 20대라면 무릎을 꿇고 시장 붕괴를 기도하라.

투자자가 단기 현상으로만 위험을 느낀다는 것은 분명하다. 우리가 투자의 고통을 생각할 때 가장 먼저 떠오르는 것은 몇 달 혹

---

49 시간 지평: 특정 과정이 평가되거나 종료되는 미래의 고정된 시점이다. 회계, 재무, 리스크 관리 체계에서는 동일한 기간의 성과에 대한 대안을 평가할 수 있도록 고정적인 수평적 시간 할당이 필요하다.

은 몇 년 전에 비해 우리의 포트폴리오를 무척 가볍게 만드는 잔혹한 하락장이다. 하지만 우리가 본 것처럼 시간은 거의 모든 자산군의 상처를 치료한다. 우리가 직면하는 가장 큰 위험은 우리의 치명적인 하락에서 회복되기 전에 돈이 바닥날 것이라는 것이다. 결국 우리 대부분은 은퇴나 미래에 쓸 돈을 모으기 위한 목적으로 저축이나 투자를 한다. 학자들은 이것을 부족 위험shortfall risk 이라고 하는데 깊이 생각할 가치가 있다.(우리는 이미 7장에서 투자자는 중요한 장기적 그래프를 무시하면서 단기적 위험과 보상에 집착하는 경향이 있다는 것을 이야기했다)

이런 위험을 계산하는 데 도움을 주는 퇴직 계산기가 있지만 문제에 대한 직관적인 감각을 개발하는 것이 중요하다. 먼저 세전 필요 자금을 추정해보자. 사회보장 외에 연간 4만 달러(4천만 원)의 수입이 필요하다는 판단을 가정해보자. 인플레이션을 감안한 실질 투자 수익률을 이용하여 계산을 간소화하는 것이 좋다. 그 방법으로 현재의 일정한 구매력 기준으로 대처할 수 있다. 이미 논의한 바와 같이 혼합 주식과 채권 포트폴리오의 실질 수익률의 합리적인 추정치는 4% 근처에 있다. 그 말은 실질 가치를 무한정 유지하면서 매년 포트폴리오에서 4%를 지출할 수 있다는 말이다. 포트폴리오의 실질 가치를 무한정 유지할 수 있다면 인출 금액의 실질 가치 역시 유지할 수 있다. 그럴 경우 당신은 1백만 달러(10억 원)의 자산이 필요할 것이다. 1백만 달러의 4%가 40,000달러(4천만 원)이기 때문이다. 즉 다음과 같다.

> **요구 저축액 = 소득 필요 금액 / 실질 재투자 수익률**
>
> **= 40,000달러/0.04 = 1,000,000달러**

이 계산은 당신이 원금을 그대로 유지한다고 가정한다. 만약 당신이 만기에 자산이 0이 되도록 할 의향이 있다면 요구 저축액은 훨씬 줄어든다. 텍사스 인스트루먼트 BA-35(대부분 할인점에서 20달러 정도 함)와 같은 금융 계산기로 연금/대출 기능을 이용해 계산하면 요구 저축액은 단 691,681달러(약 7억 원)가 된다.

이 계산은 투자 비용을 통제하는 것이 얼마나 중요한지 잘 보여준다. 4% 수익률 가정은 투자 수수료 및 기타 비용을 차감해야 하는 시장 수익률을 말한다. 만약 당신의 퇴직금 계좌나 연금 계좌가 총비용 1~2%인 일반 펀드를 사용한다면 저비용 인덱스 펀드를 사용한 경우보다 최대 2배의 은퇴 저축액이 필요할 수 있다. 중요한 것은 비용을 주의해야 한다. 이 경우 2%의 추가 비용 때문에 퇴직금 저축액이 두 배로 늘어났다.

하지만 은퇴 계산에는 심각한 문제가 내재되어 있다. 은퇴 계산기는 동일한 잘못된 가정이 있다. 수익률이 매년 똑같다는 가정이다. 예를 들어 위의 계산에서 우리는 매년 4%의 수익을 받을 것이라고 가정했다. 우리는 이미 현실에서 투자 수익률이 매년 같지 않다는 것을 알고 있다. 좋은 해와 나쁜 해의 순서가 매우 중요하다는 것이 밝혀졌다.

이 현상을 설명하기 위해 옛날 프레드 삼촌의 동전 던지기로 돌아가보자. -10%나 +30%의 수익률이 기억날 것이다. 만약 30년 동안 앞면 15번, 뒷면 15번이 나온다면 8.17%의 연복리 수익률을 얻는다. 만약 당신이 1백만 달러의 포트폴리오로 시작해서 30년 동안 앞면과 뒷면이 번갈아 나오면, 정말로 다음 30년 동안 연간 81,700달러(초기 금액의 8.17%)를 인출할 수 있고 여전히 1백만 달러의 원금을 유지할 수 있다. 그러나 운이 나쁘게 처음부터 15번 연속으로 뒷면이 나오면 돈이 모두 바닥나기 전까지 1년에 18,600달러만 인출할 수 있다. 만약 처음부터 15번 연속 앞면이 나오면 매년 248,600달러를 인출할 수 있다. 당신이 투자 프로그램의 저축 단계에 있다면 마지막보다는 저축 프로그램의 시작 시점에 수익률이 나쁜 해를 보내는 것이 훨씬 낫다. 즉 이미 논의한 바와 같이 젊은 투자자는 약세 시장을, 나이 든 투자자는 강세 시장을 위해 기도해야 한다.

이 현상은 트리니티 대학의 필립 쿨리Philip Cooley, 칼 허버드Carl Hubbard, 다니엘 왈즈Daniel Walz에 의해 처음으로 투자 대중의 주목을 받았다. 그들은 수많은 역사적 시기의 다양한 인출 전략의 '성공률'을 조사했다. 초기 포트폴리오 가치 중 4%에서 5%의 인출률(즉 1백만 달러 중 4만~5만 달러)만이 성공 가능성이 높다는 결론에 도달했다.(빚 없이 죽는다고 가정했을 때의 결과다) 그들이 7%의 실질 주식 수익률을 보이는 과거 데이터를 조사했다는 것을 기억하라.

그러나 보다 기본 수준에서 당신의 인출 전략에 간단한 테스트를 적용할 수 있다. 만약 당신이 은퇴한 날이 1966년 1월 1일처럼 길고 잔인한 하락장의 시작이고, 1995년 12월 31일까지 은퇴 후에 30년을 더 산다면 어떻게 될까? 처음 17년(1966~1982년)간 S&P 500의 수익률은 보잘것없는 6.81%였다. 우연히도 그 수치는 그 기간의 물가상승률과 섬뜩할 정도로 동일했다. 이로 인해 1966~1982년 기간 전체의 실질 주식 수익률은 0이었다. 이후 13년(1983~1995년)의 수익률은 화려했다. 1966년~1995년의 전체 30년간의 실질 수익률은 역사적 평균인 7%에 크게 못 미치는 5.4%였다.

나는 S&P 500 80%와 미국 소형주 20%로 주식 배분 비중을 구성하고 이것을 미국 국채(5년 만기)와 혼합했다. 나는 한 사람이 그 기간을 1백만 달러로 시작한다고 가정했다. 그러고 나서 100% 주식, 100% 채권 및 75:25, 50:50, 25:75의 비율을 가진 혼합물에서 다양한 인출률의 결과를 계산했다. 7%, 6%, 5%, 4%의 인출률(연간 7만 달러, 6만 달러, 5만 달러, 4만 달러 인출)의 결과는 [그림 8-1]부터 [그림 8-4]까지에 나타나 있다. 주식 100% 포트폴리오가 가장 두꺼운 선이고, 선이 얇을수록 주식 비중이 적은 것이다. 다시 말하지만 세로(y)축이 1966년 기준으로 인플레이션만큼 조정된 금액이라는 것을 깨닫는 것이 중요하다. 이것이 이런 종류의 계산을 수행하는 가장 간단하고 명확한 방법이다.

결과는 매우 충격적이다. 이 기간 동안 실질 주식 수익률이 5.5%를 넘었기 때문에 불운에 의해 1~2%의 이익을 손해 봤다는 것을 뜻한다. 이것은 미래의 포트폴리오의 실질 수익률이 단지 4%라면 최악의 경우 매년 저축 금액의 2%만 인출할 수 있다는 것을 뜻한다. 그리고 이것은 우리가 위험을 인식하는 방법의 핵심이다. 은퇴 초기에는 지속적이고 심각한 약세장이라는 최악의 경우를 마주하지 않을 가능성이 높다. 사실 그 반대도 일어날 가능성이 있다. 은퇴 직후에 지속적인 강세장을 만나는 일 말이다. 이 경우 매년 6% 이상의 금액을 인출할 수 있는 예상치 못한 행운이 생기는 것이다. 그러나 우리는 미래를 예측할 수 없다. '합리적인' 인출을 계획한다면 재앙의 위험은 미미하다. 은퇴 후 생활 수준을 낮추면 된다.

마침내 미국 정부는 이 딜레마에서 벗어날 수 있는 솔깃한 방법을 제공했다. 그것은 물가연동국채TIPS, Treasury Inflation Protected Securities로 현재 4%의 인플레이션 조정 수익을 내고 있다. 세전 저축액의 4%로 생활할 수 있고, 퇴직금의 거의 전부를 비과세 개인연금Roth IRA에 피난시킬 수 있다면 30년 동안 성공적으로 은퇴 자금을 보장받을 수 있다. 잘 분산된 포트폴리오의 가치를 믿는 독실한 신봉자에게 이 선택권은 매우 혼란스럽다. 금융 관점에서는 에덴의 뱀50과 같을 정도다. 나는 이 방법을 추천하기가 어렵다.

하지만 당신의 비과세 계좌에서 물가연동국채에 적절히 투자하는 것은 나쁜 생각이 아니다.

---

50 에덴의 뱀은 에덴동산에서 아담과 이브가 선악과를 먹게 만든 장본인이다. 선악과는 쉽게 말하면 선과 악의 지식을 알게 하는 열매로 신이 먹지 말라고 신신당부한 열매이기도 하다.

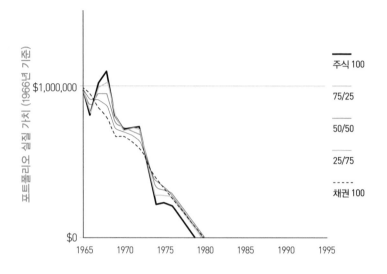

[그림 8-1] 매년 7만 달러의 실질 인출액(1966년 기준)

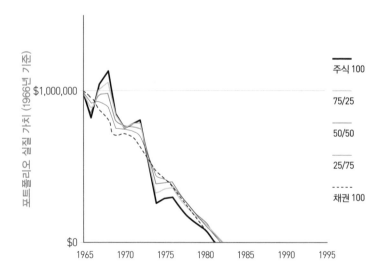

[그림 8-2] 매년 6만 달러의 실질 인출액(1966년 기준)

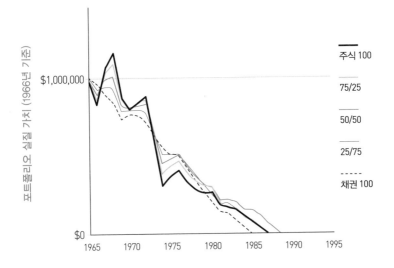

[그림 8-3] 매년 5만 달러의 실질 인출액(1966년 기준)

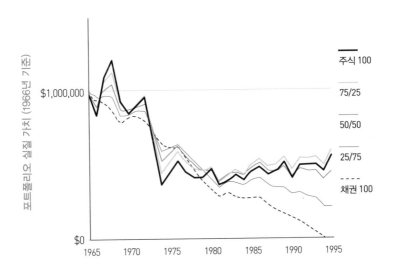

[그림 8-4] 매년 4만 달러의 실질 인출액(1966년 기준)

수십 년의 세월이 흘렀다. 당신은 프레드 삼촌에게서 가족 사업을 물려받았다. 프레드 삼촌은 점점 의례적인 일만 맡았다. 당신의 사랑하는 삼촌은 한 가지 중요한 분야를 계속 통제하고 있다. 은퇴 자금이다.

당신의 사촌동생 해리는 최근에 고용됐다. 어느 날 그는 의아한 표정으로 당신의 사무실로 걸어 들어왔다. 그가 입을 열기도 전에 왜 왔는지 당신은 알 것이다. 프레드 삼촌이 방금 그에게 제안했다. 지금쯤 당신은 금융 문제에서 삼촌과 동등한 평판을 얻었다. 당신은 매우 바쁘기 때문에 가능한 한 직접적으로 질문에 답하려고 노력한다. 사촌동생 해리에게 어떤 충고를 할 수 있을까?

1. 위험과 수익은 불가분의 관계에 있다.
   ▶ 안전한 자산에서 높은 수익을 기대하지 마라. 역사적으로 높은 수익률을 가진 투자는 큰 손실을 볼 수 있었다.
2. 역사로부터 배우지 않는 자는 실패를 반복하게 되어 있다.
   ▶ 다양한 종류의 주식과 채권이 움직이는 장기 역사에 익숙해져라. 놀라는 투자자는 실패한 투자자다.
3. 포트폴리오는 그 안의 구성 요소와 다르게 행동한다.
   ▶ 안전한 포트폴리오라고 해서 반드시 위험 자산을 제외할 필요는 없다. 안전 자산에 지나치게 의존하는 것은 실제로 포트폴

리오 위험을 증가시킬 수 있다. 심지어 가장 안전한 포트폴리오를 추구하는 투자자도 위험 자산을 일부 소유해야 한다. 즉 '안전한' 대형주로 구성된 포트폴리오는 위험한 소형주와 현금으로 배분한 포트폴리오보다 수익률이 낮고 위험이 높아지는 경우가 종종 있다.

4. 주어진 위험 수준에 따라 많은 수익을 발생하는 포트폴리오가 있다. 이 포트폴리오는 포트폴리오 구성도에서 효율적 투자선에 위치한다.

▶ 투자자는 분명히 효율적 투자선에 위치한 포트폴리오를 찾는다. 불행하게도 그 위치는 시간이 지나봐야 알 수 있다. 그렇다면 투자자의 목적은 효율적 투자선을 찾는 것이 아니다. 그것은 불가능하다. 오히려 현명한 자산배분 투자자의 목적은 광범위한 상황에서 합리적으로 최적에 근접하는 포트폴리오 혼합물을 찾는 것이다. 국내외의 크고 작은 다양한 주식으로 구성되어 있고, 채권역시 국내외에 분산된 포트폴리오가 이를 가장 잘 해내는 것 같다.

5. 구성 요소가 아닌 포트폴리오의 움직임에 초점을 맞추어라.

▶ 당신의 포트폴리오의 작은 부분은 종종 심각한 손실을 입을수 있지만 전체 포트폴리오에 미치는 영향은 작을 것이다.

6. 리밸런싱의 장점을 제대로 이해하라.

▶ 자산 가격 하락의 올바른 대응은 조금 더 사는 것이다. 가격상승의 올바른 대응은 조금 팔아서 더 가볍게 하는 것이다. 리밸런싱은 단지 이것을 성취하기 위한 훈련된 방법이다. 장기적인 시

장 하락은 리밸런싱을 불만스러운 돈 낭비로 보이게 할 것이다. 그러나 결국 자산 가격은 항상 역전되며 인내심에 큰 보상을 받을 것이다.

7. 시장은 당신보다 똑똑하다. 또한 전문가보다도 그렇다.

▶ 고장난 시계도 하루에 두 번은 맞는다는 것을 기억하라. 아무리 실력 없는 애널리스트라도 가끔 시장을 맞춘다. 아마도 그 직후에 금융 관련 방송에서 인터뷰를 하게 될 것이다. 어느 누구도 시장의 방향을 지속적으로 예측하지는 못한다. 장기적으로는 극소수의 펀드 매니저가 시장을 이기는데, 최근에 성과가 좋다고 해서 미래에도 그럴 것이라는 증거는 없다. 무리와 함께 뛰지 마라. 코끼리 떼를 따르는 사람은 종종 더러워지고 으깨진다.

8. 토마토가 얼마나 비싼지 알고 있어라. 시장의 가치 평가에 주목하라.

▶ 정책적 배분 비중의 변경은 가치 평가 변화에 대응하여 이루어져야 하며, 자산 가격과 반대 방향으로 만들어져야 한다. 시장의 역사는 우리에게 경제적, 정치적 연구가 시장을 예측하는 데 별 도움이 안 된다는 것을 가르쳐준다. 매수하기 가장 좋은 시기는 상황이 가장 절망적으로 보일 때다.

9. 좋은 기업은 보통 나쁜 주식이고, 나쁜 기업은 대개 좋은 주식이다.

▶ 주식과 펀드를 선택할 때 '가치^{value}' 접근법이 알맞다. PBR은 이를 위한 가장 좋은 지표다.

10. 장기적으로 저비용 인덱스 펀드를 이기기는 매우 어렵다.

▶ 가능한 한 많은 투자에 인덱스를 사용하라. 채권 펀드 비용은 0.5% 미만이어야 하고, 국내 주식 펀드 비용은 0.7퍼센트 미만이어야 하고, 해외 펀드 비용은 1% 미만이어야 한다.

The Intelligent
Asset Allocator

Part 9

투자에 도움되는
책과 사이트

당신이 나와 같다면 비교적 읽은 것을 많이 잊어버릴 것이다. 만약 당신이 조금이라도 돈을 투자하고 있다면 여기에 포함된 자료는 잊기엔 너무 중요하다. 아니, 나는 당신이 정기적으로 이 책을 다시 읽으라고 제안하는 것이 아니다. 당신의 독서 목록의 일부로 금융 분야를 넣을 것을 제안하는 것이다. 당신이 매년 금융에 관한 유용한 책을 한 권만 읽으면 대부분의 전문가보다 더 잘 알게 될뿐 아니라 금융 건전성도 향상될 것이다. 내가 추천하는 책은 꽤잘 쓰인 것들이다. 수면 의학의 대용품으로 사용되어서는 안 된다.

독서 목록 추천

1. 버턴 말킬Burton Malkiel의 〈시장변화를 이기는 투자A Random Walk Down Wall Street〉: 뛰어난 투자 입문서로 주식, 채권, 펀드의 기본을 설명하고 효율적인 시장 개념을 잘 잡아준다.

2. 존 보글John Bogle의 〈뮤추얼 펀드 상식Common Sense on Mutual Funds〉: 당신이 이 중요한 투자 도구를 알고 싶어 했던 것보다 더 자세한

정보를 제공할 것이다. 보글은 뱅가드 그룹의 회장 겸 창업자로 수십 년간 업계에서 중요한 목소리를 냈다. 강력 추천한다. 이 책은 또한 최근 몇 년간 투자 산업을 휩쓸었던 민주화를 보여준다. 그의 책에 묘사된 일련의 수준 높은 펀드 분석은 10년 전까지만 해도 값비싼 독점 데이터베이스와 대형 컴퓨터에 접속할 수 있는 소수의 전문가에게나 제공됐던 것이다. 보글의 작업 대부분은 모닝스타의 데이터와 통계적으로 유능한 조력자들 덕분이다.

3. 로저 깁슨Roger Gibson의 〈자산배분 전략Asset Allocation〉: 이 책은 개별 자산의 특성에 중점을 두면서 내 책과 유사한 분야를 다룬다. 금융 상담사에게 좀 더 방향이 맞춰져 있다.

4. 로저 이봇슨Roger Ibbotson과 게리 브린슨Gary Brinson의 〈글로벌 투자Global Investing〉: 투자 가능한 자산의 역사를 멋지게 쓴 책이다. 잘 아는 투자자도 시장의 역사를 잘 알 수는 없다. 이 책이 이 분야 최고의 유일한 자료다. 지난 200년 동안 미국 주식의 수익률이 얼마나 되었는지 알고 싶은가? 지난 500년간 금값? 지난 800년간의 이자율과 물가상승률? 여기 다 있다. 제목이 암시하는 바와 같이 저자들은 분산 포트폴리오의 해외 자산에 훌륭한 균형감을 제공한다. 그들은 포트폴리오 이론과 시장의 효율성에 가치 있는 통찰력을 제공한다.

5. 〈투자에 효과적이었던 것What has worked in investing〉: 트위디 브라운Tweedy Browne의 무료 책자다. 자신들 펀드의 판매 홍보물이기도 하다. 가치투자법을 뒷받침하는 데이터는 내가 본 것 중 최고

다. http://www.tweedy.com에서 온라인으로 이용할 수 있다.

6. 로버트 하우겐Robert Haugen의 〈새로운 금융The New Finance: The Case Against Efficient Markets〉: 만약 당신이 트위디의 무료 책자에 흥미를 느끼고, 이렇게 오랜 세월이 흘렀는데도 여전히 가치투자의 효과를 궁금해한다면 이 책은 당신 것이다. 문체은 경쾌하고 심지어 기이하기까지 하다.

7. 마이클 에들슨Michael Edleson의 〈내 돈을 지키는 안전한 투자법 Value Averaging〉: 복합적인 자산에 자금을 나누어 넣는 방법을 설명하는 매우 유용한 책이다. 아쉽게도 절판되었지만 운이 좋다면 중고서점의 선반에서 찾을 수 있다.

8. 벤저민 그레이엄Ben Graham의 〈현명한 투자자The Intelligent Investor〉 : 데이비드 도드David Dodd와 함께 쓴 그의 초기 고전인 〈증권 분석 Security Analysis〉의 대중화되고 읽기 쉬운 버전이다. 일반적으로 시장과 관련성이 많고 진지한 투자자에게 알맞다. 특히 개별 주식을 사야 한다고 느끼는 모든 사람에게 적절하다. 오늘날 가장 성공한 많은 펀드 매니저는 이 두 권의 책에게서 독창적인 재정적 영감을 얻었다. 시장의 과열을 보고 '그레이엄은 이 상황에서 뭐라고 할 거 같아?'라고 묻는 것은 언제나 즐겁다.(그런데 그레이엄의 매력에 중독되어 〈증권 분석〉을 읽기로 했다면 맥그로힐 출판사가 최근에 다시 인쇄한 1934년 원본판을 반드시 읽도록 하라)

9. 월스트리트 저널Wall Street journal : 월스트리트 저널은 사실 세 개의 신문이다. 첫 번째 섹션은 현대 사회가 직면하고 있는 주요

이슈를 날카로운 논평과 놀랄 만한 기발한 생각이 있는 훌륭한 국민 신문이다. 처음 보는 독자는 많은 기사의 자유주의 성향에 놀랄 것이다. 두 번째 섹션은 마케팅 정기 간행물이다. 생선을 포장할 때나 적당하다. 세 번째 섹션에는 금융 논평뿐만 아니라 일간지에서 가능한 수준에서 가장 완전한 금융 데이터가 수록되어 있다. 일주일에 한 번 '시작하기Getting Going'라는 이름의 개인 금융 섹션이 등장하는데 개인 투자, 개별 자산, 세금과 은퇴 전략, 심지어 포트폴리오 이론까지 포함한다. 이 시리즈만 해도 구독료가 아깝지 않다. 나는 이 기사들의 파일이 집에 있는데 계속 늘어나고 있다.

10. 미국개인투자자협회AAII, American Association of Individual Investors'에 가입하라 : 가입 수수료는 아주 싸다. 회원 가입 시에 개인 금융의 훌륭한 기사가 많이 수록된 AAII 저널AAII Journal을 받는다.

11. 모닝스타의 펀드 데이터베이스를 구독하라 : 업데이트 빈도와 데이터 수준에 따라 연간 95달러에서 600달러의 비용이 든다. 이 서비스는 현재 가용한 10,000개가 넘는 펀드 데이터를 다룰 수 있는 효과적인 방법을 제공한다. 이 소프트웨어의 가장 큰 장점은 펀드 선택 기준을 사용자가 정할 수 있다는 것이다.

이 책의 수학적, 이론적 면에 호기심을 가진 독자에게는 다음을 권한다.

12. 해리 마코위츠Harry Markowitz의 〈포트폴리오 선택Portfolio Selection〉

: 평균-분산 분석을 쉽게 이해할 수 있는 용어로 설명한다. 책으로 발간된 〈포트폴리오 선택의 평균-분산 분석과 자본 시장Mean-Variance Analysis in Portfolio Choice and Capital Markets→〉은 광범위한 수학적 배경을 가진 사람만 접근할 수 있다. 대부분의 애널리스트가 내가 이야기한 책을 읽지 않았다는 데 놀라지 않을 수 없다

13. 이봇슨 협회Ibbotson Associates의 〈주식, 채권, 단기 자금, 인플레이션Stocks, Bonds, Bills, and Inflation〉: 1926년으로 거슬러 올라가 많은 중요한 미국 자산의 상세한 금융 데이터를 제공한다. 또한 자산 및 포트폴리오 분석 관련 수학적 움직임에 뛰어난 설명을 포함하고 있다.

마지막으로 나는 어떻게 금융 상태를 '정기적으로 관리하느냐'의 질문을 종종 받는다. 사실 정확한 용어는 '견디고 있느냐'일 것이다. 현재의 시장 상황에 대처하는 가장 효과적인 방법은 할 수 있는 한 시장의 역사를 많이 배우는 것이다. 시작하기에 가장 좋은 책은 찰스 맥케이Charles Mackay의 〈대중의 미망과 광기Memoirs of Extraordinary Popular Delusions and the Madness of Crowd〉이다. 원래 1841년에 출판되었는데 다시 인쇄된 판을 쉽게 구할 수 있다. 첫 장은 수세기 전의 미시시피 계획, 남해회사 거품, 튤립 광풍을 자세히 다루고 있다. 단어만 몇 개 바꾸면 인터넷 주식을 읽는 것 같다.

또한 재미있는 문체와 금융사의 이해가 누구에게도 뒤지지 않는 제임스 그랜트James Grant의 모든 책을 추천한다. 〈마음의 돈Money of the Mind〉, 〈미스터 마켓을 조심하라Minding Mr. Market〉, 〈호황의 문제점The Trouble with Prosperity〉은 모두 초보자에게 좋은 책이다. 만약 당신이 정말로 계속 공부하기를 원한다면 〈저널 오브 파이낸스Journal of Finance〉(연간 약 80달러)와 〈파이낸스 애널리스트 저널Financial Analysts Journal〉(연간 약 150달러)에 가입하라. 거기에 나오는 기사와 견해는 어렵고, 전문용어가 많고, 이해할 수 없는 공식이 난무하는 경향이 있다. 하지만 발행 호당 한 번은 정말로 중요하고 이해하기 쉬운 기사가 있어서 구독료를 지불할 만하다. 하드코어 금융 투자자 유형에만 추천한다.

자산배분 투자자에 유용한 웹사이트

이 책의 이전 버전을 썼을 때는 온라인에 쓸 만한 자료가 없었다. 하지만 이제 그렇지 않다. 유용한 정보가 모여 있다. 다음은 완전한 목록이 아니지만 도움이 되기 바란다.

▶ 21세기를 위한 투자http://www.fee-only-advisor.com/book/index.html : 모든 온라인 투자 책의 조상인 프랭크 암스트롱Frank Armstrong의 사이트이다. 프랭크의 관점은 그가 더 재미있고 잘생겼다는 것을 제외하면 나와 비슷하다. 그의 개 샤츠케Schatzke는 월가의 그 누구보다 '시장 타이밍'을 잘 맞춘다.

▶ 투자자홈http://www.investorhome.com: 투자 데이터 및 미디어 링크 모음이다.

▶ 핀웹http://www.finweb.com: 학술적인 금융 관련 웹 소스가 모여 있다.

▶ 금융 연구 저널http://www.cob.ohio state.edu/dept/fin/resources_research/rsjnl.htm : 온라인 학술 저널이 지속적으로 추가되고 있다.

▶ TAM 자산 관리http://www.tamasset.com: 제프 트로우너Jeff Troutner의 자산군 기반 웹사이트이다. 자산 움직임을 정기적으로 검토하여 게시한다. 또한 많은 DFA/MSCI/이봇슨 데이터 자료의 연간 수익률을http://www.tamasset.com/allocation.html에 게시한다.

▶ 바라(http://www.barra.com) 및 월셔http://www.wilshire.com: 두 사이트 모두 탁월한 자산군 데이터의 다운로드를 제공한다. 바라Barra는 미국의 가치 평가 척도의 독특한 역사적 데이터 모음을 가지고 있는 반면, 월셔Wilshire는 더 광범위한 월별 수익률 자료를 가지고 있다.

▶ 글로벌 금융 데이터http://www.globalfindata.com: 브라이언 테일러Brian Taylor의 데이터 서비스는 시공간의 글로벌 자산 수익을 파노라마처럼 보여준다.

▶ 모건 스탠리 캐피털 인덱스http://www.mscidata.com: MSCI의 모든 국가 및 지역 인덱스의 수익률 다운로드가 가능하다.

▶ 블룸버그http://www.bloomberg.com: 아마 시시각각 세계 시장을 따라잡는 데 가장 좋은 방법일 것이다.

▶ 금융엔진http://www.financialengines.com: 노벨상 수상자인 윌리엄 샤프

Bill Sharpe의 자산배분 서비스 사이트이다. 미래는 알 수 있지만 효과가 있을까? 그의 훌륭한 홈페이지를 봐라.

▶ 저널 오브 파이낸스http://www.afajof.org: 중요한 일이라면 여기서 먼저 발표될 것 같다. 불행하게도 항상 평범한 영어로 되어 있는 것은 아니다.

▶ 펀드 회사들: 대부분의 펀드 회사는 거의 쓸모없는 홍보 사이트를 가지고 있다. 그래서 나는 보통 멀찍이 거리를 둔다. 세 가지 기분 좋은 예외가 있다. 뱅가드http://www.vanguard.com는 투자 설명서, 응용 프로그램, 연간 보고서, 온라인 계정 서비스 및 많은 자산군 기반 교육 자료 등 다운로드 가능한 자료를 풀서비스로 제공한다. DFA의 사이트http://www.dfafunds.com도 검색이 좀 어려워도 방문할 가치가 있다. 마지막으로 트위디 브라운 사이트http://www.tweedy.com의 소책자와 연례 보고서는 충분히 읽을 가치가 있다.

2001년 초판 서문

　1993년 7월 31일 나는 〈월스트리트 저널〉에 실린 '당신의 돈은 중요하다Your Money Matters' 시리즈의 기사를 발견했다. 기사는 1973년부터 1992년까지의 다양한 자산배분 성과를 조사한 것으로, 티로우 프라이스T. Rowe Price사의 연구에 바탕을 두고 있었다. 방법은 매우 간단했다. 미국 대형주, 미국 소형주, 해외 주식, 미국 채권을 조합해서 만든 가상의 포트폴리오의 수익과 위험을 계산했다. 20년간의 데이터를 이용한 이 연구를 통해 위의 4가지 자산으로 구성한 자산배분 포트폴리오가 개별 자산이나 펀드 매니저들보다 수익은 높고 위험은 낮았다는 것을 밝혀냈다. 흥미를 느낀 나는 티로우 프라이스사가 친절하게 제공해준 기초 데이터를 분석했다. 결과는 놀라웠다. 적절하게 조합한 4개 자산의 거의 모든 성과는 펀드 매니저가 낸 성과보다 높았다.

　예를 들어 미국 대형주, 미국 소형주, 해외 주식, 미국 채권에 4분의 1씩 배분한 '초간단 포트폴리오'조차 미국 대형주에만 투자했을 때보다 수익률이 높았고 위험은 낮았다.(S&P 500 인덱스 기준) 같은 기간 전체 펀드 매니저 중 75%는 미국 대형주 인덱스(S&P 500)보다도 낮은 성과를 보였다.

나는 티 로우 프라이스사의 데이터에 매료되었다. 이 데이터에는 역사적인 자산배분의 실적을 확인할 수 있는 간단한 도구가 있었는데, 다양한 자산군의 과거 실적 데이터로 포트폴리오의 수익률과 위험을 백테스트할 수 있었다. 나는 과거의 다양한 자산 자료를 구하기 위해 데이터를 사거나 구걸하거나 훔치거나 빌렸고, 그 결과 1926년까지 거슬러 올라가는 포트폴리오 모델을 만들 수 있었다.

티 로우 프라이스사와 내가 수행한 계산에는 포트폴리오가 주기적으로 '리밸런싱(재분배)'된다는 중요한 가정이 포함되어 있었다. 리밸런싱은 시간이 지나면 필요하다. 왜냐하면 포트폴리오에 포함된 일부 자산은 다른 자산보다 가격이 올라가고 이로 인해 원래 포트폴리오 구성 비율이 변하기 때문이다. 포트폴리오를 다시 원래 비중으로 재조정하기 위해서는 가격이 올라 비중이 커진 자산 중 일부를 팔고, 그만큼을 비중이 낮아진 자산을 사야 한다.

노련한 투자자는 장기적 투자 결과가 다양한 자산군에 분배하고 이를 꾸준히 유지하는 전략에 있다는 것을 안다. 그들은 또한 '시장 타이밍'과 '주식 고르기'가 장기적으로 계속 성공하지 못한다는 것을 알고 있다. 다시 말해 '최고의' 주식 혹은 펀드를 고르는 것보다 해외 주식, 국내 주식, 해외 채권, 국내 채권의 적정 비율을 마련하는 것이 훨씬 중요하다. 나중에 알겠지만 누구도 지속적으로 '시장 타이밍'을 맞추지 못하며 '주식 고르기'를 계속 성공시킬 기술은 없다.

만약 당신이 이것을 믿기 어렵다면 1987년은 미국 주식시장에 좋은 해가 아니었음을 생각해보라. 미국 대형주(S&P 500)는 5.23% 오르는 데 그쳤고, 중소형주는 9.3% 하락했다. 반면 해외 주식은 24.93% 상승했다. 가장 실력 없는 해외 주식 펀드 매니저도 그해 가장 능력 있는 미국 대형주와 중소형주 펀드 매니저보다 고수익을 냈다. 1992년 미국의 소형주가 23.35% 상승하고 해외 주식이 11.85% 하락했을 때는 반대 현상이 일어났을 것이다. 마지막으로 1995~1998년 미국 성장주는 전례 없는 수익을 올렸지만 다른 주식은 대부분 하락했다.

아직도 납득이 되지 않는가?

1980년대 후반 저명한 금융 분석가인 게리 브린슨 Gary Brinson과 그의 동료들은 82개의 대규모 연금 펀드의 두 가지 훌륭한 통계 연구를 발표했다. 그들은 펀드들 간의 수익 변동성 차이의 대부분(90% 이상)이 자산배분 때문이며, '시장 타이밍'과 '주식 고르기'의 영향은 10% 미만이라고 결론지었다. 즉 자산배분 정책은 '시장 타이밍'과 '주식 고르기'를 합친 것보다 10배나 중요하다는 말이다.

최근 몇 년 동안 연구자들은 90%라는 수치가 너무 높으며, 자산배분이 수익 변동성의 50%만을 차지할 것이라고 했다. 그런 주장은 요점이 완전히 빗나간 것이다. '시장 타이밍'과 '주식 고르기'는 분명히 중요하다. 유일한 문제는 전자를 장기간 성공한 사람이 없다는 것이다. 후자 역시 성공한 사람은 아무도 없다. 자산배분은 당신의 투자에 영향을 미치는 유일한 요인이다.

따라서 주식이나 채권 가격의 방향을 예측하거나 주식이나 펀드를 추천하기 위해 분석가들이 그렇게 많은 잉크와 방송 시간을 낭비하고 있다는 것은 참으로 놀라운 일이다. 실제로 1994년 게리 브린슨이 직접 루이스 러카이저Louis Rukeyser의 '월스트리트 위크Wall Street Week'라는 투자 관련 TV 프로그램에 출연했을 때 그들은 '시장 타이밍'만을 말했고 자산배분 전략에는 관심이 없었다. 도박 본능은 인간의 본성에 배어 있다. 따라서 대부분의 사람은 예상할 수 없는 사건이라도 투기를 하게 된다.

최소의 위험으로 최대의 수익이 나도록 하는 최적의 자산배분을 찾을 수 있을까? 그건 불가능하다. 하지만 기분 나쁘게 생각할 필요는 없다. 다른 사람도 못하는 건 마찬가지니까. 은퇴할 때까지 지구상의 어떤 사람보다 더 많은 자산을 관리받고 있던 브린슨조차 못했다. 물론 역사적 데이터를 조사해 과거에 어떻게 작동했는지 테스트하는 것은 가능하다. 하지만 그것이 미래에도 똑같이 작동할 것이라고 혼동하면 안 된다. 나중에 우리는 역사적 데이터를 살펴보고 유용한 포트폴리오 방법을 찾아내려고 시도할 테지만 가능성은 희박하다. 첫째, 주식은 현금보다 위험하다. 둘째, 미래에는 주식이 현금보다 수익률이 높을 것이다. 그러나 과거만큼, 특히 최근의 과거만큼 높은 것은 아니다. 셋째, 포트폴리오 분산은 위험을 감소시킨다. 그리고 마지막으로 당신이 할 수 있는 모든 곳에서 당신의 투자를 인덱스 상품으로 하라.

실제로 이 책을 읽는 데 지쳤고 당장 투자가 가능한 포트폴리오의 레시피를 원하면 다음 조언을 생각하기 바란다. 앞에서 언급한 인덱스펀드로 구성된 '초간단 포트폴리오'를 매입하라. 미국 대형주, 미국 소형주, 해외 주식, 미국 단기채 펀드에 4분의 1씩 돈을 넣으면 된다. 인덱스펀드는 거의 컴퓨터 칩이나 가솔린처럼 상품화되어 있는데, 대부분의 대형 펀드 판매사나 '슈퍼마켓'을 통해 이용할 수 있다. 나는 뱅가드Vanguard사를 적극 추천한다. 매년 연말에 네 개의 상품 비중이 다시 같아지도록 리밸런싱하라. 이게 전부다. 계좌를 설정하는 데는 15분 정도 소요되며, 연간 리밸런싱에도 그 정도가 소요된다. 남은 한 해 동안 투자 생각을 안 해도 된다. 만약 다음 20년이 지난 20년과 같다면 당신은 모든 펀드 매니저의 75%를 능가하는 수익을 얻을 것이다.

1996년에 나는 이 책의 초기 온라인 버전을 인터넷에 올리고, 나의 웹사이트인 Efficient Frontier(효율적 투자선)www.efficientfrontier.com에 정기적으로 글을 쓰기 시작했다. 반응은 나의 예상을 완전히 넘어섰다. 자산배분과 포트폴리오 이론의 정보는 소액 투자자를 기쁘게 했지만, 투자 전문가들에게서 받은 반응은 뜻밖이었다. 우리 모두가 자산배분이 얼마나 중요한지 알고 있다고 말했지만 핵심을 명확히 알고 있는 사람은 극히 드물었다.

인터넷의 마법으로 나는 수십 명과 접촉했다. 그들은 포트폴리오 이론에 나와 열정을 공유했다. 두 권의 전자책이 나왔고, 웹사이트의 수십 개의 글들과 투자와 포트폴리오 이론의 많은 논의 덕분에 이 책이 나오게 됐다. 독자는 이 책의 일부 내용이 이전의 전

자책 버전과는 다르다는 것을 알 것이다. 무엇보다도 인덱스 투자를 더욱 강조했다. 나는 액티브 투자가 어리석은 짓이라는 결론에 도달했다. 소형주, 리츠, 해외 주식 등 일부분에서는 액티브 투자자가 잘하는 것처럼 보이지만 이런 초과 실적은 환상에 불과하다.

나는 이 책의 온라인 버전에 있던 포트폴리오 관련 통계를 손으로 직접 계산하는 설명을 대부분 삭제했다. 표준편차의 통계적 개념을 이해하고 싶거나 이를 손으로 계산하는 방법을 배우려면 다른 책을 찾아보길 바란다. 또한 스프레드시트를 이용한 포트폴리오 최적화 관련 설명을 모두 삭제했다.

지난 몇 년 동안 투자 산업은 전자상거래를 받아들였고 투자 대중이 사용할 수 있는 어지러울 정도로 다양한 도구와 방법을 만들었다. 불행하게도 펀드 슈퍼마켓, 온라인 트레이딩 및 방대한 양의 주식 연구는 투자자가 괴로워할 정도로 너무 많다. 물론 관심 있는 투자자에게는 매우 유용하다. 인터넷의 폭발은 많은 유용한 서비스를 가져왔다. 컴퓨터, 모뎀, 전화선을 가진 이들은 현대 금융에서 가장 영리한 사람들을 접할 수 있다. 더욱 중요한 것은 저렴한 인덱스형 투자 방법의 확산이다. 이제는 아무리 소액 투자자라도 대형 투자자만큼 효율적이고 저렴하게 포트폴리오를 구축할 수 있다.

2001년 오리건 주 노스밴드에서
윌리엄 J. 번스타인

역자 후기

▌ 녹슬지 않는 투자 이론 '자산배분 전략'을 공부하자 ▌

이 책 〈현명한 자산배분 투자자〉의 저자는 '윌리엄 번스타인'이다. 그의 국내 번역서로는 〈투자의 네 기둥 2009〉, 〈부의 탄생 2017〉, 〈무역의 세계사 2019〉 등이 있다. 나는 〈투자의 네 기둥〉을 읽으며 그의 팬이 되었는데, 우연한 기회에 이 책의 원서인 〈The Intelligent Asset Allocator〉를 보게 되었다. 이 책은 2000년에 처음 발간되었고, 저자의 새로운 서문이 추가되며 2017년 8월 재출판되었다. 19년 전에 나온 투자 책이 현재 상황에 얼마나 의미가 있을까 하는 의문과 호기심으로 읽었다.

한국의 개인투자자를 위한 자산배분 투자 전략을 다룬 〈마법의 돈 굴리기 2017〉와 국내 연금·절세 제도에 맞춘 투자 포트폴리오를 안내하는 〈마법의 연금 굴리기 2019〉를 쓴 입장에서 그의 책은 내게 너무 흥미롭고 놀라웠다. 금융과 관계 없는 신경과 전문의였던 번스타인이 개인투자자로서 자산배분 투자법을 공부하고 책을 썼듯이 나 역시 컴퓨터공학 전공자로서 IT 분야 일을 하며 개인투자자 관점에서 자산배분 투자법을 공부해왔고 책을 썼다. (나는 금융공학

MBA 석사 과정을 통해 관련 분야의 공부를 전문적으로 할 기회가 있었으나 번스타인이 그런 과정을 거치며 공부를 한 건지는 알려지지 않았다. 물론 책 내용은 어지간한 전공자 못지않게 매우 훌륭하다.)

> 25년 전 처음으로 진지하게 금융에 관심을 가졌을 때 나는 이 것이 내 인생에서 그렇게 큰 부분을 차지할 것이라고는 꿈에 도 생각지 못했다. 신경과 전문의였던 내가 하고 싶었던 것은 자산배분의 기본을 알아내는 일이었다. 서로 다른 움직임을 보이는 주식과 채권 데이터를 수집해 어떻게 하면 가장 효율 적인 방법으로 조합할 수 있는지가 궁금했다. 이것을 연구한 궁극적인 목적은 가능한 덜 위험한 방법으로 충분한 자산을 만들어 은퇴를 준비하는 것이었다. (중략) 나는 나와 같은 금융 목표를 성취하려고 노력하는 평범한 급여 생활자를 위해 책 을 쓴다고 생각했다.

2017년판 서문의 일부다. 나 역시 십여 년 전 처음 투자를 시작 할 무렵에는 이것이 내 인생에 그렇게 큰 부분을 차지할 것이라고 생각지 못했다. 책을 쓰거나 번역을 하게 될 거라고는 더더욱…. 다만 금융 이해력이 부족한 금융맹이었기에 다양한 투자 방법을 공부했고, 그중에 바쁜 직장인에게 가장 어울리는 것이 자산배분 전략이라고 생각했다. 그리고 나와 같은 이들에게 도움이 될 수 있 을 거란 생각에 〈마법의 돈 굴리기〉를 썼다.

이 책은 금융의 기초를 합리적이고 분석적으로 소개한다. 계량적인 면뿐만 아니라 역사적, 심리적, 제도적 면까지 다양하게 다룬다. 또한 주제를 깊이 파고들려는 사람에게는 입문서가 될 수 있다. (중략) 이 책은 우리가 갖고 있는 투자 계좌를 자산배분 관점의 단일 포트폴리오로 운용하도록 방향성을 제시한다. 이는 매우 중요한 개념이다.

19년 전에 나온 번스타인의 책은 현재에도 여전히 '유용한 개념'을 담고 있다. 자산배분과 포트폴리오에 대한 그의 설명은 앞으로 20년 뒤에도 여전히 유용할 것이라 생각된다.

금융의 역사와 투자자의 심리를 이해하자

투자를 하면서 공부해야 하는 것은 투자 상품과 관련 제도가 있다. 하지만 더 중요한 것이 투자의 역사와 투자자의 심리가 아닐까 싶다.

1630년대의 네덜란드 튤립 광기와 1720년의 미시시피 회사와 남해 회사의 거품이 묘사되어 있었다. 실제로 그런 일을 겪으면 어떤 기분일지 궁금했다. 책을 읽은 지 10년 뒤 내 주위에서 벌어지는 일들이 맥케이가 책에 써놓은 것과 너무도 비슷해서 나는 놀라지 않을 수 없었다. (중략) 사람들이 붐비는 나스닥에서 "버블이요!"라고 자신 있게 외치기는 어렵다. 금융의 세계에서는 시장의 역사를 확실히 알고 있어야 성공할 수 있다는 말이 오래전부터 전해 내려온다.

금융 역사에서 버블 사례로 가장 먼저 등장하는 것이 네덜란드의 튤립 광기다. 남해 회사 버블은 천재 물리학자 뉴턴에게 큰 손실을 안겨준 사례로도 유명하다. 번스타인이 이 책을 쓰던 2000년 무렵에는 IT 버블이 한창이었다. 본문에서도 '새 시대 투자'라거나 '다우 36,000' 등 버블의 징조를 이야기한다. 책이 나온 2년 뒤 버블이 꺼지며 증시는 폭락했다. 2000년 초중반에 고점을 형성했던 미국 주가는 대형주(S&P 500) 지수가 46% 하락했고, 벤처와 첨단기술 관련 기업이 상장되어 있는 나스닥Nasdaq 지수는 무려 75%가 하락했다. 당시 증시 거품을 이야기한 번스타인의 관찰은 적중했다. 이런 거품과 폭락의 사례는 이후에도 여러 차례 있었다. 미국발 글로벌 금융위기로 2007년 고점 대비 2009년 초 주가는 S&P 500(-56%), 나스닥(-54%) 모두 폭락했다. 이런 버블과 폭락의 역사는 미국만의 일이 아니었다. 다른 여러 나라에서도 발생했고 한국역시 예외는 아니었다.

대부분의 버블과 폭락은 투자자의 심리와 관련이 깊다. 군중 심리와 최근성, 과신, 손실회피 성향 등 다양한 심리적 편향이 버블을 만들고 폭락의 깊이를 더한다. 투자 실패로 많은 투자자가 고통을 받지만 그로 인한 교훈을 늘 잊곤 한다. '이번엔 다르다'고 생각하지만 시장의 버블과 폭락, 투자자의 행태는 늘 반복된다. 투자자가 투자 심리와 금융의 역사를 잘 알고 있어야 하는 이유가 그것이다.

▎ 투자와 투자 공부는 젊어서 시작해서 평생 해야 한다 ▎

하지만 내가 최근에 추가로 깨달은 것이 있다. 사람들이 실제로는 두 개의 포트폴리오를 운용하고 있다는 것이다. 하나는 우리가 은퇴 이후에 생활비로 써야 할 자금이다. 물론 중간에 일자리에서 쫓겨나지 않는다면 말이다. 그리고 다른 하나의 포트폴리오는 상속인, 자선단체, 혹은 정부에 남겨주게 될 자금이다. (중략) 첫 번째 포트폴리오는 은퇴 후 생활비에 맞춰야 한다. 이것을 부채 매칭 포트폴리오Liability Matching Portfolio, LMP라고 하는데 두 가지 방법으로 해결할 수 있다. (중략) 투자는 심리 게임이라는 것이 중요하기 때문이다. 당신이 생활하면서 실행할 수 없는 최선의 전략보다 잘 실천할 수 있는 차선의 전략이 더 낫다. 은퇴 기간 동안 불가피하게 일어나는 시장 하락에 대비하는 최고의 방법은 크고 든든한 부채 매칭 포트폴리오이다.

번스타인이 말하는 '부채 매칭 포트폴리오'란 은퇴 후 생활비를 책임질 포트폴리오를 말한다. 많은 투자자가 부자가 되기 위해 투자를 한다. 하지만 그중에서 진짜 큰 부자가 되는 경우는 드물다. 오히려 잘못된 금융 지식으로 투자에 실패하고 크나큰 마음의 상처를 입고 투자를 멀리한다. 투자와 도박은 종이 한 장 차이다. 투자라고 생각하며 도박을 하고 있던 것인지도 모른다. 여러 가지 투자 실패 가능성에서 나를 지켜주는 것이 바로 부채 매칭 포트폴리오이다.

부채 매칭 포트폴리오는 은퇴 이후의 생활비에 초점이 맞춰져 있다. 국민이 은퇴 후 생활비를 준비하도록 국가에서는 다양한 세제 혜택과 제도를 통해 지원한다. 미국뿐 아니라 우리나라의 경우도 3층 노후 보장 제도를 운영 중이다. 국민연금, 퇴직연금, 개인연금이 그것이다. 이중 퇴직연금 IRP와 개인연금의 경우 개인이 직접 가입해 운용할 수 있고, 은퇴 후 수령 방법을 선택할 수 있다. 장기간 가입해야 하는 강제 조건이 포함되어 있지만 다양한 세제 혜택을 통해 실질적인 수익률을 높일 수 있게 해준다.

안타깝게도 미국이나 호주 등의 선진국과 달리 우리나라의 연금 상품의 경우 원금 보장형 위주이고 제대로 분산하지 않은 상태로 '방치'되고 있다. 최근 몇 년 사이 국내 투자 환경도 많이 좋아져서 개인이 직접 ETF 등을 이용해 자산배분 투자를 할 수 있게 됐다. 번스타인이 이 책에서 미국 기준으로 세제 혜택이 있는 계좌를 위한 포트폴리오를 별도로 제시했던 것처럼 내 책 〈마법의 연금 굴리기〉는 국내 연금·절세 제도에 맞춘 자산배분 포트폴리오를 제시했다.

번스타인이 말한 두 번째 포트폴리오는 좀 더 공격적으로 운용해도 좋을 것이다. 첫 번째 부채 매칭 포트폴리오를 통해 최소한의 생활비를 마련해두었으니 말이다.(정확한 표현은 '두었다면'이 맞겠다!) 국내에도 다양한 투자 방법이 있다. 주식 분야에는 가치투자, 성장주, 테마주, 차트 매매, 퀀트 등이 있다. 부동산 역시 빌라, 원룸, 아파트, 상가, 갭 투자, 월세 투자 등 투자 대상도 투자 방법도 다양하다. 이 밖에도 선물, 옵션 같은 파생상품이나 비트코인 같은 가상화폐를 통해 수익을 추구하기도 한다.

이렇게 다양한 분야에 투자하고 있더라도 번스타인이 말한 부채 매칭 포트폴리오를 '먼저' 만들어놓길 권한다. '투자 실패'나 '노후 빈곤*'이라는 최악의 위험을 먼저 해결한 다음 각자의 방식대로 '부귀영화'를 위한 노력을 하는 것이 제대로 된 순서가 아닐까 한다. (*노후 빈곤: OECD 회원국 평균은 11.4%인 데 비해 한국 노인 빈곤율은 49.6%로 1위다.)

> 투자는 평생 공부해야 할 주제다. 나의 가장 큰 희망은 이 책이 투자에 대해 더 많이 공부할 수 있는 열정을 당신에게 심어주는 것이다.

번스타인의 이 말을 다시 한 번 강조하고 싶다. 왜 투자를 평생 공부하라는 걸까? 일반적으로 직장에서 은퇴하고 나면 목돈의 노후 자금이 마련되어 있을 것이다. (아! 물론 젊어서부터 '아주 잘' 준비했다면 말이다.) 문제는 이런 노후 자금을 어떻게 굴려야 할지 모르는 사람이 대부분이라는 것이다. 제대로 금융이나 투자를 공부해보지 않은 이들은 금융 이해력*이 부족하다. (*금융 이해력: S&P가 발표한 2015년 세계 금융 이해력 조사를 보면 한국인의 금융 이해력은 전 세계 143개국 가운데 77위로 나타났다. 미얀마가 23위, 몽골이 43위는 물론 가봉 67위, 우간다 76위보다 낮은 수준이었다.)

문맹보다 무섭다는 금융맹인 이들은 금융 사기꾼의 좋은 표적이다. 사기꾼이 좋아하는 3가지 요소를 다 갖추었기 때문이다. '목돈 보유', '금융 지식 부족', '단기 고수익 목표'가 그것이다. 금융 사기 사례는 끊임없이 나온다. 그 대상이 부동산, 주식, 파생상품, 가상화폐, 다단계 등으로 다양하게 바뀌지만 공통점은 비슷하다. 단기에 고수익을 약속한다. 투자 공부를 꾸준히 해왔거나 투자를 경험해봤다면 사기당하지 않을 수 있었을 것이다. 생각보다 많은 이들이 금융 사기에 걸려들고 피해 금액도 상상을 초월할 정도다.

사회 초년생과 이야기해보면 모은 돈이 얼마 되지 않아 투자에 관심이 없다고 한다. 그리고 투자나 금융 공부를 제대로 해본 적이 없어서 '주식' 같은 단어에 기본적인 불신이 있다. '인플레이션에 의한 예금의 실질가치 감소'를 이해하고 있는 경우는 거의 없다. 투자에서 몇 안 되는 공짜 점심이 '장기 투자'와 '자산배분 투자'다. 번스타인의 말을 이렇게 바꿔서 말해주고 싶다.

"투자와 투자 공부는 젊어서 시작해서 평생 해야 한다."

번스타인이 추천한 포트폴리오의 성과는 어땠을까?

이 책에서 번스타인은 몇 가지 포트폴리오를 추천했다. 19년이 지난 현재 그 포트폴리오의 성과를 추적해볼 수 있다. 과연 어떤 성과를 냈을까? 백테스팅을 통해 그 성과를 가상으로 검증해보았다. (백테스팅 기간은 2001.1~2019.6으로 월말 데이터를 사용했으며 월별 리밸런싱을 가정했다. ETF나 펀드 상품이 나온 이후의 기간은 분배금이 감안된 수정종가를 이용했으며, 상품 출시 전의 데이터는 추종지수나 유사상품 등을 환산해 사용했다. 거래 비용 및 세금 등은 포함하지 않았다.)

'레벨 1 자산 팔레트' 백테스트

책에서 추천한 4개의 지수 상품을 이용했을 경우다.

구분	추종 지수 index	ETF/펀드 대표 상품
미국 대형주	S&P 500	SPDR S&P 500 (SPY)
미국 소형주	러셀 2000 등	iShares Russell 2000 (IWM)
해외 주식	EAFE (EAFE MSCI)	iShares MSCI EAFE (EFA)
미국 단기국채	Short-Term Treasury	Vanguard Short-Term Treasury Fund (VFISX)

01.1~19.6	미국 대형주	미국 소형주	해외 주식	미국 단기국채	포트폴리오
기간수익률	245%	320%	109%	54%	138%
연수익률	7.0%	8.1%	4.1%	2.4%	4.8%
연변동성	15%	19%	17%	2%	7.7%
최대낙폭	-51%	-52%	-57%	-1%	-28%
샤프비율	0.48	0.43	0.24	—	0.62
김씨비율	0.14	0.15	0.07	—	0.17

'레벨1 자산 팔레트' 포트폴리오의 연환산 수익률은 4.8%로 예금(단기국채)의 2배 수준이다. 해외 주식보다 높으나 미국 대형주와 소형주보다는 수익이 낮다. 수익률만 봐서는 안 된다. 포트폴리오의 연변동성은 7.7%로 3가지 주식의 변동성(15~19%)의 절반이하다. 최대낙폭 역시 -28%로 주식의 -51~-57%에 비해 절반이안 된다. 그만큼 스트레스를 덜 받으며 투자할 수 있었다는 이야기다. 위험대비수익을 같이 비교할 수 있는 지표로 샤프비율(0.62)과김씨비율(0.17) 모두 3가지 주식보다 훨씬 높다.(샤프비율=수익률/변동성, 김씨비율=수익률/최대낙폭) 다음 그래프의 가장 진한 선이 포트폴리오의 모습으로 다른 위험 자산에 비해 출렁임이 덜하다는 것을 알 수 있다.

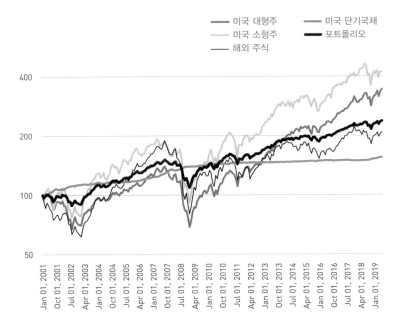

앞의 그래프는 위험 중립형의 경우며, 위험 허용도에 따라 국채 비중을 달리한 경우의 성과는 아래와 같다.(국채 비중은 책의 내용대로 25%, 50%, 70%이며 나머지 비중은 각 주식에 동일하게 배분)

01.1~19.6	공격형	중립형	안정형
기간수익률	181%	138%	103%
연수익률	5.8%	4.8%	3.9%
연변동성	11.8%	7.7%	4.6%
최대낙폭	−42%	−28%	−15%
샤프비율	0.49	0.62	0.86
김씨비율	0.14	0.17	0.26

공격형이 안정형에 비해 연환산 수익률은 2% 높으나 위험 지표인 연변동성과 최대낙폭이 두 배 이상 높다. 위험대비수익 지표인 샤프비율과 김씨비율로 비교하면 안정형이 우수하게 나온다.

'레벨2 자산 팔레트' 백테스트

책에서 추천한 7개의 지수 상품을 이용했을 경우다. 레벨1보다 3가지 자산이 추가되었는데 해외 소형주, 신흥시장주, 리츠가 그것이다.

구분	추종 지수(index)	ETF/펀드 대표 상품
미국 대형주	S&P 500	SPDR S&P 500 (SPY)
미국 소형주	러셀 2000 등	iShares Russell 2000 (IWM)
해외 대형주	EAFE (EAFE MSCI)	iShares MSCI EAFE (EFA)

해외 소형주	GMFSX	iShares MSCI EAFE Small-Cap (SCZ)
신흥시장주	EM MSCI	iShares MSCI Emerging Markets (EEM)
리츠	US REIT MSCI	Invesco Wilshire US REIT ETF (WREI)
미국 단기국채	Short-Term Treasury	Vanguard Short-Term Treasury Fund (VFISX)

01.1~ 19.6	미국 대형주	미국 소형주	해외 대형주	해외 소형주	신흥 시장주	미국 리츠	미국 단기 국채	포트 폴리오
기간 수익률	245%	320%	109%	441%	250%	512%	54%	179%
연수익률	7.0%	8.1%	4.1%	9.6%	7.0%	10.3%	2.4%	5.7%
연변동성	15%	19%	17%	19%	22%	21%	2%	6.8%
최대낙폭	−51%	−52%	−57%	−62%	−60%	−69%	−1%	−29%
샤프비율	0.48	0.43	0.24	0.50	0.32	0.48	-	0.84
김씨비율	0.14	0.15	0.07	0.16	0.12	0.15	-	0.20

'레벨2 자산 팔레트' 포트폴리오의 연환산 수익률은 5.7%로 예금(단기국채)의 2.4배다. 전반적인 자산보다 수익률이 낮다. 하지만 포트폴리오의 연변동성은 6.8%로 위험 자산의 변동성(15~22%)의 1/2~1/3이다. 최대낙폭 역시 −29%로 위험 자산의 −51~−69%에 비해 매우 낮다. 위험대비수익을 같이 비교할 수 있는 지표인 샤프비율(0.84)과 김씨비율(0.20)은 나머지 위험 자산보다 2배 가까이 높은 수치를 보이는데 가장 우수하다. 다음 그래프의 가장 진

한 선이 포트폴리오의 모습으로 다른 주식에 비해 출렁임이 덜하다는 것을 알 수 있다.

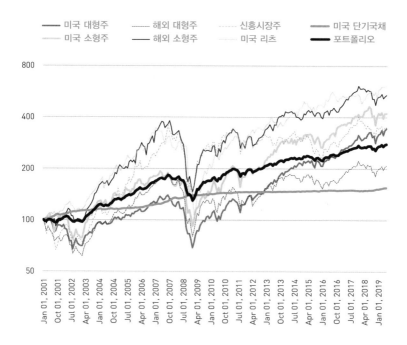

위의 그래프는 위험 중립형의 경우로, 위험 허용도에 따라 국채 비중을 달리한 경우의 성과는 다음과 같다.(국채 비중은 책의 내용대로 25%, 50%, 70%이며 나머지 비중은 각 위험 자산에 동일하게 배분)

표의 왼쪽 '레벨2'를 보면 공격형이 안정형에 비해 연환산 수익률은 2.8%p 높으나 위험 지표인 연변동성(10.5% 대 4.0%)과 최대낙폭(-43% 대 -16%)이 두 배 이상 높다. 위험대비수익 지표인 샤프비율(0.69 대 1.10)이나 김씨비율(0.17 대 0.28)로 비교하면 안정형

01.1~19.6	레벨2 (7개 자산)			레벨1 (4개 자산)		
	공격형	중립형	안정형	공격형	중립형	안정형
기간수익률	261%	179%	123%	181%	138%	103%
연수익률	7.2%	5.7%	4.4%	5.8%	4.8%	3.9%
연변동성	10.5%	6.8%	4.0%	11.8%	7.7%	4.6%
최대낙폭	-43%	−29%	-16%	-42%	-28%	−15%
샤프비율	0.69	0.84	1.10	0.49	0.62	0.86
김씨비율	0.17	0.20	0.28	0.14	0.17	0.26

이 우수하게 나온다.

왼쪽의 '레벨2'와 오른쪽의 '레벨1' 포트폴리오를 비교해보자. 연수익률, 연변동성의 경우 레벨2의 성과가 개선된 것으로 나온다.(최대낙폭은 비슷하다) 각 위험 성향별로 비슷한 상황인 것을 알 수 있다. 위험대비수익 지표인 샤프비율과 김씨비율 역시 공격/중립/안정형 모두 레벨2가 더 나은 모습을 보인다.

자산의 개수가 많다고 해서 무조건 좋은 성과를 보이는 것은 아니다. 다만 다음의 상관관계 표를 비교하면 레벨2의 자산 간 상관관계의 경우 레벨1보다 낮은 경우가 많다. 상관관계가 낮은 자산을 편입하면 포트폴리오의 위험이 낮아지고, 수익이 개선된다는 것을 간단히 확인할 수 있다.

| 레벨 1 |

01.1~19.6	미국 대형주	미국 소형주	해외 주식	미국 단기국채
미국 대형주	1.00	0.88	0.84	-0.25
미국 소형주		1.00	0.76	-0.31
해외 주식			1.00	-0.20
미국 단기국채				1.00

자산 간 상관관계를 보면 3가지 주식의 상관관계는 0.76~0.88로 매우 높으며, 단기국채만이 음의 상관관계를 보임을 알 수 있다.

| 레벨 2 |

01.1~19.6	미국 대형주	미국 소형주	해외 대형주	해외 소형주	신흥 시장주	미국 리츠	미국 단기 국채
미국 대형주	1.00	0.88	0.84	0.56	0.64	0.05	-0.25
미국 소형주		1.00	0.76	0.52	0.63	0.04	-0.31
해외 대형주			1.00	0.71	0.79	0.05	-0.20
해외 소형주				1.00	0.66	0.16	-0.27
신흥시장주					1.00	0.07	-0.16
미국 리츠						1.00	-0.14
미국 단기국채							1.00

미국 대형주, 미국 소형주, 해외 대형주 간의 상관관계는 0.76~0.88로 높은 편이다. 하지만 해외 소형주와 신흥시장주, 미국 리츠의 경우 앞의 3가지 주식과 낮은 상관관계를 보임을 알 수 있다.

'마돈나 포트폴리오' 백테스트

책에서 추천한 8개의 지수 상품을 이용했을 경우다. 레벨2 자산에서 귀금속이 추가되었다.(귀금속 관련 지수를 구할 수가 없어 귀금속의 대표라고 볼 수 있는 금 상품을 이용했다)

구분	추종 지수(index)	ETF/펀드 대표 상품
미국 대형주	S&P 500	SPDR S&P 500 (SPY)
미국 소형주	러셀 2000 등	iShares Russell 2000 (IWM)
해외 대형주	EAFE (EAFE MSCI)	iShares MSCI EAFE (EFA)
해외 소형주	GMFSX	iShares MSCI EAFE Small-Cap (SCZ)
신흥시장주	EM MSCI	iShares MSCI Emerging Markets (EEM)
귀금속(금)	Gold	GLD 및 Tocqueville Gold Fund (TGLDX)
미국 리츠	US REIT MSCI	Invesco Wilshire US REIT ETF (WREI)
미국 단기국채	Short-Term Treasury	Vanguard Short-Term Treasury Fund (VFISX)

01.1 ~19.6	미국 대형주	미국 소형주	해외 대형주	해외 소형주	신흥시장주	귀금속(금)	미국 리츠	미국 단기국채	포트폴리오
기간 수익률	245%	320%	109%	441%	250%	872%	512%	54%	201%
연수익률	7.0%	8.1%	4.1%	9.6%	7.0%	13.1%	10.3%	2.4%	6.2%
연변동성	15%	19%	17%	19%	22%	21%	21%	2%	6.3%
최대낙폭	-51%	-52%	-57%	-62%	-60%	-43%	-69%	-1%	-24%
샤프비율	0.48	0.43	0.24	0.50	0.32	0.62	0.48	—	0.97
김씨비율	0.14	0.15	0.07	0.16	0.12	0.31	0.15	-	0.26

마돈나 포트폴리오(중립형)의 연환산 수익률은 6.2%로 예금(단기국채)의 2.6배다. 전반적인 자산보다 수익률이 낮다. 하지만 포트폴리오의 연변동성은 6.3%로 위험 자산의 변동성(15~22%)의 1/2~1/3이다. 최대낙폭 역시 -24%로 위험 자산의 -51~-69%에 비해 매우 낮은 수준이다. 위험대비수익을 같이 비교할 수 있는 지표로 샤프비율(0.97)과 김씨비율(0.26)은 나머지 위험 자산보다 2~3배 높은 수치를 보이며 가장 우수하다. 아래 그래프의 가장 진한 선이 포트폴리오의 모습으로 다른 주식에 비해 출렁임이 덜하다는 것을 알 수 있다.

앞의 그래프는 위험 중립형의 경우며, 위험 허용도에 따라 국채 비중을 달리한 경우의 성과는 아래와 같다.(국채 비중은 30%, 50%, 70%이며 나머지 비중은 각 위험 자산에 동일하게 배분)

표의 왼쪽 '마돈나'를 먼저 보자. 연환산수익률은 공격형(7.6%)이 안정형(4.7%)에 비해 2.9%p 높으나 위험 지표인 연변동성(9.0% 대 3.8%)과 최대낙폭(-34% 대 -13%)이 두 배 이상 높다. 위험대비수익 지표인 샤프비율(0.84 대 1.24)이나 김씨비율(0.22 대 0.36)로 비교해보면 안정형이 우수하게 나온다.

01.1 ~19.6	마돈나(8개 자산)			레벨2(7개 자산)			레벨1(4개 자산)		
	공격형	중립형	안정형	공격형	중립형	안정형	공격형	중립형	안정형
기간수익률	284%	201%	133%	261%	179%	123%	181%	138%	103%
연수익률	7.6%	6.2%	4.7%	7.2%	5.7%	4.4%	5.8%	4.8%	3.9%
연변동성	9.0%	6.3%	3.8%	10.5%	6.8%	4.0%	11.8%	7.7%	4.6%
최대낙폭	−34%	−24%	−13%	-43%	−29%	-16%	−42%	-28%	-15%
샤프비율	0.84	0.97	1.24	0.69	0.84	1.10	0.49	0.62	0.86
김씨비율	0.22	0.26	0.36	0.17	0.20	0.28	0.14	0.17	0.26

왼쪽의 '마돈나'와 오른쪽의 '레벨2' 포트폴리오를 비교해보자. 각 위험 성향별로 비슷한 상황인 것을 볼 수 있는데, 전체적인 성과가 마돈나가 우수하게 나온다. 중립형 기준으로 보면 연수익률(6.2% 대 5.7%), 연변동성(6.3% 대 6.8%), 최대낙폭(-24% 대 -29%) 모든 지표에서 마돈나의 성과가 더 좋게 나온다. 위험은 낮고 수익

은 높다. 위험대비수익 지표인 샤프비율과 김씨비율 역시 공격/중립/안정형 모두 마돈나가 더 나은 모습을 보인다. 자산의 개수가 많다고 해서 무조건 좋은 성과를 보이는 것은 아니다. 다만 아래의 상관관계 표를 비교하면, 마돈나의 자산 간 상관관계에서 귀금속(금)이 다른 자산과 상관관계가 낮은 것을 볼 수 있다. 상관관계가 낮은 자산을 편입하면 포트폴리오의 위험이 낮아지고, 수익이 개선된다는 것을 다시 한 번 확인할 수 있다.

| 레벨 2 |

01.1~19.6	미국 대형주	미국 소형주	해외 대형주	해외 소형주	신흥 시장주	미국 리츠	미국 단기 국채
미국 대형주	1.00	0.88	0.84	0.56	0.64	0.05	-0.25
미국 소형주		1.00	0.76	0.52	0.63	0.04	-0.31
해외 대형주			1.00	0.71	0.79	0.05	-0.20
해외 소형주				1.00	0.66	0.16	-0.27
신흥시장주					1.00	0.07	-0.16
미국 리츠						1.00	-0.14
미국 단기국채							1.00

미국 대형주, 미국 소형주, 해외 대형주 간의 상관관계는 0.76~0.88로 높은 편이다. 하지만 해외 소형주와 신흥시장주, 미국 리츠의 경우 앞의 3가지 주식과 낮은 상관관계를 보임을 알 수 있다.

| 마돈나 |

01.1 ~19.6	미국 대형주	미국 소형주	해외 대형주	해외 소형주	신흥 시장주	귀금속 (금)	미국 리츠	미국 단기 국채
미국 대형주	1.00	0.88	0.84	0.56	0.64	0.08	0.05	-0.25
미국 소형주		1.00	0.76	0.52	0.63	0.11	0.04	-0.31
해외 대형주			1.00	0.71	0.79	0.17	0.05	-0.20
해외 소형주				1.00	0.66	0.09	0.16	-0.27
신흥 시장주					1.00	0.35	0.07	-0.16
귀금속 (금)						1.00	0.00	0.21
미국 리츠							1.00	-0.14
미국 단기 국채								1.00

레벨2에 추가된 자산이 귀금속(금)이며, 이 자산이 다른 자산과 상관관계가 0.08~0.35로 매우 낮음을 알 수 있다.

(갭 포트폴리오 및 과세/비과세 포트폴리오의 경우 별도 백테스트를 진행하지 않았다. 해당 포트폴리오가 미국 지수나 미국 세제에 맞춰져 있기 때문이고, 이 역시 2000년경의 미국의 세제와 관련이 있기 때문이다. 또한 백테스트를 위한 상품이나 지수 데이터를 구하기가 어렵기 때문이기도 하다.)

번스타인이 책에서 추천한 레벨1, 2, 마돈나 포트폴리오 등은 2000년 미국에 있는 개인투자자를 위한 것이었다. 백테스트를 통해 살펴본 결과 포트폴리오의 성과는 꽤 괜찮았다고 볼 수 있다. 다만 19년이 지난 현재 한국에 살고 있는 개인투자자 입장에서 몇 가지 아쉬운 점이 있다.

그가 만약 2019년에 한국인으로 살고 있으면서 이 책의 개정판을 낸다면 어떤 포트폴리오를 추천할까 생각해봤다. 19년 전 미국과 현재 한국의 투자 환경이 많이 다르고 그로 인한 차이점에서 포트폴리오 업그레이드의 방법을 찾아낼 수 있을 것이다.

ETF로 대체 | 책에서는 펀드 위주의 투자 상품을 추천했으나, 2017년판 서문에서 ETF를 추천했다. 미국 ETF 시장은 1993년 SPDR S&P 500이 최초로 상장되며 시작됐다. 2002년 첫 번째 채권 ETF가 상장되었고, 2018년 말 기준 이용 가능 ETF는 2,000여 개다. 자산 규모는 3조 4천억 달러를 넘어섰다. 한국 ETF 시장의 경우는 2002년 개설될 당시 4개에서 353개 종목으로 투자 대상 자산이 다양해졌다. 순자산 총액 역시 3,444억 원에서 400,986억 원으로 16년 만에 116배 이상 성장했다.(2018.4.10 기준) 번스타인이 책에서 추천하는 회사인 뱅가드는 인덱스 펀드의 선구자이지만, ETF는 2001년경부터 본격적으로 시작했다. ETF의 시대가 이미 정착된 만큼 인덱스 펀드 대신 ETF 상품을 이용해볼까 한다.

〈미국 ETF 시장 성장〉

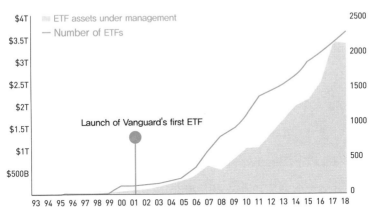

(출처: vanguardblog.com/2019/04/05/etfs-past-present-future/)

〈한국 ETF 시장 성장〉

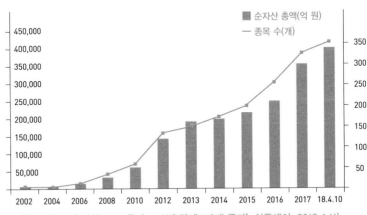

(출처: 'ETF 순자산 40조 돌파... 16년 만에 116배 증가', 이투데이, 2018.4.11)

국채 상품 변경 | 책에서는 단기국채를 추천했다. 이 책의 초판이 나올 무렵에는 일반인이 국채에 투자할 수 있는 방법이 별로 없었다. 하지만 지금은 단기, 중기, 장기 등 다양한 국채가 ETF로 상장되어 있어 쉽게 투자할 수 있다. 또한 최근에는 각국의 국채 중에서는 10년 만기가 중기국채로 대표성을 띠고 있다. 이는 20년 만기 등 장기국채가 많이 발행되는 등 국채시장에 투자할 수 있는 환경이 좋아지면서 생긴 현상으로 보인다. 따라서 10년 만기 국채로 대체하고자 한다. 또한 국채 역시 분산을 하기 위해 미국 국채만이 아닌 한국 국채도 추가하고자 한다.

환노출 추가 | 책에서는 환노출에 대해 긍정적으로 이야기하고 있으나, 그의 추천 포트폴리오에는 그다지 반영되어 있지 않다. 아마도 당시 미국의 개인들을 위한 투자 상품에 환노출형이 별로 없지 않았을까 유추해볼 수 있다. 최근 국내 시장에는 환노출 상품이 다양하게 출시되어 있다. 그런 관점에서 환노출 상품을 편입해보겠다.

2019년 한국형 마돈나 포트폴리오 백테스트

앞서 얘기했던 차이점을 반영하여 국내 상장된 ETF들을 이용해 아래와 같이 포트폴리오를 구성해 보았다.

미국 대형주 | S&P 500 추종 ETF들이 있으나 환노출 부분을 반영하기 위해 'TIGER 미국다우존스30' ETF를 선택했다.

미국 소형주 | 환노출 상품이 없어 환헤지형인 'KODEX 미국러셀

2000(H)' ETF를 선택했다.

해외 대형주 | EAFE 추종 상품이 없어 'KODEX 선진국MSCI World' ETF를 선택했으며 환노출형이다. 이 ETF는 World 지수로 미국 시장이 상당 부분 포함되어 있다. 미국 대형주와 겹치는 부분이 있어 아쉬운 부분이긴 하나 대안이 없어 선택했다.

해외 소형주 | 관련 지수를 추종하는 상품이 상장되어 있지 않아 이 부분은 편입하지 않았다. 이 역시 ETF 시장이 커질 경우 반영해볼 수 있을 것이다.

신흥시장주 | 환노출 상품이 없어 환헤지형인 'ARIRANG 신흥국 MSCI(합성 H)' ETF를 선택했다.

귀금속(금) | 환노출 상품이 없어 환헤지형인 'KODEX 골드선물(H)' ETF를 선택했다.

리츠 | 환노출 상품이 없어 환헤지형인 'TIGER 미국MSCI리츠(합성 H)' ETF를 선택했다.

채권 | 기존에는 미국 단기국채로 구성되어 있으나, 미국 중기국채와 한국 중기국채로 분산하여 구성했다. 특히 미국 중기국채의 경우 환노출 상품으로 구성했다.

다음 표에 앞의 설명을 요약해 비교 정리했다.

마돈나 포트폴리오	한국형 마돈나 포트폴리오 (국내 상장 ETF)	추종 지수	미국 ETF
미국 대형주	TIGER 미국다우존스30	다우존스(환노출)	SPDR Dow Jones Industrial Average (DIA)
미국 소형주	KODEX 미국러셀2000(H)	러셀 2000	iShares Russell 2000 (IWM)
해외 대형주 (해외 소형주)	KODEX 선진국MSCI World	MSCI World (환노출)	MSCI World Index
신흥시장주	ARIRANG 신흥국MSCI(합성 H)	EM MSCI	iShares MSCI Emerging Markets (EEM)
귀금속(금)	KODEX 골드선물(H)	Gold	GLD 및 Tocqueville Gold Fund (TGLDX)
리츠	TIGER 미국MSCI리츠(합성 H)	US REIT MSCI	Invesco Wilshire US REIT ETF (WREI)
미국 단기국채	TIGER 미국채10년선물	미국 중기국채 (환노출)	iShares 7–10 Year Treasury Bond (IEF)
	KOSEF 국고채10년	한국 중기국채	–

이 포트폴리오의 성과는 어떠했을까? 백테스팅을 통해 추정해 보겠다. 국내 ETF가 상장된 이후에는 해당 상품의 수정종가를 이용했으며, 상장 이전 값은 미국 ETF(수정종가)와 추종 인덱스를 이용해 추정했다. 백테스팅 기간은 2001.1~2019.6으로 월말 데이터를 사용했으며, 월별 리밸런싱을 가정했다. 거래비용 및 세금 등은 포함되지 않았다. 백테스팅 결과는 다음과 같다.

01.1 ~ 19.6	미국 대형 주 (UH)	미국 소형 주 (H)	선진국 (UH)	신흥국 (H)	골드 (H)	리츠 (H)	미국 국채 (UH)	한국 국채	포트 폴리 오
기간 수익률	246%	299%	67%	229%	876%	475%	110%	202%	287%
연수익률	7.0%	7.8%	2.8%	6.7%	13.2%	10.0%	4.1%	6.2%	7.6%
연변동성	18%	19%	13%	22%	21%	21%	13%	7%	5.7%
최대낙폭	−35%	−52%	−43%	−60%	−42%	−69%	−27%	−10%	−7%
샤프비율	0.39	0.41	0.22	0.30	0.61	0.47	0.31	0.88	1.33
김씨비율	0.20	0.15	0.07	0.11	0.31	0.14	0.15	0.59	1.13

　　한국형 마돈나 포트폴리오(중립형)의 연환산 수익률은 7.6%로 예금(미국 단기국채 2.4%)의 3.2배다. 포트폴리오의 연변동성은 5.7%로 국채를 제외한 위험 자산들의 변동성(13~21%)의 1/2~1/3이다. 최대낙폭은 −7%로 위험 자산들의 −35~−69%에 비해 매우 낮은 수준이다. 위험대비수익을 같이 비교할 수 있는 지표로 샤프비율(1.33)과 김씨비율(1.13)의 경우 나머지 위험 자산들보다 상당히 높은 수치를 보이며 가장 우수하게 나온다. 다음 그래프의 가장 진한 선이 포트폴리오의 모습으로 다른 주식들에 비해 출렁임이 매우 덜하다는 것을 알 수 있다.

미국 대형주(UH)	신흥국(H)	한국 국채
미국 소형주(UH)	골드(H)	포트폴리오
선진국(UH)	미국 국채(UH)	

위의 그래프는 위험 중립형의 경우며, 위험 허용도에 따라 국채 비중을 달리한 경우의 성과는 아래와 같다. (국채 비중은 30%, 50%, 70%로 미국 국채 및 한국 국채에 1/2씩 분산하며, 나머지 비중은 각 위험 자산에 동일하게 배분)

01.1 ~19.6	한국형 마돈나			미국형 마돈나		
	공격형	중립형	안정형	공격형	중립형	안정형
기간수익률	338%	287%	238%	284%	201%	133%
연수익률	8.3%	7.6%	6.8%	7.6%	6.2%	4.7%
연변동성	7.4%	5.7%	5.2%	9.0%	6.3%	3.8%
최대낙폭	−18%	-7%	−6%	−34%	-24%	−13%
샤프비율	1.12	1.33	1.32	0.84	0.97	1.24
김씨비율	0.48	1.13	1.18	0.22	0.26	0.36

표의 왼쪽은 한국형 마돈나 포트폴리오이며, 오른쪽은 책에 나온 미국형이다. 채권 비중 30%인 공격형의 경우 연수익률은 0.7%p 높아졌고, 위험 지표는 오히려 낮아졌다.(변동성은 1.6%p, 최대낙폭 16.6%p 하락) 중립형의 경우 연수익률은 1.4%p 높아졌고, 위험 지표는 낮아졌다.(변동성은 0.6%p, 최대낙폭 17.0%p 하락) 안정형의 경우 연수익률은 2.1%p 높아졌고, 위험 지표는 낮아졌다.(변동성은 1.4%p, 최대낙폭 7.4%p 하락)

위험 허용도에 따라 약간이 차이는 있으나 어느 경우든 수익률은 높아졌고, 위험은 낮아졌음을 알 수 있다. 위험대비수익 지표인 샤프비율과 김씨비율 역시 한국형이 월등히 높아졌음을 볼 수 있다. 샤프비율은 1.06~1.3배 개선됐으나, 최대낙폭 대비 수익률로 계산한 김씨비율의 경우 미국형 대비 한국형이 2~4배 개선된 것으로 나왔다. 즉 최대낙폭이 많이 개선된 것으로 나왔다.

앞의 그래프는 한국형과 미국형 각각의 포트폴리오의 중립형
을 같이 그린 것이다. 미국형의 경우 2008년에 하락폭이 컸음을
알 수 있다. 포트폴리오의 하락폭을 좀 더 자세히 살펴보려면 낙폭
그래프를 살펴보면 된다.

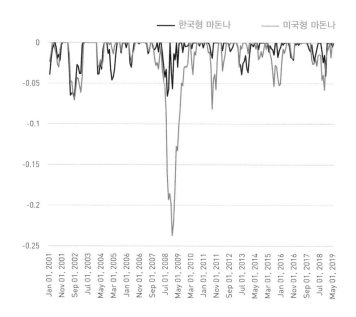

전고점 대비 낙폭을 보여주는 위의 그래프에 따르면 한국형의
경우 최대낙폭이 -5%를 넘어가지 않는다. 하지만 미국형의 경우
2009년 1월 -24%, 2011년 8월 -11% 등으로 하락폭이 컸다. 이와
같은 차이점이 발생한 가장 큰 이유는 환노출형 상품을 추가했다
는 점일 것이다. 한국에 있는 투자자 입장에서 다양한 금융위기가
오면 원/달러 환율이 상승하게 된다. 이는 곧 환노출 상품의 하락

폭을 줄여주거나 오히려 환노출 미국 국채의 경우 환율 상승분만큼의 가격 상승으로 이어지는 경우가 있다. 이로 인해 시장의 변동성이 커지고 하락이 커지는 기간에 포트폴리오의 안정성이 높아지는 성향이 나타나는 것이다.

아래의 상관관계 표를 비교해보면, 미국형에 비해 한국형 마돈나 포트폴리오의 자산들이 상관관계가 더 낮은 것을 확인할 수 있다.

| 미국형 마돈나 |

01.1 ~19.6	미국 대형주	미국 소형주	해외 대형주	해외 소형주	신흥 시장주	귀금속 (금)	미국 리츠	미국 단기 국채
미국 대형주	1.00	0.88	0.84	0.56	0.64	0.08	0.05	-0.25
미국 소형주		1.00	0.76	0.52	0.63	0.11	0.04	-0.31
해외 대형주			1.00	0.71	0.79	0.17	0.05	-0.20
해외 소형주				1.00	0.66	0.09	0.16	-0.27
신흥 시장주					1.00	0.35	0.07	-0.16
귀금속 (금)						1.00	0.00	0.21
미국 리츠							1.00	-0.14
미국 단기 국채								1.00

단기국채, 리츠, 금 등이 상관관계가 낮게 나온다.

01.1 ~19.6	미국 대형주 (UH)	미국 소형주 (H)	선진국 (UH)	신흥국 (H)	골드 (H)	리츠 (H)	미국 국채 (UH)	한국 국채
미국 대형주 (UH)	1.00	0.63	0.28	0.35	-0.05	-0.27	0.42	-0.34
미국 소형주 (UH)		1.00	0.30	0.62	0.02	0.09	-0.19	-0.18
선진국 (UH)			1.00	0.30	0.04	0.31	0.07	-0.34
신흥국 (H)				1.00	0.21	0.12	-0.20	-0.14
골드 (H)					1.00	0.02	0.01	0.07
리츠 (H)						1.00	-0.53	0.28
미국 국채 (UH)							1.00	-0.20
한국 국채								1.00

미국형에 비해 다양한 환노출(UH, 언헷지) 상품들이 다른 자산과 낮은 상관관계를 보이고 있음을 알 수 있다.

개인투자자를 위하여

번스타인도 책에서 언급했듯이 '최적'의 자산배분이란 존재하지 않는다. 즉 한국형 마돈나 포트폴리오 역시 '최적'이거나 '최선'이라고 주장할 수 없다는 말이다. 다만 왠만한 상황에서는 '어느 정도 잘' 대응이 되는 포트폴리오라고 할 수 있을 것이다. 이 포트폴리오를 따라서 투자를 하라는 말이 아니다. 이런 식으로 포트폴리오를 구성할 수 있으니 참조하라는 말이다. 졸저 〈마법의 돈 굴리기〉나 〈마법의 연금 굴리기〉에서 제시한 포트폴리오 역시 '최고'라거나 '유일'하거나 '만능'은 아니다. 물론 '마법' 같은 것은 더더욱 아니다! 자산배분의 기본을 충실히 지키며 기본적인 분산을 하고 바쁜 직장인이 따라할 수 있는 전략을 안내한 것이다. 자산배분 투자서를 두 권이나 냈음에도 굳이 이 책을 번역한 이유를 아래 번스타인의 말로 대신한다.

투자는 평생 공부해야 할 주제다. 나의 가장 큰 희망은 이 책이 투자에 대해 더 많이 공부할 수 있는 열정을 당신에게 심어주는 것이다.

김성일

포트폴리오 분석법

이 부록은 이 책에서 언급된 스프레드시트 분석과 평균-분산 최적화의 세부사항에 관심이 있는 독자를 위한 것이다. 스프레드시트 사용하기, 특히 주어진 공식을 큰 셀 블록에 옮길 수 있는 '복사' 명령어에 익숙해야 한다.

나는 1970~1998년 기간의 연환산 수익률과 표준편차를 계산하는 엑셀 샘플 화일을 압축해서 제공한다. 다음 링크를 참조하라. (http://www.efficientfrontier.com/files/sample.exe) 수익률 데이터는 가짜다. 그 안에 실제 데이터를 넣고 싶었지만 불행하게도 데이터에는 저작권이 있다. 데이터는 스스로 구하라. 다행히도 현재 인터넷에서 월별 및 연별 수익률 시리즈를 이용할 수 있다. 자세한 내용은 9장에서 언급한 TAM 자산 관리, MSCI, 월셔 및 바라 사이트를 참조하라. 이봇슨의 사이트에서는 연간 연차 지표, 주식, 채권, 단기 자금, 인플레이션 데이터를 비교적 저렴하게 이용할 수 있다. 자산군 수익률 목록은 다음이 가장 좋다. 제프 트라우너Jeff Troutner의 TAM 자산 관리 사이트http://www.tamasset.com/allocation.html 는 1973년부터 미국과 해외 스타일 기반 인덱스 및 미국 중기국채의 연간 수익률을 게시한다.

최근까지 평균-분산 최적화 프로그램은 가격이 너무 비쌌다. 스프레드시트에 있는 최적화 툴을 사용해도 비용 효율성이 크지는 않다. 다행히도 나는 동료인 데이비드 윌킨슨David Wilkinson을 설득해 비싸지 않은 최적화 프로그램 두 개를 만들어 팔게 할 수 있었다. VisualMVO와 MVOPlus인데 사이트http://www.effisols.com에서 이용할 수 있다. 그는 나를 결코 용서하지 않을지도 모른다.

대부분의 금융 전문가가 민감해하는 영역에 진입해 있다는 것을 알아두자. 펀드 판매자나 증권사 창구 직원 등 대부분의 '소매' 투자 전문가는 기껏해야 포트폴리오 이론과 MVO(평균-분산 최적화)를 어렴풋이 알고 있을 뿐이다. 이들 분야에 정통한 사람은 투자 사업의 엘리트 층을 형성하고 있는데, 대규모 투자 자금의 매니저로 활동하는 경향이 있다. 이 사람들은 포트폴리오 이론을 중세 길드의 영업 비밀처럼 다루고 있다. 그들에게 많은 도움을 기대하지 마라.

당신은 혼자다. 5장에서 설명한 것처럼 평균-분산 분석은 포트폴리오 설계에 그렇게 유용하지 않다. 포트폴리오 움직임을 배우는 데 도움이 되는 교육용 툴일 뿐이다. 때때로 그 툴은 구체적인 질문에 대답하는 데 유용하다. 예를 들어 당신의 자산배분에서 귀금속주의 역할이 궁금하다고 해보자. 먼저 포트폴리오의 주식과 채권 부분, 귀금속주의 세 가지 자산으로 구성된 간단한 MVO(평균-분산 최적화) 분석을 위한 프로그램을 설정한다. 그런 다음 포트폴리오에 포함시키는 데 필요한 수익률을 결정하기 위해 귀금속주의 수익률을 위아래로 조정해볼 수 있다.(물론 당신은 이것을 하기 위해 귀금속주의 표준편차나 포트폴리오의 나머지 자산과의 상관관계를 충분히 이해하고 있어야 한다) 만약 당신의 분석 결과 귀금속주가 5%의 수익으로 포트폴리오에 나타나기 시작한다면 귀금속주를 포함할 이유가 생기는 것이다. 반면 분석 결과 10%의 수익률이 요구되는 것으로 나타난다면 귀금속주의 장기 수익률이 그리 높지 않을 가능성이 크기 때문에 조심해야 할 수도 있다.

　다음은 세 가지 다른 기간의 상관관계 행렬이다. 아래에 열거된 값은 샘플링된 기간과 측정된 간격에 따라 다소 달라질 수 있다. 예를 들어 1926년부터 1998년까지의 미국 주식 수익률의 상관계수는 월별, 분기별, 연간에 따라 다르다.

　1926~1998년 이봇슨 데이터의 경우 연간 수익률의 상관관계는 [표 B-1]에, 1973~1998년 데이터베이스의 상관관계는 [표 B-2]에 나열되어 있다. 다소 광범위한 자산의 최근 분기 수익률의 상관관계는 [표 B-3]에 열거되어 있다.

　금리 인상은 보통 주가에 안 좋은 영향을 끼치지만 단기채권 수익률은 증가한다. 따라서 단기채권과 많은 주식 자산 사이에는 약간의 음의 상관관계가 종종 나타난다는 점에 유의하라. 그 반대는 금리 하락 시에 발생한다. 이러한 음의 상관관계는 채권 가격의 이자율 변동 효과가 수익률의 변화를 압도하기 때문에 장기채권에서는 볼 수 없다. 따라서 금리가 오르면 주식과 장기채권의 총 수익률이 하락한다. 단기채권과 주식 사이의 작지만 매우 일관된 음의 상관관계 때문에 많은 포트폴리오 분석가는 단기채권을 장기채권보다 선호한다.

위에서 언급한 바와 같이 상관계수는 샘플링 간격과 기간에 따라 다소 다르다. 아래 표의 값은 참고용으로만 사용해야 한다. 예를 들어 1994~1998년 기간의 분기별 수익률의 상관관계는 일반적으로 같은 기간의 월별 또는 연별 수익률보다 낮다.

[표 B-1] 연간 수익률의 상관관계(1926-1998)

	미국 대형주	미국 소형주	장기국채 (20년)	중기국채 (5년)	단기국채 (30일)
미국 대형주	1.00				
미국 소형주	0.79	1.00			
장기국채(20년)	0.20	0.01	1.00		
중기국채(5년)	0.11	−0.05	0.90	1.00	
단기국채(30일)	−0.03	−0.13	0.25	0.50	1.00

[표 B-2] 연간 수익률의 상관관계(1973-1998)

	S&P	USSM	EAFE	HY	LTGC	IB	T-Bill	Gold	NTAR	REIT	1 Y	UKSM	JPSM
S&P	1.00												
USSM	0.66	1.00											
EAFE	0.46	0.34	1.00										
HY	0.53	0.57	0.31	1.00									
LTGC	0.57	0.31	0.19	0.65	1.00								
IB	0.06	0.00	0.54	0.26	0.26	1.00							
T-Bill	-0.09	-0.01	-0.15	-0.11	0.06	-0.31	1.00						
Gold	0.09	0.21	0.23	-0.02	-0.06	0.06	0.22	1.00					
NATR	0.53	0.59	0.35	0.13	-0.08	-0.08	0.04	0.56	1.00				
RETT	0.56	0.84	0.33	0.64	0.29	0.01	0.02	0.34	0.62	1.00			
1 Y	-0.04	0.05	-0.11	0.16	0.30	-0.15	0.93	0.15	-0.08	0.08	1.00		
UKSM	0.24	0.41	0.64	0.23	-0.02	0.57	-0.14	0.30	0.34	0.38	-0.13	1.00	
JPSM	0.04	0.06	0.69	0.01	-0.10	0.54	-0.06	0.11	0.16	0.03	-010	0.41	1.00

S&P=S&P500, USSM=미국 소형주, EAFE=MSCI 유럽, 호주, 극동, HY=보스턴 고수익 채권,
LTGC=리먼 브라더스 장기 정부 및 회사채, IB=살로몬 브라더스 달러 미 사용 세계 국채, T-Bill=미국 단기 국채(30일),
Gold=모닝스타 귀금속 펀드 평균, NATR=모닝스타 천연자원 펀드 평균, REIT=전미 부동산 신탁협회(자본 리츠),
1Y=1년 회사채(DFA), UKSM=영국 소형주 펀드, JPSM=노무라 DFA 일본 소형주 펀드

[표 B-3] 분기별 수익률의 상관관계(1994-1998)

	S&P	USSM	REIT	EAFE	INTSM	EM	EMSM	T-Bond	1 Y	T-Bill	IB	HY	NATR	Gold
S&P	1.00													
USSM	0.77	1.00												
REIT	0.38	0.50	1.00											
EAFE	0.82	0.66	0.09	1.00										
INTSM	0.49	0.51	-0.09	0.84	1.00									
EM	0.69	0.59	0.16	0.69	0.63	1.00								
EMSM	0.57	0.53	0.15	0.57	0.51	0.94	1.00							
T-Bond	0.09	-0.07	0.23	-0.30	-0.54	-0.33	-0.42	1.00						
1 Y	0.47	0.27	0.34	-0.01	-0.23	0.11	0.01	0.71	1.00					
T-Bill	0.18	0.04	0.44	-0.28	-0.45	-0.13	-0.17	0.71	0.74	1.00				
IB	0.35	0.23	-0.03	0.26	0.14	0.11	0.04	0.31	0.51	-0.03	1.00			
HY	0.76	0.76	0.72	0.44	0.19	0.42	0.37	0.26	0.61	0.43	0.36	1.00		
NATR	0.43	0.73	0.67	0.35	0.34	0.45	0.40	-0.12	0.24	0.11	0.16	0.64	1.00	
JPSM	0.07	0.31	0.02	0.12	0.37	0.46	0.44	-0.26	0.13	-0.03	0.00	0.08	0.56	1.00

S&P=S&P500, USSM=미국 소형주, REIT=전미부동산신탁협회(자본리츠), EAFE=MSCI 유럽, 호주, 극동.
INTSM=DFA 국제소형주, EM=DFA신흥시장, EMSM=DFA신흥시장 소형주, T-Bond=미국 장기국채(20년).
T-Bill=미국 단기국채(30일), IB=살로몬 브라더스 달러 미사용세계국채, HY=보스턴 고수익채권.
NATR=모닝스타 천연자원 펀드 평균, Gold=모닝스타 귀금속펀드 평균

가치주 | Value stock. 내재 가치보다 할인되어 판매되는 증권. 가치주는 종종 낮은 PBR과 PER로 식별된다.

경기순환주 | Cyclical stock. 항공기나 페이퍼컴퍼니 등 경제 상황에 특히 민감한 주식. 수익과 판매가 경제 상황에 민감하지 않은 식품이나 의약품 제조사와는 반대.

고수익 (쓰레기) 채권 | High-yield (junk) bond. 스탠더드앤드푸어스 등급이 BB 이하인 부채 상품. 정의상 그런 채권은 덜 위험한 투자 등급 채권보다 수익률이 높다.

공모펀드 | Open-end fund. 일반적으로 뮤추얼 펀드와 같은 뜻이다. 공모펀드는 필요에 따라 순자산가치로 새로운 주식을 창출하고 상환한다. Closed-end fund(폐쇄형 펀드, 사모펀드)도 참조.

기관 투자자 | Institutional investors. 보험사, 예금기관, 연기금, 자선사업 등 대형 투자기관.

기업 공개 | Initial public offering, IPO. 기업의 초기 또는 일차적인 공공 주식 판매. IPO 이후 주식은 2차 시장에서 거래된다.

노로드 뮤추얼 펀드 | No-load mutual fund. 매출이나 유통(12b-1) 수수료 없이 매도되는 뮤추얼 펀드.

로드 펀드 | Load fund. 최대 8.5%의 판매 요금으로 판매되는 펀드.

리밸런싱 | Rebalancing. 재분배, 재조정. 목표 비중 또는 정책 비중을 유지하기 위해 포트폴리오 구성 요소를 매수하고 매도하는 프로세스.

만기 | Maturity. 채권의 원금 상환 날짜.

매도호가 | Ask price. 주식이나 채권을 팔기 위한 중개인의 가격. 제안 가격이라고도 한다.

매수호가 | Bid price. 주식이나 채권을 사고자 하는 가격.

명목 수익률 | Nominal return. 실제 수익률, 인플레이션에 조정되지 않은 것.

무위험 이자율 | Riskless rate. 위험이 없는 자산으로 보통 30일 내지 90일짜리 미국 단기국채로 얻은 수익. 이것은 모든 투자자가 벌어들일 것으로 기대하는 기본 수익이다. 현대 포트폴리오 이론과 자본자산가격결정모델에 따르면, 무위험 이자율(위험 프리미엄이라고도 함)을 초과하는 수익은 시장 위험을 부담해야만 얻을 수 있다.

무이자 채권 | Zero-coupon bond, 정기 이자가 지급되지 않는 채권. 원금과 재투자 이자는 만기에 모두 상환된다.

무작위 보행 | Random walk. 랜덤워크. 수익률 시리즈의 자기상관 관계가 0인 경우로 주식 가격이 무작위로 움직여 예측이 불가능한 상태.

물가연동국채 | Treasury inflation-protected security, TIPS. 이자와 원금이 인플레이션에 연동된 미국(재무부) 국채. 주어진 만기일에 표준 재무부 수익률과 TIPS 수익률의 차이는 그 기간의 시장 인플레이션 추정치를 나타낸다.

뮤추얼 펀드 | Mutual fund. 보통 소액 투자자를 위해 투자회사가 관리하는 주식, 채권, 또는 기타 자산의 포트폴리오. 뮤추얼 펀드는 투자자가 다양한 시장에 분산해 투자할 수 있도록 해주며 1940년 투자회사법에 의해 규제된다. 국내에서는 그냥 '펀드'라는 용어로 쓰이며, 크게 '액티브 펀드'와 '인덱스 펀드'로 나뉜다.

미국예탁증권 | American depository receipts, ADRs. 미국 은행이 발행한 해외 회사의 주식. ADR 한 주는 해당 국가 거래소에서 거래되는 주식의 매매 단위를 여러 가지로 정할 수 있다. 즉 하나의 ADR이 국내 주식 거래의 2, 10, 또는 4.5주를 나타낼 수 있다. ADR 가격은 차익 거래에 의해 통화-조정된 해외 시장 가격과 동일한 수준으로 유지된다.

반분산 | Semivariance. 평균 수익률 이하인 수익률의 분산. 분산은 평균의 위와 아래에 있는 수익률의 퍼진 정도를 측정하기 때문에 수익률이 아주 높을 경우에도 분산이 커진다. 수익률이 평균 이하일 때만 위험하다고 여기기 때문에 반분산은

위험의 더 나은 척도로 여겨진다.

배당할인모델 | Discounted dividend mode, DDM. 예상되는 미래 배당의 할인액을 계산하여 기업이나 시장의 내재 가치를 추정하는 방법. 미래 배당을 감소시키는 금액을 할인율이라고 한다. 일반적으로 자산의 위험 조정 수익에 가깝다.

베타 | Beta. 시장에 따라 주식이나 펀드가 오르내리는 경향의 크기. 예를 들어 베타 1.3의 경우 평균적으로 시장이 1% 상승 또는 하락할 때 해당 주식이나 펀드도 1.3% 상승 또는 하락함을 뜻한다. 베타가 큰 주식과 펀드는 위험하다. 베타가 낮은 주식과 펀드는 덜 위험할 수도 있지만, 시장과의 낮은 상관관계로 위험성이 높을 수도 있다. CAPM을 참조하라.

보수 비율 | Expense ratio. 운용 및 자문료, 간접비, 12b-1(유통 · 광고) 수수료 등 펀드를 운용하기 위해 지출한 자산의 일부. 보수 비율은 중개수수료, 스프레드, 시장 영향 원가를 포함하지 않는다.

부동산투자신탁 | Real estate investment trust, REIT. 부동산 또는 주택담보대출 관리회사.

분산 | Diversification. 비체계적 위험을 최소화하기 위해 서로 다른 위험, 수익 및 상관관계를 가진 투자 대상 사이에 자산을 배분하는 것.

분산 | Variance. 평균값 주위에 숫자가 퍼져 있는 정도를 나타내는 척도. 분산의 제곱근은 표준편차. 표준편차처럼 증권 또는 포트폴리오 수익의 분산은 위험, 즉 변동성을 대신 표현하는 것이다.

비체계적 위험 | Nonsystematic risk. 포트폴리오 또는 분산에 의해 제거할 수 있는 주식 위험. 분산 가능한 위험으로도 알려져 있다. 비체계적 위험이 제거된 뒤에도 제거할 수 없는 체계적 위험은 남아 있다. 접두사가 혼동된다. 체계적 위험(Systematic risk)은 분산할 수 없으며(nondiversifiable), 비체계적 위험(nonsystematic)은 분산할 수 있다(diversifiable).

사다리 | Ladder. 균등한 간격으로 투자된 채권 포트폴리오. 예를 들어 5년 만기 사다리에는 1년 만기, 2년 만기, 3년 만기, 4년 만기, 5년 만기 유가증권에 동일한 금액이 투자된다. 일반적으로 미국 국채와 관련이 있다.

상관관계 | Correlation. 두 개의 일련의 숫자(금융에서 보통 수익률)가 서로 관

련되는 정도. +1에서 −1 사이의 값을 가짐. +1이면 자산 A의 수익률 움직임과 자산 B의 움직임이 항상 같은 방향임을 말함. −1의 상관관계는 자산 A가 플러스 수익이면 자산B는 마이너스 수익을 갖는다. 그 반대도 마찬가지다. 0의 상관관계는 자산 A와 B의 수익률이 관련이 없음을 나타낸다.

생존자 편향 | Survivorship bias. 특정 그룹 혹은 회사에 있는 펀드 중 실적이 좋지 않은 것은 사라지며, 이로 인해 실적이 나쁜 펀드의 성과가 포함되지 않으면서 수익률 추정값이 생존자 위주로 계산되어 상향되는 편향이 발생한다.

수동적 관리, 포트폴리오, 또는 전략 | Passive management, portfolio, or strategy. 능동적인(active) 증권 분석을 수반하지 않는 증권 선택 프로세스. 기본적으로 인덱싱과 동일하다. 수동적으로 운용되는 포트폴리오는 기계적인 거래, 금융, 가치 평가 기준에 따라 증권을 거부할 수 있으며, 특정 인덱스를 준수할 필요가 없다.

수수료 | Commission. 거래 시에 발생하는 요금.

수익률 | Return. 배당 및 기타 분배를 포함하여 일정 기간 동안 일어나는 포트폴리오의 가치 변동.

순자산가치 | Net asset value, NAV. 펀드의 투자 가치. 노로드(no-load) 펀드는 보통 매일 NAV에서 구입하거나 상환할 수 있다. 폐쇄형 펀드는 주식과 같은 방식으로 거래되며, 때로는 NAV에 상당한 할인이나 프리미엄으로 거래된다.

스프레드 | Spread. 매매호가 차이. (매수매도) 호가와 증권 가격의 차이. 스프레드 크기는 증권의 유동성을 가늠하는 척도다.

시가총액 | Market capitalization. 회사 주식의 시장 가치로 'market cap'이라고도 한다. 기업은 시가총액을 기준으로 대형주, 중형주, 소형주로 나눈다. 대부분의 주식 인덱스는 시가총액 가중 방식인데, 이는 인덱스가 기업의 시가총액에 비례하여 표시된다는 뜻이다. 즉 인덱스의 움직임은 대형 성장형 기업에 영향을 많이 받는다.

시장 수익률 | Market return. 시장 포트폴리오의 수익률.

시장 영향 | Market impact. 주식을 대량으로 사거나 팔아서 발생하는 가격 상승 또는 하락. 이것은 높은 회전율로 기관 포트폴리오의 수익에 부정적인 영향을 미친다.

시장 포트폴리오 | Market portfolio. 투자자가 이용할 수 있는 모든 주식으로 구성된 포트폴리오 또는 인덱스. 기업의 시가총액에 비례하여 구성된다. 그것은 윌셔 5000, 러셀 3000, CRSP-All 같은 인덱스를 이용해 대략적으로 추종할 수 있다.

실질 금리, 실질 수익률 | Real interest rate, real return. 인플레이션을 초과하는 이자율이나 주식 수익률. 실질 이자율이나 실질 수익률이 0인 주식이나 포트폴리오는 인플레이션 조정 가치가 변하지 않는다. 실질 수익률이 x%인 주식이나 포트폴리오는 인플레이션으로 인한 원금 손실 없이 무한정 x%의 인출률을 유지할 수 있다.

R제곱 | R squared, R^2. 상관계수의 제곱. 인덱스나 요인에 의해 설명될 수 있는 수익률 시리즈의 양을 정의한다. 예를 들어 S&P 500과 비교하여 R^2이 0.80인 펀드의 수익률 움직임의 80%는 해당 인덱스로 설명된다.

알파 | Alpha. 매니저나 펀드의 수익률이 벤치마크의 수익률과 다른 정도. 벤치마크는 일반적으로 회귀분석의 관점에서 정의된다. 예를 들어 연구 기간 동안 월 +0.2%의 알파값은 매니저나 펀드가 벤치마크 수익률을 그만큼 초과했음을 뜻한다. 정의상 시장의 알파는 0이다.

액면가 | Par value. 채권의 만기 또는 액면가. 보통 100.

역발상 투자자 | Contrarian. 인기 없는 자산군이나 주식을 사거나 인기 있는 자산군과 주식을 매도하는 사람. 따라서 대중의 정서나 '전통적인 지식'에 반하는 태도로 행동하는 사람.

연환산 수익률 | Annualized return. 주어진 수익 혹은 손실이 만들어지기 위해 매년 생겨야 하는 수익률. 예를 들어 주식 수익률이 3년 연속 0%, 0%, 33.1%이면 연환산 수익률은 10%(1.1 × 1.1 × 1.1 = 1.331)가 된다.

위험 자산 | Risky asset. 시장 위험에 노출된 자산.

유동성 | Liquidity. 매매 및 시장 영향의 용이성을 결정하는 거래 활동의 수준을 말한다. 주식은 매매가 많을 때 유동적이라고 하며, 신속한 주문 체결은 호가 차이가 좁은 범위에서 이루어진다고 한다. 유동성이 작은 주식은 매매 빈도가 낮고 매매호가 차이가 커서 시장에 상당한 영향을 미친다.

이익률 | Yield. 배당금으로 지급된 증권 가치 비율.

인덱스 펀드 | Index fund. S&P 500과 같은 특정 주식 시장 인덱스의 수익을 모방하기 위해 고안된 펀드.

인덱스화 | Indexing. S&P 500과 같은 특정 종목 인덱스의 실적과 정확히 일치시키는 전략.

자기상관 | Autocorrelation. 어떤 수익률의 시리즈에서 주어진 수익률이 다음 수익률을 연속적으로 예측하는 정도. 상관관계와 마찬가지로 값은 +1과 −1 사이의 범위다. 자기상관 관계가 양의 값을 가지면 모멘텀이 있다는 뜻이고, 자기상관 관계가 음의 값을 가지면 평균으로 회귀한다는 뜻이다. 자기상관 관계가 0이면 무작위 보행(랜덤워크)을 뜻한다. 랜덤워크에서는 특정 기간 수익률을 안다고 해서 다음 기간 수익률을 알 수 있는 방법이 없다.

자본 이득 | Capital gain. 주식이나 펀드의 매도로 발생한 이익 금액. 납부할 세액을 결정한다. 미국의 경우 자본 이득에 세금이 발생하나, 국내 주식의 경우 자본 이득은 과세 대상이 아니다.

자본자산가격결정모델 | Capital asset pricing model, CAPM. 위험과 기대수익의 관계를 설명하는 이론. 기본적으로 증권이나 포트폴리오의 수익은 그것의 베타에 의해 정의된 위험 프리미엄에 무위험 이자율을 더한 것과 같다. 이 이론은 비현실적인 가정을 많이 포함하고 있고 경험적 데이터와 일관성이 없는 것으로 나타났다. 예를 들어 현실에서는 베타가 높은 주식이 베타가 낮은 주식보다 수익률이 높지 않다는 것이 밝혀졌다.

자산군 | Asset class. 주식, 채권 및 기타 금융 자산의 범주.

자산배분 | Asset allocation. 투자 대상을 광범위한 자산군, 즉 국내외 주식과 국내외 채권으로 나누는 과정.

장부 가치 | Book value. 기업의 자산에서 무형자산과 부채를 뺀 값. 아주 대략적으로 말하면 기업의 순자산이다.

재투자 위험 | Reinvestment risk. 향후 채권 이자를 더 낮은 금리로 재투자해야 할 위험.

적극적 운용 | Active management. 증권 분석을 사용해 시장보다 높은 수익을 얻기 위한 과정.

주가수익비율 | Price-earnings ratio, PER. 회사의 시가총액을 수익으로 나누어 얻은 비율. PBR과 동일한 방식으로 해석된다.

주가순자산비율 | Price-book, P/B ratio, PBR. 기업의 시가총액을 장부 금액으로 나누어 얻은 비율. 한 주당 단위로 계산할 수 있다. 저가 또는 가치의 척도로 낮은 PBR 주식은 보통 싼 주식으로 정의된다.

증권 | Security. 보험 증권, 고정 연금, 선물 계약을 제외하고 가치로 거래될 수 있는 거의 모든 증서. 가장 흔히 주식과 채권을 가리킨다.

차익 거래 | Arbitrate. 서로 다른 시장에서 특정 증권을 서로 다른 가격으로 동시에 사고파는 것은 위험 없는 수익을 창출한다.(가장 보편적인 종류는 인덱스 아비트리지이다. 일반적으로 선물 계약과 기초 자산인 주식의 가격 차이를 이용한다)

채권 | Bond. 회사 또는 정부 기관에서 발행한 부채. 쿠폰, 즉 이자가 있다. 채권의 만기는 보통 1년 이상이다.

체계적 위험 | Systematic risk. 분산시킬 수 없는 시장 포트폴리오의 위험.

총수익 | Total return. 가격 변동, 배당 및 기타 분배를 포함하는 증권 또는 포트폴리오의 수익과 동일.

쿠폰 | Coupon. 채권의 존속 기간 중 채권 보유자에게 지급되는 정기 이자 지급액. 1,000달러의 채권의 6%의 쿠폰은 보통 반기 이자 30달러를 1년에 두 번 지불한다는 것을 말한다.

통화 위험/수익 | Currency risk/return. 환율 변동으로 인한 해외 증권 보유와 관련된 위험과 수익.

평균-분산 분석 | Mean-variance analysis. 효율적 투자선 참조.

평균 수익률 | Average return. 일련의 수익률의 단순 산술 평균. 위 예에서 봤던 3년 연속 수익률이 0%, 0%, 33.1%인 주식의 평균 수익률은 11.033%이다. 평균 수익률은 일반 투자자에게 거의 쓸모가 없다. 평균 수익률은 대부분 연환산 수익률보다 크고 종종 자산에서 받은 실제 수익률보다 과다하게 추정된다

폐쇄형 펀드 | Closed-end fund. 사모펀드. 다른 기업들처럼 거래하는 투자회사(펀드). 보통 주식을 상환하지 않고 가끔 주식을 발행한다. 매일 정확한 순자산가

치(NAV)에서 거래되고 마음대로 주식을 상환하고 발행하는 보다 친숙한 Open-end fund(개방형 펀드, 공모펀드)의 반대 개념이다. 순자산가치 이상(프리미엄) 또는 그 이하(할인)의 거래를 할 수 있다.

포트폴리오 | Portfolio. 증권의 모음.

포트폴리오 이론 | Portfolio theory. 구성 자산의 위험, 수익 및 상관관계의 함수로써 포트폴리오 위험과 수익의 관계에 대한 연구.

표준편차 | Standard deviation, SD. 일련의 숫자가 얼마나 퍼져 있느냐의 통계적 척도. 증권이나 포트폴리오의 수익률의 표준편차는 대개 위험을 잘 추정한다.

현금 흐름 | Cash flow. 감가상각 전 이익 및 기타 비용.

현대 포트폴리오 이론 | Modern portfolio theory, MPT. 위험과 수익의 트레이드오프의 기본 원칙.

회귀 분석 | Regression analysis. 대부분의 스프레드시트 프로그램에서 사용할 수 있는 수학적 기법으로 여러 개의 숫자 시리즈의 관계를 결정한다. 금융에서는 일반적으로 포트폴리오 수익에 대한 알려진 시장 요소의 기여도와 액티브 펀드 매니저의 알파(수익 추가 또는 손실)를 계산하기 위해 사용된다.

회전율 | Turnover. 특정 기간에 거래되는 포트폴리오의 몫. 보통 연간 백분율로 표시된다. 예를 들어 연간 회전율이 200%인 포트폴리오에서 평균적으로 모든 증권은 매년 두 번 거래된다.

효용함수 | Utility function. 일반적으로 수익과 위험에 기초하는 모든 경제적 결과에 정확한 값을 할당하는 수학 공식. 투자자의 행동을 모델링하거나 묘사할 때 사용된다.

효율적 시장 가설 | Efficient market hypothesis. 시장은 정보를 이미 가격에 반영해놓았기 때문에 공개 정보를 분석한다고 해서 초과 이익을 낼 수 없다는 개념.

효율적 투자선 | Efficient frontier. 모든 예상 위험 수준에 수익률을 최대화하거나 모든 예상 수익률 수준에 예상 위험을 최소화하는 모든 가능한 포트폴리오의 조합. 평균-분산 분석이라고 불리는 이런 포트폴리오를 계산하는 수학적 기법은 해리 마코위츠에 의해 발명되었다.

참고문헌

저자 서문   Brinson, Gary P., Hood, L. Randolph, and Beebower, Gilbert L., "Determinants of Portfolio Performance." Financial Analysts Journal, July/August 1986.

Brinson, Gary P., Singer, Brian D., and Beebower, Gilbert L., "Determinants of Portfolio Performance II: An Update." Financial Analysts Journal, May/June 1991.

2장   Crowther, Samuel, and Raskob, John J., interview, Ladies Home Journal, August 1929.

Ibbotson Associates, Stocks Bonds, Bills, and Inflation. Ibbotson Associates, 1999.

Keynes, John Maynard, The Collected Writings of john Maynard Keynes, Volume XII, Economic Articles and Correspondence: Investment and Editorial. Cambridge University Press, 1983.

4장   Jorion, Phillippe, and Goetzmann, W., "Global Stock Returns in the Twentieth Century." Journal of Finance, June 1999.

5장   Erb, Claude B., Harvey, Campbell, and Viskanta, Tadas E., "Forecasting International Equity Correlations." Financial Analysts Journal, November/December 1994.

Gibson, Roger C., Asset Allocation, 3rd Ed. McGraw-Hill, 2000.

Ibbotson, Roger G., and Brinson, Gary P., Global Investing. McGraw-Hill, 1993.

Malkiel, Burton G., "Returns from Investing in Equity Mutual Funds from 1971 to 1991." Journal of Finance, June 1995.

Malkiel, Burton G., A Random Walk Down Wall Street. W. W. Norton, 1996.

Markowitz, Harry M., Portfolio Selection, 2nd Ed. Basil Blackwell 1991.

Markowitz, Harry M., Mean-Variance in Portfolio Choice and Capital Markets. McGraw Hill, 2000.

6장   Brealy, Richard A., An Introduction to Risk and Return from Common Stocks. M.I.T. Press, 1969.

Graham, John R., and Harvey, Campbell R., "Market Timing Ability and Volatility Implied in Investment Newsletters' Asset Allocation Recommendations." National Bureau of Economic Research Working Paper No. 4890, 1995.

7장   Clayman, Michelle, "In Search of Excellence: The Investor's Viewpoint." Financial Analysts Journal, May/June 1987.

Dreman, David N., and Beny, Michael A., "Overreaction, Underreaction, and the Low P/E Effect." Financial Analysts Journal, July/August 1995. (See also FAJ, May/June 1995.)

Dreman, David N., Contrarian Investment Strategy: The Psychology of Stock Market Success. Random House, 1979.

Fama, Eugene F., and French, Kenneth R., "The Cross-Section of

Expected Stock Returns." Journal of Finance, June 1992.

Graham, Benjamin, The Intelligent Investor. Harper and Row, 1973.

Graham, Benjamin, and Dodd, David, Security Analysis: Principles and Techniques. McGraw-Hill 1934. Reprinted 1996.

Haugen, Robert A., The New Finances The Case Against Efficient Markets. Prentice-Hall, 1995.

Lakonishok, Josef, Shleifer, Andrei, and Vishny, Robert W., "Contrarian Investment, Extrapolation, and Risk." Journal of Finance, December 1994.

Miller, Paul F., Jr., "Low P/E and Value Investing", in Ellis, Charles D., ed., Classics II

Another Investor's Anthology. Business One Irwin, 1991.

Peters, Thomas J., and Waterman, Robert W. Jr., In Search of Excellence: Lessons from America's Best Companies. Harper Collins, 1982.

Siegel, Jeremy, Stocks for the Long Run. McGraw-Hill, 2000.

Value Line Graphic Supplement 1994 (valuation historical data).

8장   Bogle, John C., Bogle on Mutual Funds. Dell, 1994.

Bogle, John C., Common Sense on Mutual Funds. Wiley, 1999.

Cooley, P. L., Hubbard, C. M., and Walz, D. T., "Sustainable Withdrawal Rates from Your Retirement Portfolio." Financial Counseling and Planning, 10(1), 39-47.

Edleson, Michael E., Value Averaging: The Safe and Easy Strategy for Higher Investment Returns. International Publishing, 1993.

현명한
자산배분
투자자

1판 1쇄 발행 | 2019년 10월 25일
1판 3쇄 발행 | 2022년 3월 14일

지은이 | 윌리엄 번스타인
옮긴이 | 김성일
펴낸이 | 이동희
펴낸곳 | ㈜에이지이십일

출판등록 | 제2010-000249호(2004. 1. 20)
주소 | 서울시 마포구 성미산로 1길 5 202호 (03971)
이메일 | book@eiji21.com

ISBN 978-89-98342-56-2 (03320)